首都体育学院教材立项项目

新编体育绘图

主　编　霍建新
副主编　阎守扶
编　委　红建设
　　　　张彦龙
　　　　李　芾

北京体育大学出版社

策划编辑：李　飞
责任编辑：李光源
责任校对：胡　示
版式设计：博文宏图

图书在版编目（CIP）数据

新编体育绘图／霍建新主编．—北京：北京体育大学出版社，2007.06(2024.8 重印)
ISBN 978-7-81100-771-8

Ⅰ.①新… Ⅱ.①霍… Ⅲ.①体育－绘图技术 Ⅳ.①G8

中国版本图书馆 CIP 数据核字(2007)第 071661号

新编体育绘图　　霍建新　主编

出版发行：北京体育大学出版社
地　　址：北京市海淀区农大南路 1 号院 2 号楼 2 层办公 B－212
邮　　编：100084
网　　址：http：//cbs. bsu. edu. cn
发 行 部：010－62989320
邮 购 部：北京体育大学出版社读者服务部 010－62989432
印　　刷：三河市龙大印装有限公司
开　　本：710mm×1000mm　1/16
成品尺寸：170mm×240mm
印　　张：16
字　　数：267 千字
版　　次：2007 年 6 月第 1 版　2018 年 8 月第 2 版
印　　次：2024 年 8 月第 6 次印刷
定　　价：50.00 元

（本书如有印装质量问题，请与出版社联系调换）

主编简介

霍建新，山东菏泽人，1962年生，毕业于美术专业，硕士学位，现为首都体育学院副教授，任全国体育绘图研究会秘书长兼理事等职务。自1986年以来，一直从事体育绘图的教学与研究工作，逐步实现了“美术”与“体育”的融合。曾多次参加全国画展并获奖，担任《中华古文化大图典》艺术、体育分卷主编，参与绘画出版了《莎士比亚连环画》《格林童话连环画》等大型连环画册，负责了《中国中学百科全书体育卷》和部分高等院校教材的插图工作。

前　言

当今是“信息爆炸”的时代，社会的飞速发展带来知识和信息的快速更新，人们常常觉得时间不够用，恨不得一天有48小时，生活中处处体现出直观、简便、快捷的节奏，静下心来细细“读”书似乎成了奢求。为了顺应人们的阅读口味，各种充满插图的报刊、图书应运而生，世界已经从“读书”时代进入了“读图”时代，这本《新编体育绘图》就是从“读图”的新视角来编写的。让大家看着轻松、画着简单、学着容易，对于自幼酷爱绘画并毕业于美术专业的我来说是最大的愿望。

这本“新编”具有自己的特色，她以通俗易懂的美术基础知识作为学习体育绘图的开始，侧重于让学生首先掌握绘画的基本技法和美学常识，然后过渡到“单线图”和“双勾图”技巧的详细讲解，直至掌握体育绘图的全面知识，而不仅仅是照猫画虎画“小人”。本书的附录中提供了大量各种体育项目的图谱，为体育工作者提供了较为丰富的参考资料。

大学刚毕业时我是一个“美术人”，之后，由于对体育的热爱和多年的体育绘图教学经历，再加上长期从事体育管理工作，逐渐使我演变为一个“体育人”。为了教好体育绘图课，我经常向各专项老师学习请教，了解各个运动项目的技术特点，通过美术与体育的有机结合，比较全面地掌握了体育绘图的内在规律。

我从事体育绘图课，已有二十一个春秋，每当教完一个学期的课程，总是满怀激情、踌躇满志地要编出一本新的体育绘图教材。也许是因为懒惰，也许是因为事务缠身，一拖就是十几年。去年我院的教材建设项目启动，我认真申报，并顺利通过评审，这本书才真正进入实质性的编写中。经过我和我的编写团队的艰辛努力，这本《新编体育绘图》终于得以顺利完成。

首都体育学院

目 录

绪 论/1

一、什么是体育绘图/1

二、体育绘图产生的轨迹/2

三、学习体育绘图的意义/4

四、学习体育绘图的方法/5

第一章 美术基础知识/7

第一节 绘画技法常识及用具/7

第二节 透视理论简介/9

第三节 透视画法/11

第四节 构图知识简述/14

第二章 人体造型画法/19

第一节 人物头部的画法/19

第二节 上肢的画法/27

第三节 下肢的画法/32

第四节 躯干的画法/36

第五节 人体整体造型画法/40

第三章 体育绘图的用具及基本画法/47

第一节 绘图用具/47

第二节 三线两格的应用/48

第三节 三维轴及其成角透视特点/51

第四章 徒手体操单线图基本原理及表现法/57

第一节 徒手体操单线图基本原理/57

第二节 徒手体操单线图画法要点与不同部位的表达/58

第三节 典型姿势徒手体操单线图画法/66

第五章 "优美曲线图"和"双勾图"的画法/77

第一节 "优美曲线图"人体正视图的特征和画法/77

第二节　运动技术单线图的画法/80
第三节　“双勾图”人体正、侧视图的特征和画法/82
第四节　人体运动技术“双勾图”的画法/86
第六章　体育绘图在体育课教学中的应用/89
第一节　体育绘图与体育课教学的关系/89
第二节　体育绘图在体育教学课中的应用/90
第三节　体育绘图在教案中的应用/93
第七章　体育场地简易画法概述/95
第一节　篮球场地画法/95
第二节　足球场地画法/99
第三节　羽毛球场画法/103
第四节　网球场地画法/106
第五节　排球场地画法/109
第六节　田径场场地画法/111
第七节　体育场地简单画法/117
附录　各体育项目图谱/120
田径/120
足球/132
篮球/147
排球/160
乒乓球/172
羽毛球/187
武术/201
游泳/215
艺术体操/227

参考文献/245

绪　论

一、什么是体育绘图

正确认识和把握体育绘图的本质是学好、用好体育绘图的基础。什么是体育绘图呢？概括地说，体育绘图是运用绘画基本技法，简洁、抽象、准确地记录或表现体育运动技术内容的绘画种类。体育绘图是依托体育理论借鉴美术技法的交叉边缘学科。运用体育绘图可以提高和扩展体育教学与训练的效果和空间。

图 0－1

为什么要叫体育绘图而不叫体育绘画呢？

汉语中“绘图”与“绘画”词义既相近又有区别，各种词典中可以找到相关的解释。一般来说，“绘画”中的“画”更具有艺术属性，如油画、水墨画、水彩画、版画、壁画等，我们要求的是它的表现性和欣赏性（图 0－1）；而“绘图”中的“图”更侧重的是技术属性，如工程图、地理图、示意图等，我们期许的是它的工具性和实用性。

图 0－2

显然，体育绘图更侧重的是它的工具性和实用性（图 0－2）。体育绘图作为一种辅助体育教学与训练的工具，我们期望利用最简洁的视觉符号忠实地、直观地表达或记录体育的内容或信息，进而提高信息记载和传输的效率。直观、简洁和准确是体育绘图的核心。

二、体育绘图产生的轨迹

“体育绘图”作为一门课程的概念是20世纪80年代提出来的。但利用图或直观手段来提高体育教学效果却是由来已久。如果再从教育或者是人类知识传播的角度看，我们还可以追溯得更远。

图0－3

第一阶段，文字产生的影响。文字的产生是人类由野蛮时代进入文明时代的重要标志。其中图画是文字发展的重要阶段。由于劳动和生活的需要，古人常把所观察到的和自己生活有密切关系的事物画在所居住洞穴的石壁上（图0－3）。起初，这些记事的图画是非常生动逼真的，人们一看便知道画的是什么。但时间久了，当人们习惯了这种画之后，就不再画得那么复杂、细致了，只用几根线勾勒个大概轮廓，把原来画的复杂的图画，简化成一定的图案符号，人们见到这个符号，也就知道所代表的含义了。这样，某些图画就渐渐脱离了对具体事物的描绘，演变为对事物的一般意向的代表，并逐渐发展成了原始的图画文字或图形文字（例如云南的东巴文）图0－4。国外也有一些民族长期使用图画符号记事，如北美印第安人等。图画符号的进一步发展就可能转化为象形文字。

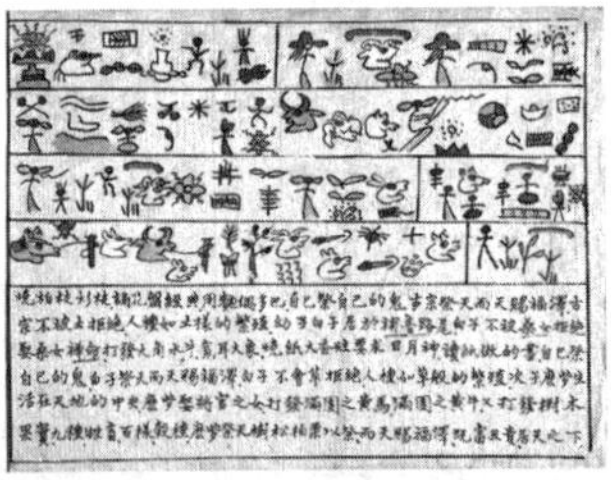

图0－4

第二阶段，图书产生的影响。有了文字，就有了创造书籍的基本条件，当然并非从有文字开始就有了书籍。人们最初利用文字，不过是用来弥补生活劳动中语言的不足，促进思想情感的交流和信息的传递，借以唤起共同的行动。当人们开始有意识地将文字刻写在各式各样的材料上，借以记录经验，阐述思想，并使之传播久远的时候，书籍便开始出现了。然而，随着时间的推移人们一方面不断地通过增强书籍形式美的方式，提高读者的兴趣；另一方面又为了增加读者对书籍内容的理解。因此，开始在书籍中增加插图或各种视觉材料，如图表、摄影、插画等。我国最早的图书插画是出现在唐代的木刻版佛经中。到北宋时期，出版书籍中儒家经典和文学读物渐渐占主导，同时也出现了文学插图（图 0－5），元代兴盛的戏曲折子、小说杂剧等市民文化大大推动了图书出版以及书籍插图的发展。直到近代 19 世纪末，西方现代书籍出版方式对中国的书籍出版产生重大影响，而在西方早期的书籍插图散见于宗教读物。

图 0－5

第三阶段，体育图书和教育研究的发展。20 世纪 80 年代中期，我国普通高校体育教育专业，在恢复高考制度招生近十年的基础上，山西大学召开了第一次全国普通高校体育系主任会议，规范了体育教育专业的培养目标、课程体系，对如何提高教学质量，造就合格的体育人才提出了具体的要求。与此同时，教材编写和教学研讨工作如雨后春笋般地蓬勃开展起来。由于体育教材和各类体育图书的发展，增加插图提高书籍的吸引力和表现力自然就成为人们关注的焦点。而在教学中，利用图、表和各种直观手段扩大教学效果、提高教学效率也成为体育教学改革的研究热点之一（图 0－6）。1986 年 5 月《体育绘图》作为一门课程的概念进入体育教育专业的教学计划中，1991 年 7 月又在上海成立了全国体育绘图研究会，举行了第一届全国体育绘图教学研讨会。迄今已出版黄寿山的《体育绘图》（上海科学技术出版社 1990 年版）和雷永时编的《体育绘图》（高等教育出版社 2002 年版）等《体育绘图》教科书。

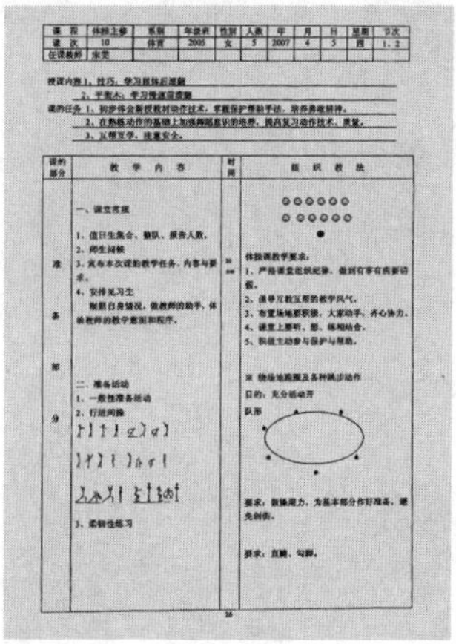

图 0－6

三、学习体育绘图的意义

（一）可以提高教案的表现力度，使教案的形式更加丰富、更具美观。在备课、写教案和编写训练计划的过程中，适当加入图，一方面可以起到节省文字、突出重点、增强感性认识的作用；另一方面由于图的加入，使得教案无论是形式上，还是表现力和美感都有了增加的空间。

（二）可以辅助教学提高教学效果。图可以对肢体运动轨迹进行连续不间断地记录，明确地提示出运动时的用力方向和顺序。而许多教师的示范动作是不可能随心所欲地停止、加快或减慢的。例如，跳远的腾空、跳高的助跑、标枪的出手（图0－7）、上篮（图0－8）的过程和守门员的鱼跃扑球等。利用动作图就可以弥补这方面的不足。

图0－7

图0－8

（三）可以帮助教师提高对专业的理解能力。在画各种动作的过程中，画得是否准确、逼真和富有神韵，除了需要掌握必要的体育绘图技能和美学基础外，对体育教学的理解、技术动作的认知和实践经验的积累也有着密不可分的关系。

因此，运用体育绘图技术辅助教学的过程也是增强教师对教学内容、教学过程、教学方法以及如何提高教学效果理解和认识深化的过程。

（四）以促进教师的人文素质，培养学生的审美观念。在学习体育绘图的过程中，不仅可以使学习者受到一次体育文化的熏陶和美学知识的滋润，同时也可以提高学习者的美学修养，使他们充分地感受到运动的线条美、形态美、跃动美、韵律美等。因此，体育绘图不仅是学生学到的一种技能，而且也是美学教育的一个窗口。（图0－9）

图0－9

四、学习体育绘图的方法

第一，要掌握表现人体主要部位的绘画技法，了解绘画的基本知识、美术原理和一般的透视规律。第二，要熟练地掌握人体单线图的画法，能够在实践中体会技术动作和运用透视规律、比例关系等。第三，通过大量的练习，在练习中掌握绘画的技巧、积累绘图的素材、揣摩各种肢体形态结构，最终形成自己的“记忆图片”库。第四，一方面可以通过在日常教学、训练、观摩比赛和对动作的观察过程中积累素材；另一方面也可以通过多方面寻找书籍、杂志和图片等充实自己的素材库。总之，要注意观察，善于联想，多实践、多归纳和多记忆。（图0－10）

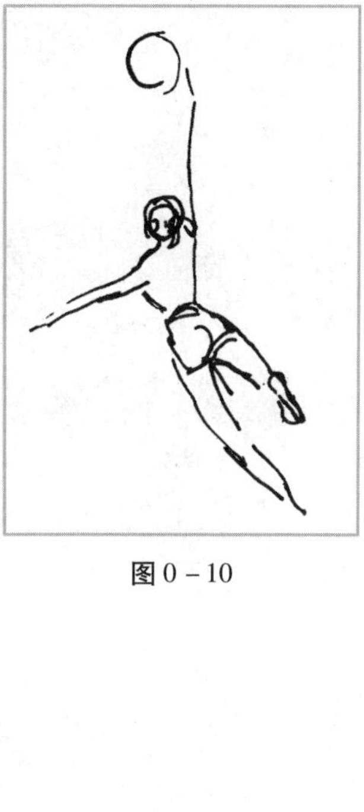

图0－10

第一章 美术基础知识

第一节 绘画技法常识及用具

一、白描、铁线描

中国画种类繁多，为大家所熟知的有工笔、写意及白描等。“白描”原是中国画中“起草”“打底”的基本技法，后来发展成一个独立的画种。白描以线为主要表现手段，依靠线本身的粗细、刚柔、方圆、巧拙、疏密等变化来表现各种物像。白描线条运用考究极多，素有“十八描”之称，如高古游丝描、铁线描、行云流水描、钉头鼠尾描等。作为现代人物工笔画的线条，一般采用中锋用笔的铁线描或高古游丝描。线的粗细比较均匀，线形起笔、收笔变化不大，以精细简练为好。作为体育绘图的学习者，白描技法可以作为我们最重要的借鉴和参考。

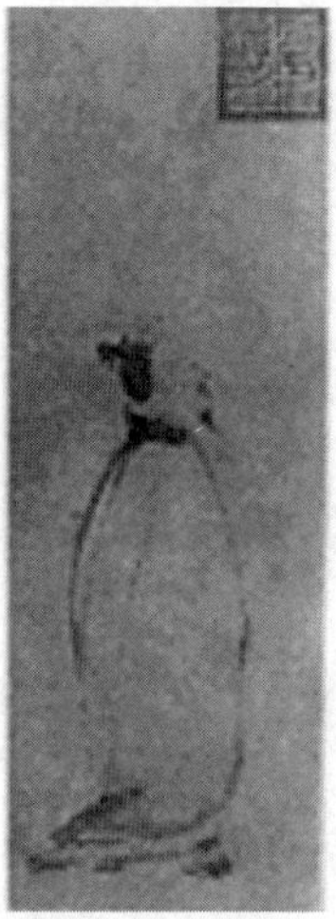

梁楷《太白行吟图》

图 1－1

二、减笔人物画

减笔人物画为中国人物画的一种表现技法，系南宋梁楷所创。元夏文彦称他的人物画是：“皆草草，谓之减笔。”

梁楷的减笔人物画强调人物生动的神态，其人物面部的夸张表现与衣纹破笔放浪地写出，开创了前所未有的崭新画风。他的绘画强调的是“移其形似而全其骨气”，追求的是“以形似之外求

其画”和“以气韵求其画，则形似在其间矣”的境界。梁楷的减笔也正是他放纵性格的流露。(图1－1)

在学习体育绘图中，应选择什么样的绘图用具呢?

(一) 应该用什么样的笔

初学者使用什么样的笔，是由学习的内容决定的。铅笔有软硬适度、层次丰富、刻画细腻、易于修改的优点，因此铅笔是初学者最适用的画笔。铅笔的另一个优点是它的附着力强，线条可以反复叠压，形成不同涂层、不同疏密、不同方向的肌理效果。另外，铅色的附着力强，很利于保存。初学者可以选择一支HB铅笔，作画前将铅笔削长、削尖。HB铅笔可用于大部分的绘画。

(二) 怎样使用橡皮

大家都知道，橡皮是一种修改工具，它可以轻易擦掉不需保留的线条。但是，每位美术老师都会告诉你：要少用橡皮。大量地使用橡皮，是初学者在学习的最初阶段最普遍的现象。初学者改错误的时间，要比花费在表现上的时间还要多。初学者往往觉得有些线条不好看或不愿意让别人看到自己的错误，迫不及待地要将那些“无用”的线条擦掉。你认为“错误”的线条，其实还能起到重新修正的参考作用，一旦擦掉，刚刚犯过的错误，容易重犯。为了减少橡皮的使用，我们应该做到：

(1) 下笔之前认真观察，做到心中有数。

(2) 控制好绘图的动作，做到下笔准确。

(3) 不要急于求成，下笔时要先轻后重。

(三) 选择什么样的纸

要求纸的表面不要太光滑，具有一定厚度的

纸张。在学习绘画基础阶段，一般使用100~150克的新闻纸即可。

第二节 透视理论简介

一、什么是透视

“透视”是研究绘画中的观察方法和研究视觉与景物空间关系的一门学问。通过这种方法可以归纳出视觉空间的变化规律。古语说：“一叶障目不见泰山”，树叶很小，泰山极大，但是如果树叶很近挡在眼前，诺大的泰山也会被它遮住，这说明古人很早就发现了“近大远小”的道理。景物距离人们近，在视觉中形成的影像就大，反之，形成的影像就小，这就是“透视”的基本原理。为什么叫“透视”？何谓“透”？何谓“视”？“透视”理论假设：在真实景物（三维空间）与人眼之间有一个“透明的画面”（二维空间），人的视觉透过这个“透明画面”，观察或描绘真实景物在“透明画面”上的投影，“透”而“视”之，因此叫作“透视”。我们用一只眼睛做定点观察，用笔准确地将三维空间中景物的投影描绘到二维空间的玻璃画面上，这个过程就是“透视”过程。(图1-2)

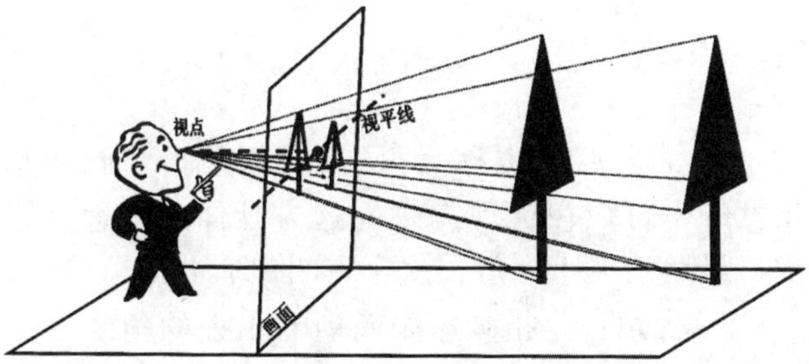

图1-2

二、透视中的名词概念

1. 视点：画家眼睛所在的空间位置，以点来表示，此点称为视点。

2. 视域（又称视野或视圈）：就是画家眼睛看出去的空间范围。

3. 视平线：与视点等高的一条水平线。

4. 视中线：与视锥底垂直的一条视线。

5. 正中线：过心点的一条垂直线。

6. 画面：即“透明画面”，也叫“理论画面”，是假设在画者与被画物之间的一个透明面，视中线与它垂直。用以讲解理论问题和捕捉形象，物体的透视形都显现在它的上面。

7. 主点：是画家眼睛正对视平线上的一个点。

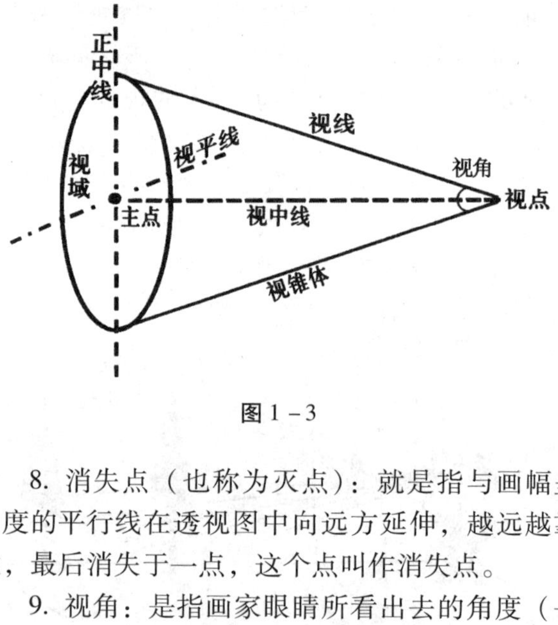

图 1－3

8. 消失点（也称为灭点）：就是指与画幅呈角度的平行线在透视图中向远方延伸，越远越靠拢，最后消失于一点，这个点叫作消失点。

9. 视角：是指画家眼睛所看出去的角度（一般是 60 度）。

第三节 透视画法

一、平行透视和平行透视的特点

1. 什么是平行透视

我们日常所接触到的各种物体，如建筑物、车辆、家具等不论形状如何都可以归纳到一个或几个正六面体之中。当正六面体中只要有一个面与画面平行就叫作“平行透视”。

2. 平行透视的特点

（1）立方体的边线与画面构成水平边、垂直边（斜置立方体是斜边）、直角边三种关系，前两种为原线不消失，后一种是平行透视中唯一的变线。

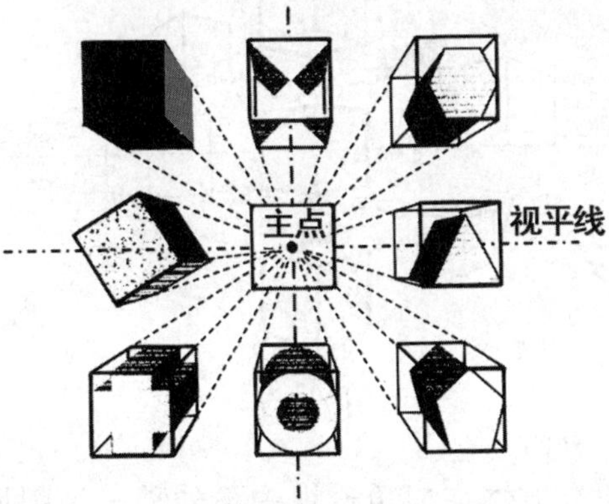

图 1－4

（2）平行透视中的变线只向一点消失，产生一个消失点，又称一点透视。

（3）正立方体有一个可见的面与画面平行称平行面，是空间平面中唯一不消失、不变形的平面。它的边线属原线。

图 1 – 5

二、成角透视

在平视时，如果将物体归纳在正立方体之中，正立方体一面与地面平行，其余两面与画面成一定角度，其形成的透视现象即为成角透视。在成角透视中，正立方体垂直线不变，两组与地面平行的成角线分别消失于左右两个消失点。

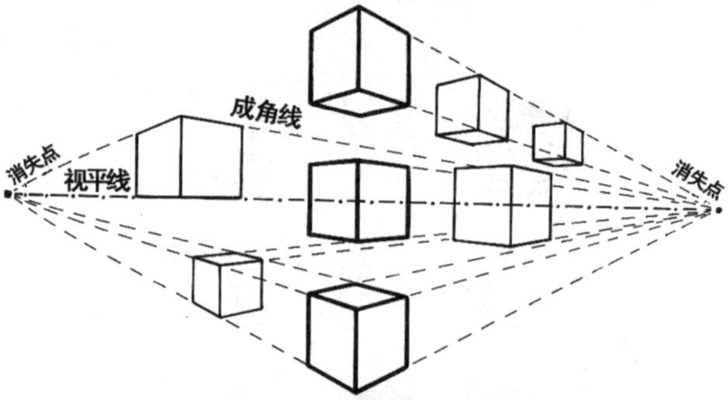

图 1 – 6

正立方体在成角透视中不外乎三种图形：在视平线上能看到左右两个侧面；在视平线以上能看到三个面，两侧面加底面；在视平线以下也看到三个面，两侧面加顶面。

1. 视点移动时的透视变化

视点的左右移动产生的透视变化：在视平线高度不变的情况下，视点进行左右移动，使同一环境中的物体透视形状发生变化。

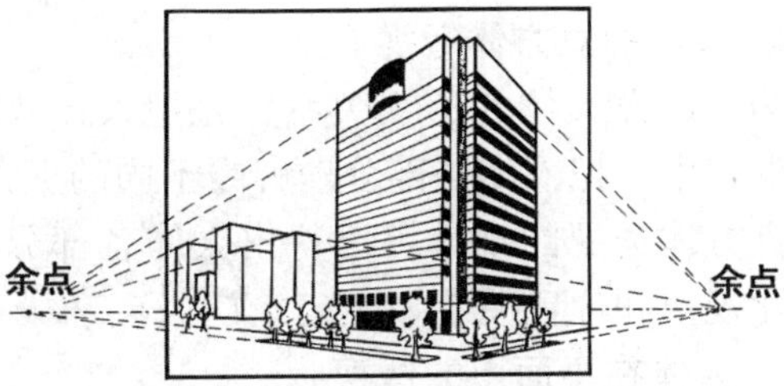

图1－7

图1－8

图1－9

主点在左边，所见左面的墙和物体窄，右边的墙和物体宽，能看到床的左侧面（图1－8）。

主点在景物正中，两面墙宽窄相等。

主点向右移动，所见右面的墙和物体窄，左面的墙和物体宽，桌子的侧面较宽（图1－9）。

2. 视点的高低产生的透视变化

处于视点上半部分的景物在视平线以上向下消失；处于视点下半部分的景物在视平线以下向上消失。当视点降低时，前面的景物高大，地面狭窄，天空辽阔；当视点升高时，前后景层次拉开，地面扩大，天空缩小。

3. 视点的前后移动产生的透视变化

在描绘景物时，视点除了对景物采取横向、纵向选择外，还可以考虑到深度的选择变化。若画者距景物近，其透视缩狭变化突出，近大远小差别很大，主体突出，所见景物范围小；若画者向后移，景物的透视缩狭变化趋缓，所见范围扩大，被前景物遮挡的部分看到的多了；若画者再向后移，景物的透视缩狭变化减弱，视域范围再次扩大，景物的高矮大小比例接近正常。

三、人体透视

1. 人体的立方体透视

为了研究人体的透视关系，先把人体放在立体的框架中，把人体各部分理解为不同的立方体，根据立方体透视的规律可以得出人体各部分的透视变化规律和位置关系。

2. 人体在平面上的透视

人体处在空间中的某些部位在透视中会缩短、缩小。

3. 人体在任意位置上的透视

人体在不同位置上因近大远小的透视规律而产生变化，消失在视平线上。在高台上的人体也要从地面把人体移到高台上进行透视。

4. 视点的高低与人体透视

（1）视平线在画面之下，人体为仰视，透视线向画面外消失。

（2）视平线在足部，人体透视线向下消失；视平线在人体中部，人体透视线向视平线消失。

第四节　构图知识简述

构图是绘画艺术主要的基础理论之一，由其自身产生、发展及成熟的过程。在绘画实践中，对感觉的重视往往多于理性的推断。

远古时代还没有产生系统的构图理论，人们凭感觉去描绘和记录，我们可尝试用原始视角去感受史前的洞窟绘画和岩画，同样可感受艺术之美。(图 1 – 10)

图 1 – 10

一、构图的来源

构图在真正意义上的诞生，是在公元前几千年的新石器时代（图1－11）。

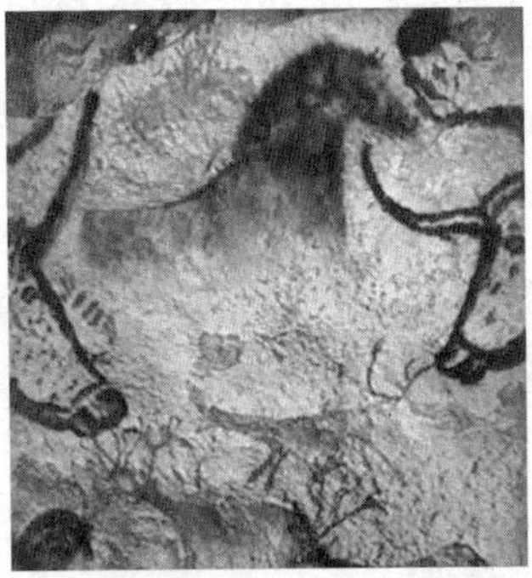

图1－11

在透视发明之前，古代艺术家们都是用自己的直觉和对艺术独特的理解寻找最完美的构图。

在古代西方的绘画观念中，认为形态是重于色彩的；东方则认为构成宇宙的重要因素是色彩。

古典传统的作品建立在一种单纯而稳定的构图之上。对称是平衡画面的总则。古典主义构图中最大的特征就是三角形构图（图1－12）。

图1－12

二、构图原理

1. 构图的含义

构图是指画家为了表现作品的主题思想和艺术效果，在一定的空间安排处理人、物的关系和位置，把个别或局部的形象组成艺术整体的方法。在中国传统绘画中称为“章法”或“布局”。

2. 构图的基本规律

构图的原则是变化中求统一，形象思维是其决定性依据也是绘画构图的基础。构图是绘画创作的最初环节，又是构思、营造人与物位置的具体体现。从构思、构图到作品完成，是创作的全过程（图1－13）。

图1－13

三、构图形式

从形式上看，构图的变化是丰富多彩的，其中蕴藏着无尽的玄机和艺术魅力。在创作过程中，构图形式的确定将受到绘画主题、作者修养以及社会环境等因素的制约和影响。

（一）对称式构图

图 1－14

主形置于画面中心，非主形置于主形两边，起平衡作用，底形被均匀分割。对称式构图一般表达静态内容（图 1－14）。

一幅绘图作品总是构建于一个简单的构图形式之上，所有主题的各要素在其中形成次序。

S 形也属于较为对称的一种，其形有流动感觉。S 形的构图形式有较顺畅的欣赏视线，表现出浓郁的抒情品格。

（二）均衡式构图

主形置于一边，非主形置于另一边，起平衡作用，底形分割不均匀。均衡式构图一般表达动态内容。其构图的样式有：S 形构图、L 形构图等。

（三）三角形构图

图 1－15

三角形构图是最完美的构图形式之一，在这种构图中，所有画面因素都非常平衡。

1. 正三角形构图（包括空三角形构图）

三角形构图是受金字塔形建筑结构的影响，坚固、持久，具有纪念性和象征性。三角形构图结构稳定，既有左右对称的物理平衡，又有上下平衡。具有明确的向上指向性和生命力（图 1－15）。

2. 倒三角形构图（包括 V 形、W 形、菱形构图）

倒三角形构图是由正三角形构图演变而来的，既容易平衡又具有动感，是一种很活泼的构图形式。相近的 V 形，如同旋转的陀螺，会给人以微微晃动不定的感觉，是一种活泼有动感的形式。

（四）对角线构图

十字形构图

十字形构图起源于西方基督教图案，使人联想到神秘、庄重、肃穆，形式感很强烈。在使用过程中如果处理不当，容易使画面单调。因此，很多画家采取多层十字结合使用。

米勒在《牧羊女》中除了地平线和牧羊女身体十字交叉构图的主要形式外，还加入了光线、羊群形成的隐隐约约的放射形式，成为了画面的次要形式。另外，地平线的点点远景和牧羊女低着头手拿的棍子，都减弱了十字形构图的生硬感。同时，孤零零的牧羊女和牧羊犬形成有趣的呼应，点明了主题。（图 1－16）

图 1－16

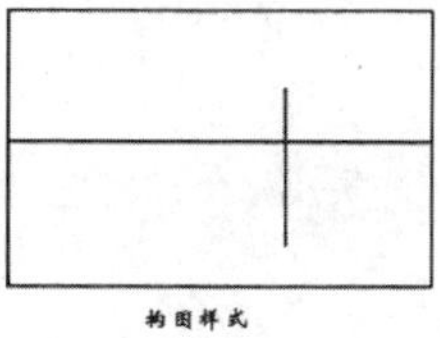

构图分析

（五）复合型构图

直曲线构图

直线与曲线有着不同的性质，将其在一幅作品中完美统一，就能互相补充，形成较好的构图效果。

在图 1－17 中，主体人物与卧榻均有着优美的曲线，画家便在背景中隐淡处加入了水平线和竖直线，使画面不致流于轻浮。并在画面左侧设置了垂直的灯杆，使画面的节奏关系更为明确，富有表现力。

图 1－17

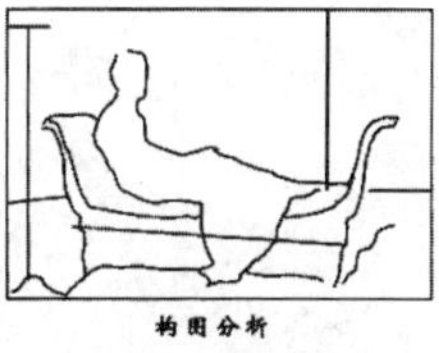

构图分析

四、构图方法

构图方法有三个要点：

1. 画面主题图形的位置。

2. 非主题图形的位置以及与主题图形的关系。

3. 画面底形的位置以及与图形的关系。

在三个要点中，第一要点是构图的决定因素，它在画面中的位置决定了画面的样式。构图的样式分为两大类：对称式构图和均衡式构图。

要注意“画面中心”并不是画面的等分中心，它是以人的视觉方式确定的。这一中心，是以黄金分割定律原理确定的位置，即以1∶0.618的比例分割画面，得出画面中的四个相应位置，这四个位置即是接近画面中心的“构图中心点”。我们可以将所画对象的主要部分，置于其中任何一点，即可得到优美的构图形式（图1－18）。

图1－18

第二章 人体造型画法

人体的比例是以头长为单位的。我国人体通常为七个到七个半头长。在古代画论中，曾有“立七、坐五、盘三半”的说法（图2－1）。

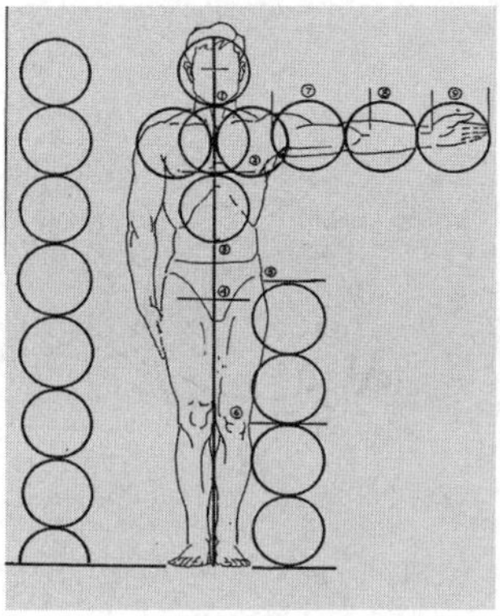
图2－1

第一节 人物头部的画法

一、头 部

头部是人物造型的关键部分。在外形上，它分为脑颅与额面两部分。脑颅部的骨骼决定头顶的长短。额面部的骨骼决定脸面的宽窄。头顶的长或短与脸面的宽或窄通常相适应。我们首先应掌握整个头骨的基本形，如甲字形、国字形、申形等。

（一）头部的比例与基本形

眼睛在头部的1/2处

眼长＝两眼间的距离＝鼻宽

为了便于计算和确定五官的位置，我们将头部画出：

三停：发际线至眉线＝眉线至鼻底线＝鼻底线至额底线。

五眼：画者从正前方观察面部，右外耳孔至右眼外角之长＝右眼长＝两眼间的距离＝左眼长＝左眼外角至左外耳孔。

头部略似蛋形。它通过颈部的运动，可以前俯后仰，左右转动。头部空间位置的变化，加之

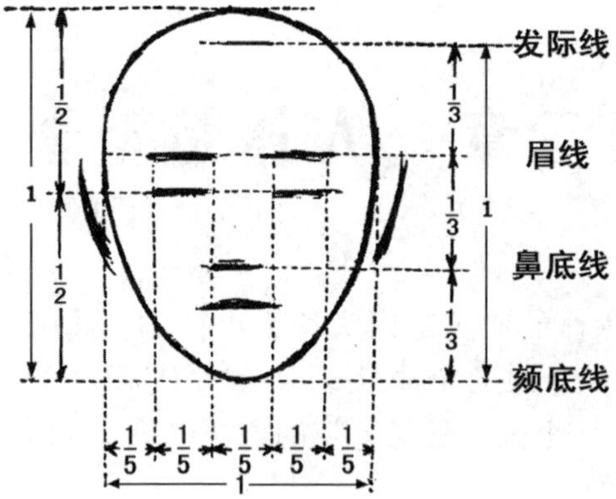

图 2－2

观察者视点的变化，都可以改变头部及五官的透视关系，产生各种透视弧线（图 2－3）。

在画头部时，一般最好先把这个“蛋形”的位置和大小定好，再在蛋形上画出经过的五官辅助线，即三停五眼，最后确定五官的位置，直至深入细致地刻划如面部的五官具体形象。

（二）五官的画法

首先是眼睛的画法（图 2－4）：

眼部可加以辅助线来帮助我们理解它的形体结构的起伏。眼由眼睑、眼眶和眼球三部分组成。

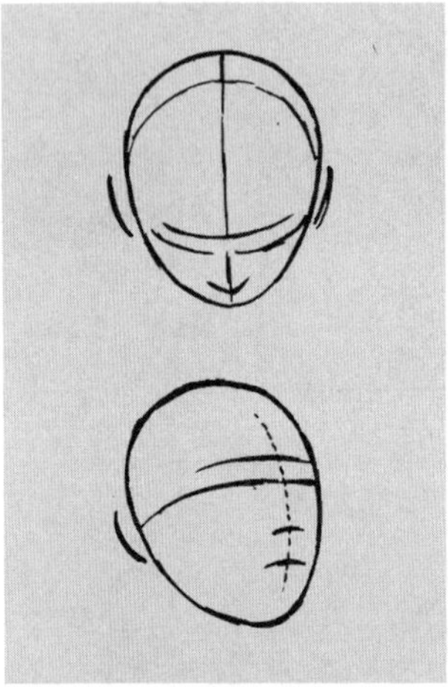

图 2－3

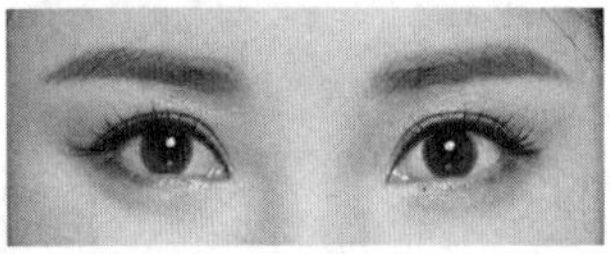

图 2－4

图 2－5

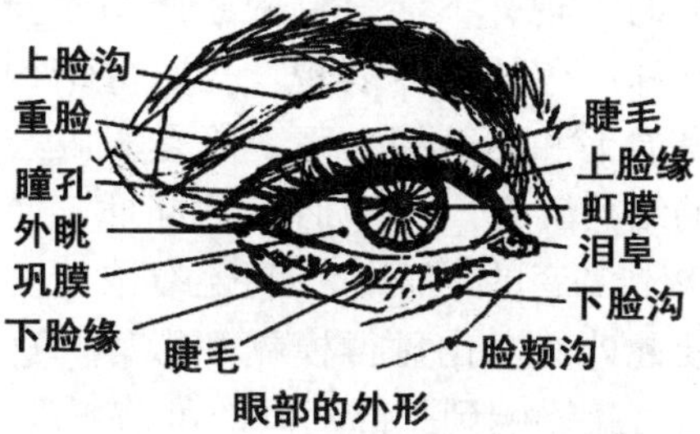

图 2－6

1. 怎样画好眼睛?

眼睛是头像素描表现的重点，这不但因为眼睛是“心灵的窗户”，更重要的还在于，构成眼睛的不同材质和眼睛复杂的结构变化。

眼睛处在面部的中心位置，它是五官中运动最频繁的器官。两只眼睛的结构方向正好相对，这更增加了它的表现难度。因此，对眼睛生理结构的了解，就显得尤其重要。

表现眼睛要特别注意它的精细变化。它的上部有上眼睑投下的阴影，下部有球体自身结构形成的暗部。虹膜是眼球前部的环形薄膜，正中是瞳孔，虹膜所含的色素决定了眼珠的颜色。黑色的瞳孔上，有小而亮的高光。眼睑与眼裂呈弧形，分上下两部分包裹着眼球。上眼睑比下眼睑厚而长，位置也靠前，覆盖着眼球的大部分。眼睫毛呈放射状生长于上、下眼睑。上部的睫毛较为粗、密长，而且能影响眼球的光照。在表现中要尽量多刻画眼部的这些结构特点，特别要注意眼球的体积和眼睑的厚度部分。

眼睑的形状与瞳孔的位置，与表现人的精神状态有很大关系。哪怕只有一点小小的变动，就能造成神态的很大差异。因此，画者要认真观察对象这一部分的变化，及时捕捉造型需要的神态。

眼睛的表现，不能只局限于眼睛本身，还应当包括眼部周围的形体表现。与眼部结构关系比较大的是眉毛和眶上缘。眶上缘是眼眶与额头结合处大的结构转折。由于眉弓的穿插，使转折的边缘产生了多变的平面，其间还有浓淡变化的眉毛，更使此处的变化显得模糊和微妙。这一部分的表现，直接影响到眼部刻画的可信程度。因此，一定要弄清这一部分的骨骼结构变化。

2. 嘴的画法：怎样画好嘴?

嘴是脸部运动范围最大、最富有表情变化的部分。嘴依附于上下颌骨及牙齿构成的半圆柱体，形体呈圆弧状。嘴部在造型上由上下口唇、口线、人中和颏唇沟构成（图2－7）。

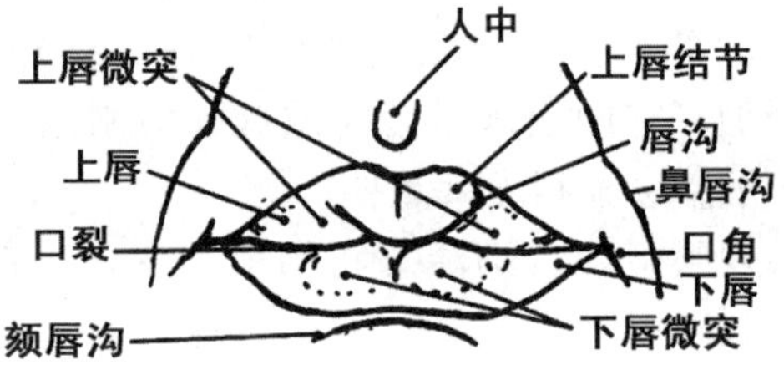

图2－8

上下口唇分别是两个相对的W形，上口唇比较长，唇线比较分明，突出于下口唇，中央有一个上唇结节唇线将上口唇一分为二。人中位于上唇结节线的上部，是鼻子与嘴之间的凹槽。这一部分的结构由凹到凸，使它的对比变化较为凸出。下口唇的变化比较圆滑，分别由左右两个唇结节形成两个微凸点。颏唇沟位于下唇的中心下部，是突出的口唇底部与下颏骨正面构成的弧形转折线。这一部分的阴影，是使嘴唇显得突起的原因。

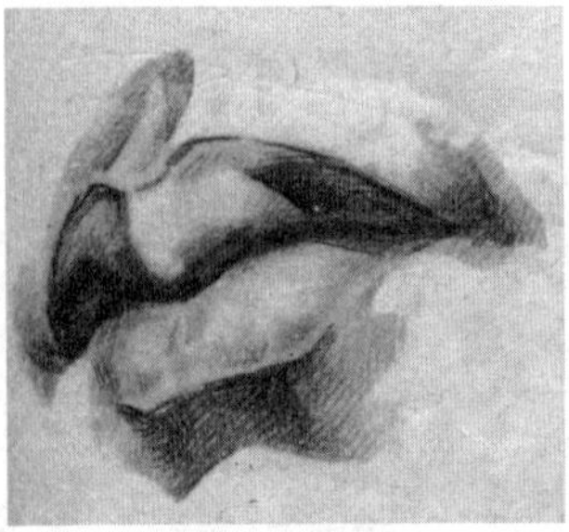

图2－7

口线是上、下口唇闭合后形成的波状线，两

端是口唇终端的嘴角。口线的变化很复杂，由口唇缝隙、上口唇形成的投影和结构转折等几个因素构成。

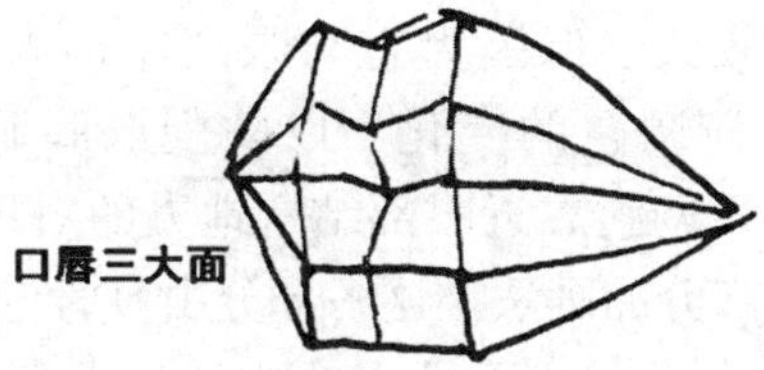

图 2－9

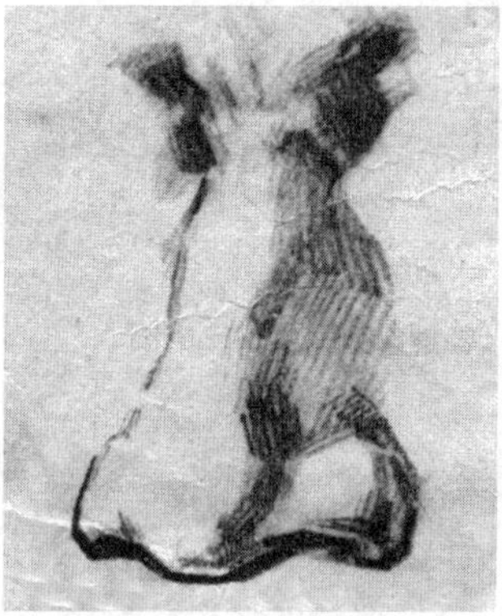

图 2－10

嘴部的表情肌肉是很发达的，它使口线和嘴角产生丰富的变化，是刻画人物表情的主要部位。

嘴的结构与周围脸部的肌肉联系很密切，嘴的运动会带来一系列面部的变化。

3. **鼻子的画法：怎样画好鼻子?**

鼻子位于五官的中轴线上，是面部最突出的部位。鼻子由三个部分组成：鼻骨和软骨组成的鼻梁；椭圆形鼻球部和它下面的鼻中隔；两个向外下方倾斜的鼻翼和中空的鼻孔。整个鼻子类似一个上窄下宽的梯形。在表现时，要注意它四个部分的变化（图 2－10）。

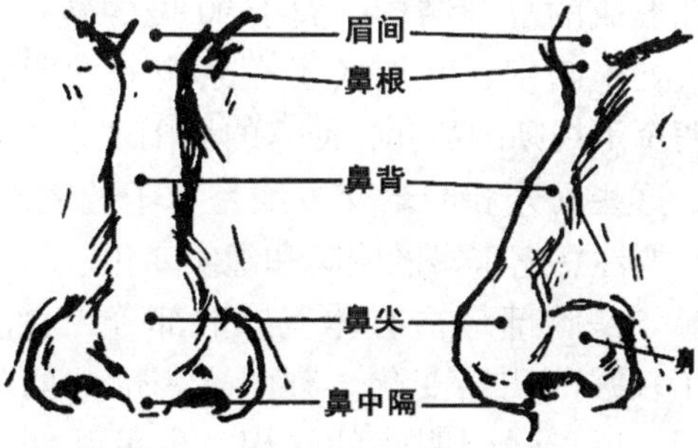

图 2－11

鼻根部分的画法。这一部分完全由鼻骨构成。它紧靠双眼的泪阜，上端与额骨的下弯处连接。鼻根是鼻子最狭窄、转折最“急”的部分。它与眼部的连接方式也很突然。因此，这一部分的对比变化比较大。但因为它与眼睛靠得太近，画时不要过分强调它的变化，以防削弱眼睛的表现。通常是只强调它靠近眼部结构地方的对比关系。

鼻梁部分的画法。这一部分由鼻骨的下端和两块鼻软骨构成，位于鼻子的中段，近似标准的梯形，有一正两侧三个明显的平面。对这一部分的刻画要注意三个平面的形状和结构变化，还要注意整个梯形的体积感和与其相邻部分的嵌接方式。

鼻头部分的画法。它全部由鼻软骨构成，分为鼻尖和鼻翼两个部分。鼻尖形似球体，两个鼻翼形似半球体，因而它在形体特征上与鼻梁的梯形有明显的区别。这一部分是肖像面部的最高点，它又距离眼部较远，所以我们可以把它当作面部的第二个重点，进行仔细地刻画。

鼻底部分的画法。这一部分实际上是鼻头的底面。由于它在形体上与鼻子的其他部分在受光后对比强烈，所以我们习惯上把它作为一个特殊部分来处理。这一部分的形体特点，是由鼻尖转折面和两个鼻孔形成的复杂结构，大于 90 度的转折，使整个鼻底处于暗部，并形成了一条明显的明暗交界线。两个不规则的鼻孔，使它的周围产生了复杂的反光，这些反光和明暗交界线是鼻子的表现难点，刻画时要注意它丰富的明暗和虚实变化。

鼻子是脸部最富有体积感的部分，它使脸部产生了较强的明暗变化。刻画这一部分的手段比较灵活，既可强调明暗的作用，也可强调结构的作用；既可加强处理，又可削弱处理。鼻子的造型因人而异，它是人物形体特征的一个重要组成部分，表现时要先掌握它的整体形象特征，再进行局部刻画。

4. **耳的画法：怎样画好耳型？**

耳位于头部的两个侧面，形体与头部向后有20度夹角。脸部正面时，双耳显得比较偏远；侧面时，单耳位于头部的中间，所以对耳的了解和表现不能忽视（图2－12）。

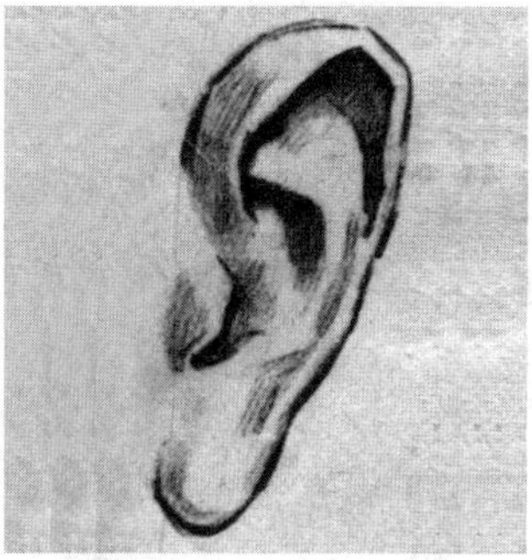

图2－12

耳由外耳轮、内耳轮、耳屏、对耳屏、三角窝、耳壳、耳垂几个部分组成。除耳垂是脂肪体之外，其他部分是软骨组织。

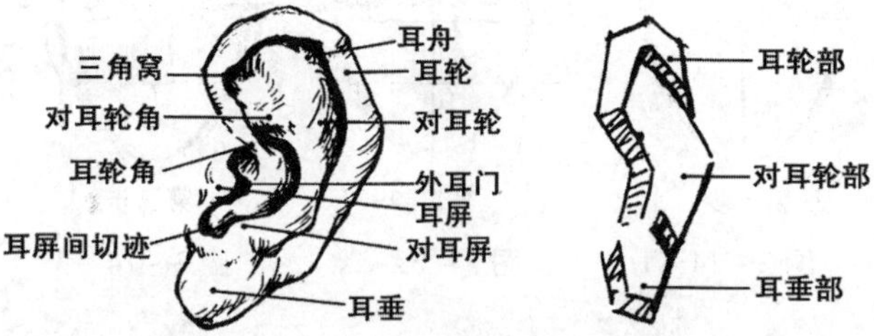

图2－13

耳轮自耳孔处环绕至下方耳垂，上端有耳轮结节（达尔文角），是人类进化遗留的痕迹。内耳轮与外耳轮平行于内侧，上方呈三角形凹窝，掩在耳轮下。

耳的形体结构是一个壳状，整个外轮廓呈C形，上端宽，底部窄，中央是一个凹形的碗状体。耳部的形态比较好地体现了线的流畅和由线向面自然过渡的优美造型。

5. **如何处理好五官之间的关系？**

最关键的有两个方面：眉与眼、鼻与口、眼与鼻之间的倾斜度和外眼角到口角与它到耳屏的距离相等。

除此之外，头发的画法也是需要注意的。因为头发的表现，有些人不太重视，以至于作品中五官画得很好，但头发的处理却很幼稚。头发的表现确实有一些难度，它不像面部那样具有明显的结构，也不像五官那样具有“有意思”的细节。它乌黑蓬松地附着在头部，使人辨不出哪是应该刻画的重点。但是头发在面部占的面积很大，并涉及人像很大一段轮廓。头发又是反映人物性格的一个重要方面。因此，应该重视对头发的表现（图 2－14）：

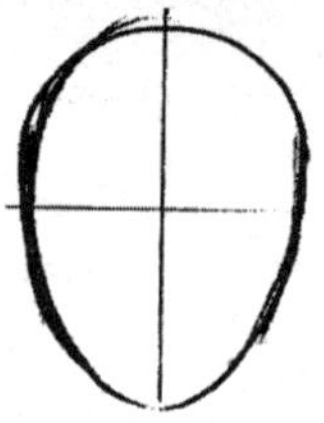

第一步

图 2－14－1

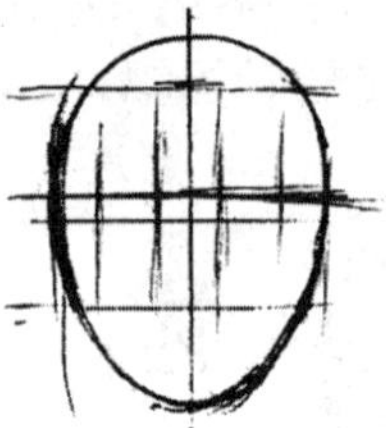

第二步

图 2－14－2

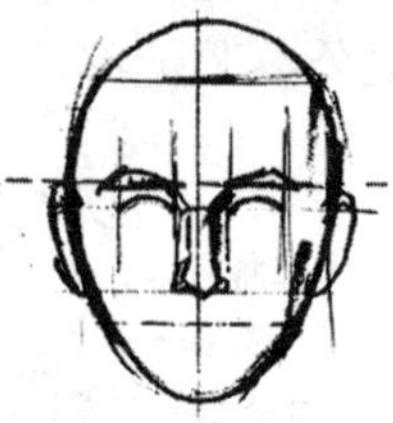

第三步

图 2－14－3

第四步

图 2－14－4

第一步：先画一个“蛋”形，上宽下窄，用直线画出面部的中间线，并将眼睛的位置画出。

第二步：在第一步的基础上确定“三停五眼”。这一步很关键，如同建筑的脚手架。

第三步：依据三停五眼的辅助线长画出五官相应的位置及大小。即第一停的直点就是眉毛的位置，第二停的直点就是鼻子的底部，第二停的位置也是耳朵的大小。

第四步：在第三步的基础上准确画出五官的造形，按照从上而下、从中间往外沿的顺序。这一步要把握“整体感”。

第二节　上肢的画法

一、画法与上肢的结构与比例（图2－15、图2－16）

上肢是半身人像素描的一部分。上肢的灵活程度和活动范围非常大，构成了画面结构和衣纹变化的主要因素。上肢骨骼有肱骨、尺骨、桡骨；肌肉有：三角肌、肱二头肌、肱三头肌等。上肢的运动是上臂与前臂的角度变化，中间由肘关节连接起“转轴”的作用。

上肢是人的肢体中最灵敏的部分之一，上肢的运动与人的性格息息相关。上肢的各种动作，对表现人物情态有相当大的作用。

图2－15

（一）上肢的结构

上肢的运动是上臂与前臂的角度变化，中间由肘关节连接起“转轴”的作用，整个上肢由肌肉包裹着，只有肘关节处的肱骨内髁和尺骨鹰嘴外形明显（图2－17）。

图2－16

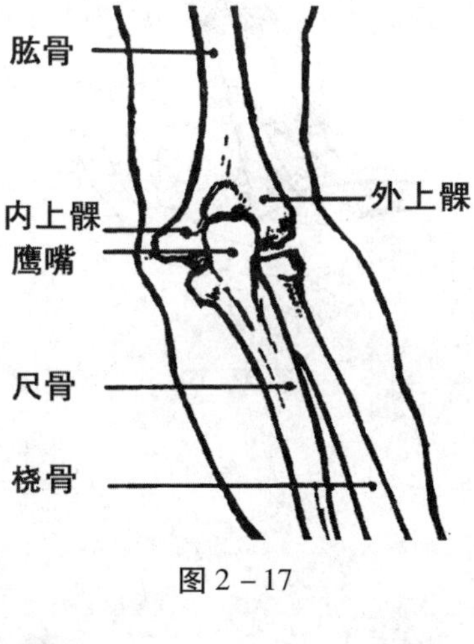

图2－17

上肢骨骼与肌肉（正侧骨骼和肌肉图）：（图2－18）

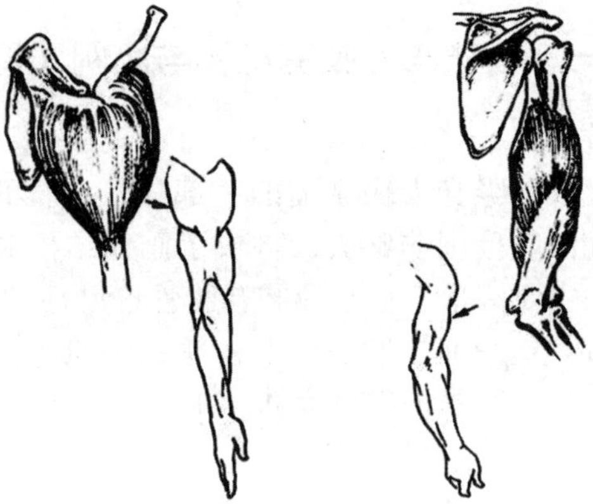

图2－18

上肢的局部肌肉：肱三头肌、三角肌、肱二头肌、前臂屈肌群、前臂伸肌群。

上肢关节：肘关节（各角度图）、肩关节（各角度图）、腕关节（图2－19）。

图2－19

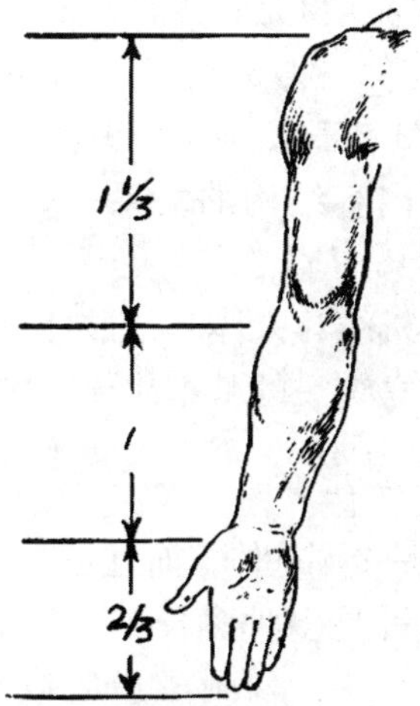

图 2－20

（二）上肢的比例

上肢分上臂、前臂和手三部分。

比例不协调是作画常犯的毛病。一是整个上肢的长度与全身比例或长或短；二是上肢的上臂、前臂与手三者之间，初画者常易将手画得过小。

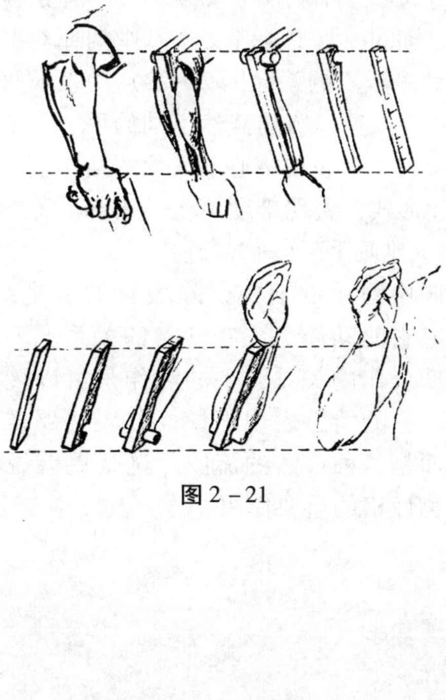

图 2－21

它们之间的正常比例是：

上肢 = 上臂（4/3 头长） + 前臂（1 个头长） + 手（2/3 头长） =3 个头长

上肢由于内容结构的关系，形体上有屈折线等特征。

上肢的屈折线与人体其他肢体中的特征一样，反映了事物对立统一的基本规律。

(三) 基本形

总的来讲是个圆柱体，而且是不均等的圆柱体。

形体的理解是多种多样的。我们可以将复杂的上肢按比例结构，勾画成最简略的图形，以便在写生与创作时应用。

图 2－22

二、手部的画法

在造型艺术中，人的手通常被称为“第二表情”，手的动作是可以传达感情信息的。它的情感表现不像面部表现那样容易被控制，而是一种自然的流露。一个人的手就可以反映出它的职业特点、生活经历等，如一个农民老父亲和一个弹钢琴的手是有天壤之别的。罗中立《父亲》中的那双手和达芬奇《蒙娜丽莎》的手（图 2－22）代表了两个社会阶层、不同人生经历的截然不同的手。手是半身人像素描中第二个表现中心。人手的结构复杂，有丰富的变化形式，表现难度不次于头部，正如俗话所说：“画人难画手”（图 2－23）。

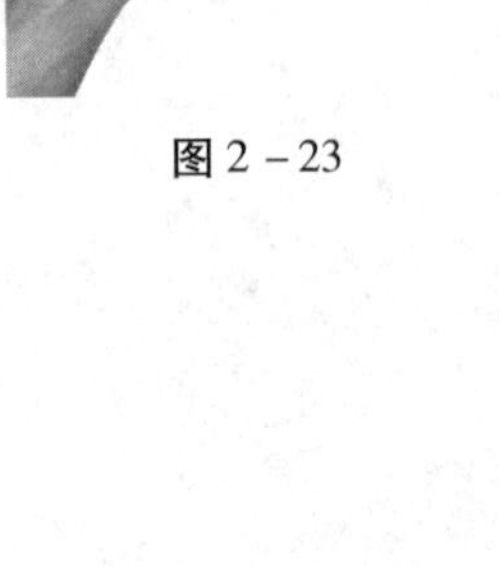

图 2－23

绘画中对手的研究，除去它的造型结构外，还要研究它的动作与人物性格的关系。由于手与大脑长期合作的关系，手的动作是可以传达感情信息的。它的情感表现不像面部表情那样容易被控制，而是一种自然的流露。这就更能说明手对表现人物性格的重要作用。

手的掌面与背面结构差异很大，手指的运动主要是向手掌内变曲。手的掌面有三个部分：鱼际、小鱼际和掌丘。三个部分之间是掌心。手掌的背面是一个整体，呈外弧状，表面可以观察到放射状的掌骨和分布明显的血管（图2－24）。

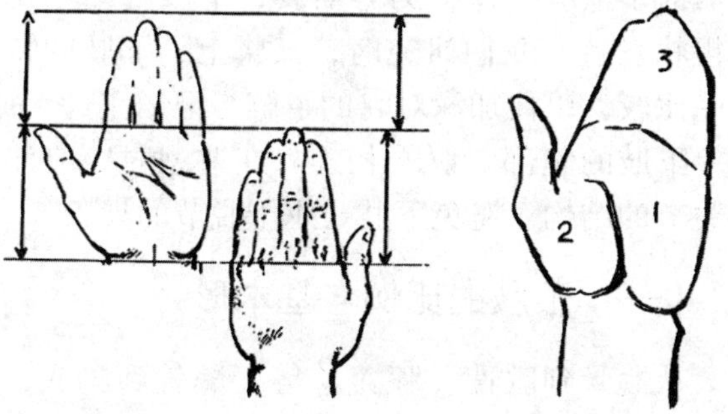

图2－24

手包括腕、掌、指三部。呈扇形作辐射状与腕关节相连。当手指外展或握拳时，大拇指基部是它的共同中心。

对手指的表现，要注意它是一个圆柱体，上面的结构和纹理变化都要符合圆柱体的透视规律。手的腕部表现也很重要。腕关节的动作非常灵活，可以使手屈伸、侧屈和回旋。手的动作通常是从腕部引发的，如果忽视了腕部的细微变化，就会失去手的生气和活动。

人的手同人的脸部一样，个性区别很大，这有年龄性别的原因，也有职业经历上的原因，还有地域人种的原因。它们在形态上有宽大与纤细、粗糙与细润之分；在动作上有紧张与松弛、强悍与文弱之别。

第三节　下肢的画法

一、下肢画法与下肢结构和比例（图2－25）

为了适应人体行为等需要，下肢的结构比上肢粗壮发达。我们研究时，又将上、下肢的特征作一比较，以便加深对它的了解与记忆。

下肢的髋部与躯干相连。在造型时，应注意髋关节的结构，避免下肢与躯干脱节的现象。

图2－25

（一）下肢的比例与基本形

从髋骨到髌骨（膝盖）等于髌骨到脚底，二者均为2个头长。脚的长度等于1个头长（图2－26）。

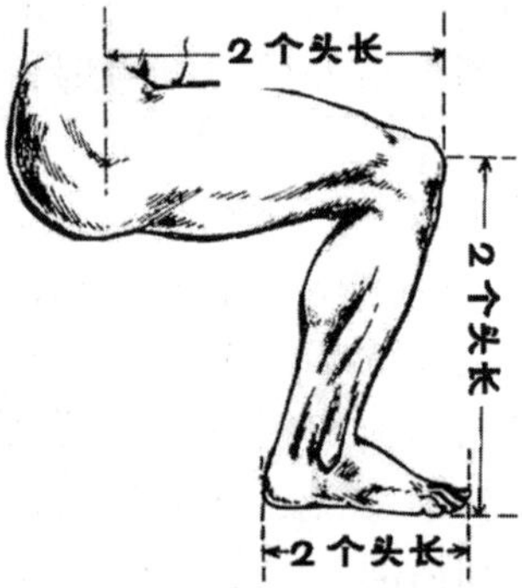

图2－26

由于内部结构的关系，从腿至脚是由几段不同斜度的体积结合而成的，在外形上有着曲来曲去的屈曲弧线，画时应重视它（图2－27）。

（二）下肢骨骼与肌肉

下肢骨胳由髋骨、股骨、髌骨、胫骨、腓骨与足骨等组成。髋骨左右二块，前侧由左右两髋骨的耻骨部相接，称“耻骨联合”。耻骨联合一般正处于人体 1/2 部位，因此常作为造型时的依据。

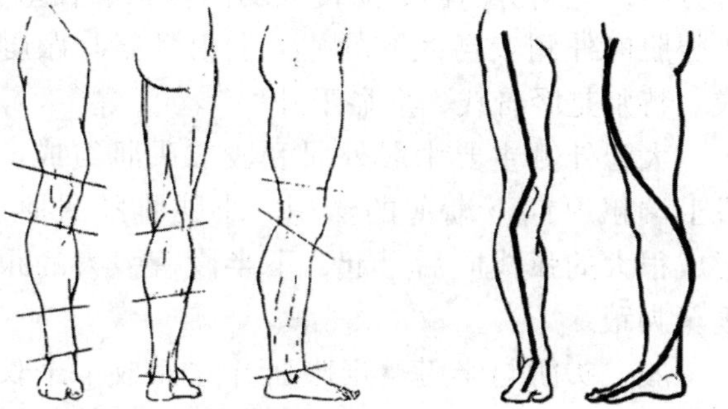

图 2－27

股骨为长骨，其结构相当于上肢的肱骨。上端称股骨大头，与髋骨成髋关节。外侧有大转子，外形明显，亦作为造型时的标志之一。股骨由上向下逐渐向内侧倾斜并向前弓起。股骨约 2 个头长。

下肢主要肌肉（图 2－28）：臂部肌肉、股四头肌、缝匠肌、腓骨肌、比目鱼肌等。

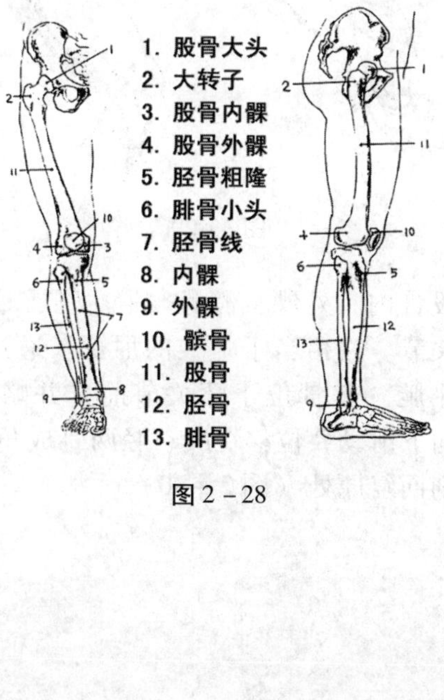

图 2－28

（三）下肢形体结构

造型时应注意腿的屈曲弧线。股四头肌随股骨方向，呈斜势。内收肌使大腿内侧轮廓较垂直。小腿肌肉外侧较高，下段基本上由骨胳与跟腱组成。特别是胫骨线，形显于外。

大腿外侧主要由股外肌和股二头肌组成。形成上端粗厚向下渐薄的体积。小腿腓肠肌肌肚，形成很大的弧线向后弓起，下半段有强大的跟腱延至脚跟。

股二头肌与半腱、半膜肌并立而成一个长方形体积。股外肌向外突，形成一个弧形体积。若干肌腱汇集于膝部内侧，形成半月状体积。小腿上为肌腹，下为跟腱，形成两个体积。

股直肌使大腿向前方隆起，股外肌向外侧隆起。股内肌在公共腱的内侧，肌肉隆起高于公共腱（图 2 – 29）。

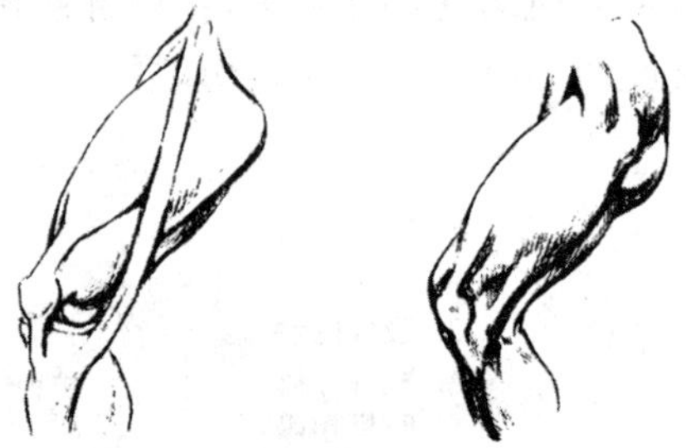

图 2 – 29

由股骨内、外髁，髋骨与胫、腓二骨的上端形成膝关节。它相当于上肢的肘部。通过此关节可屈伸小腿。髌骨位于膝关节前方并略偏外侧，屈膝时向下滑动，位移在股、胫两骨成角的顶点，伸膝时则回复原处（图 2 – 30）。

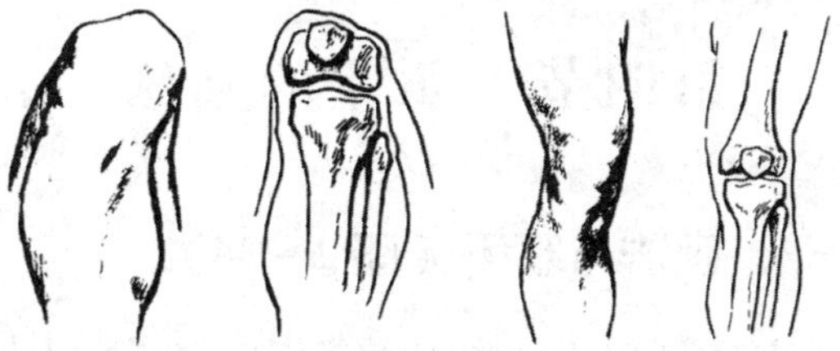

图 2 – 30

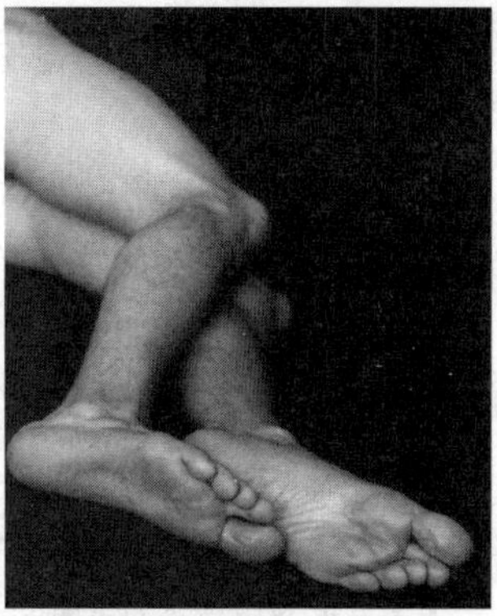

图 2 – 31

小腿的外形在很大程度上取决于骨胳，可以说在胫、腓骨的后侧与外侧，附上肌肉的体积就是它的基本形（图 2 – 31）。

（四）足

足的外形前侧薄平，后侧圆厚。纵弓、后端高于前端。横弓：内侧高于外侧。外侧着地，内侧凹陷，足正面的特点是内侧较垂直（图 2 – 32）。

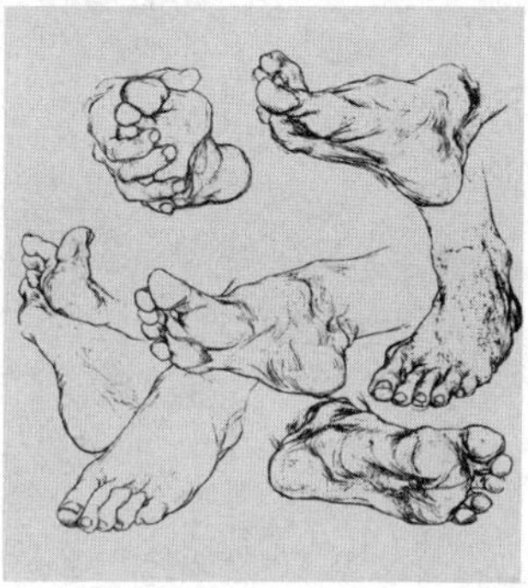

图 2 – 32

踝关节行使足的运动。跗骨中的距骨有如转轴，使小腿骨前后滑动。踝关节可使足伸屈，以及轻微地内旋、外旋。内踝高于外踝，脚背成斜面，内高外低；大脚趾跟部粗大，向内侧显著突出；中趾为正中。1 趾和 2 趾向外倾，4 趾和 5 趾向内倾（图 2 – 33）。

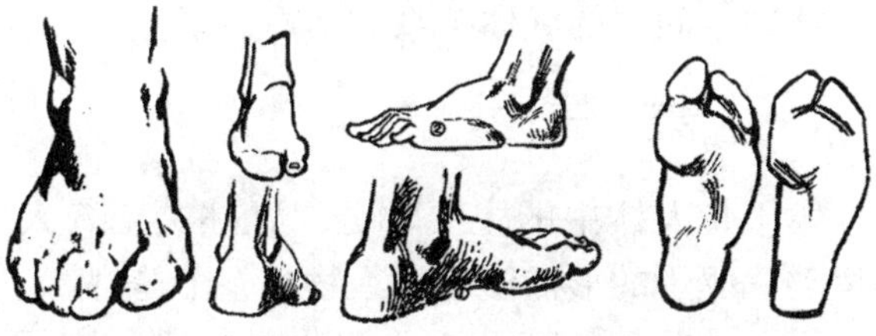

图 2 – 33

足内、外侧的特点：内侧底面有较大弓弯，外侧小趾基部另成一体积脚跟后突；从脚背至脚趾呈现降阶式；内踝显方形外踝似蛇头。

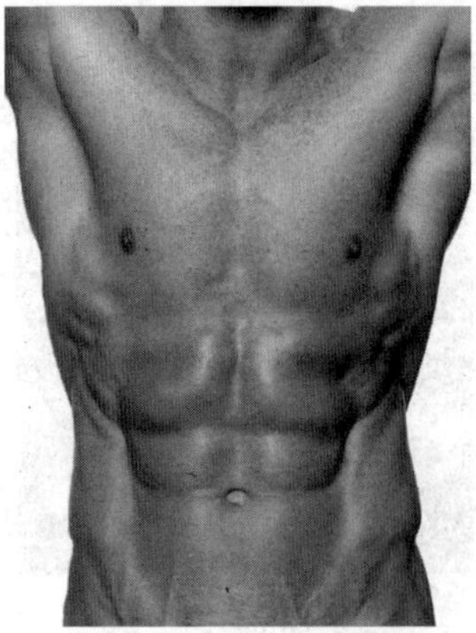

图 2－34

第四节　躯干的画法

一、画法与躯干（图 2－34）

怎样表现躯干？学习者首先应该了解人体躯干的结构和组织。躯干是人体结构的主体部分，由人体中两个最大的体块组成：一个是胸廓体块，另一个是骨盆体块，中间由脊柱连接，头部和四肢都依附于躯干。躯干包含着人体重心，它的每一个动作都会影响全身。因此，躯干是全身动态的关键，是人体运动与平衡的中枢。

躯干在人体上还有明显的性别、年龄和个性的差异，它体现了人体的整体外貌特征。

在躯干的活动中，脊柱起到很大的支撑作用。脊柱分为颈椎、胸椎、腰椎和骶骨。躯干的主要体积是胸廓和骨盆，形成上下两大体块，其形体相对稳定。上端胸廓体块上宽下窄，上缘由横贯胸骨左右的锁骨合成，下缘由胸廓两侧肋弓下角合成；下端骨盆体块下宽上窄，上缘紧接胸廓体块，下缘由两侧股骨大转子连接而成。

以体块的形式概括躯干，目的在于认识和把握人体在空间中的立体关系和透视关系。

（一）躯　干

躯干是人体中的主要部分。脊柱决定着人体的运动。躯干的形体影响着人物的整个造型。

躯干分前侧和背侧。前侧范围包括自头部下颌沿线以下，骨盆的左、右髋前上棘顺延耻骨联合沿线以上的区域。

背侧自头部以下、髋部的左、右臀褶线以上区域。该区域的肩部与髋部分属下肢部分研究。

躯干前侧包括颈、胸、腹之间的左、右肋弓为界。以上为胸部，以下为腹部。躯干前侧由两块上下倒立的梯形构成形体的基本块状。后侧由一个倒立的大三角与一个梯形重叠而成（图 2－35）。如果根据内部的构造进一步刻划，前侧胸部画成一个蛋形的体积（图 2－36）。

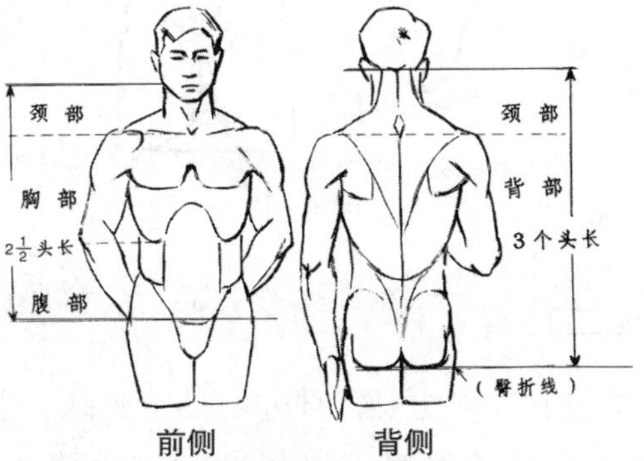

图 2－35

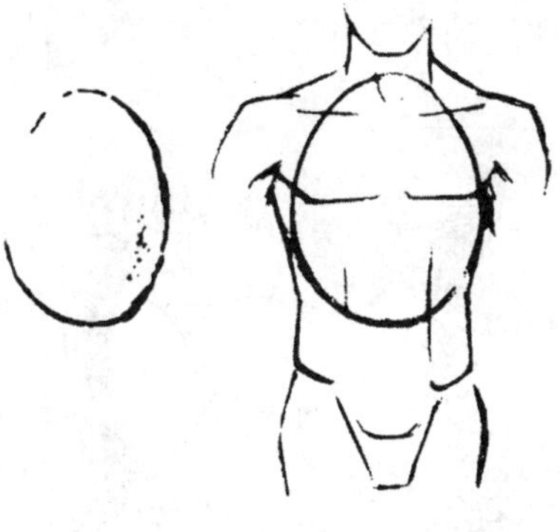

图 2－36

图 2－37

躯干背部的基本形有类似高脚酒杯的造型。为了便于我们学习掌握背部的造型，可将背部分成若干个块面（图 2－37、图 2－38）。

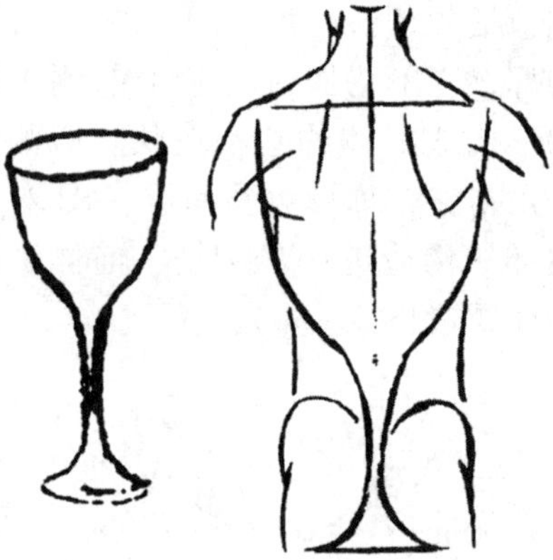

图 2 – 38

（二）脊　柱

脊柱在外形上是人体左右的分界线，它将背部垂直地划分为两个对称的部分（图 2 – 39、图 2 – 40）。脊柱运动后，使躯干产生屈伸、侧弯与旋转等动作。我们画躯干或全身动作时，首先应注意脊柱的动作变化。

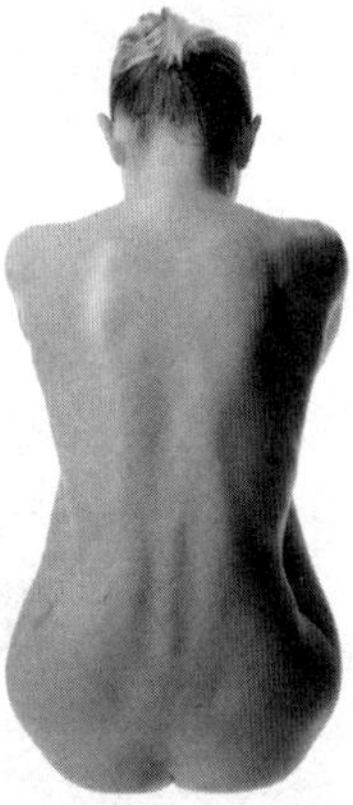

图 2 – 39

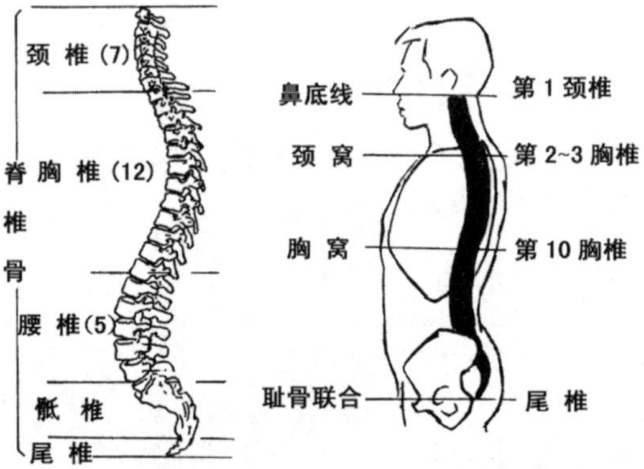

图 2 – 40

（三）颈　部

画颈部的时候，应注意颈部本身的形体结构。颈与头不是连在头骨中心，而是偏在后部。颈与胸的关系，应将颈部理解成它是安插在胸廓上的一个圆柱体（图 2－41）。

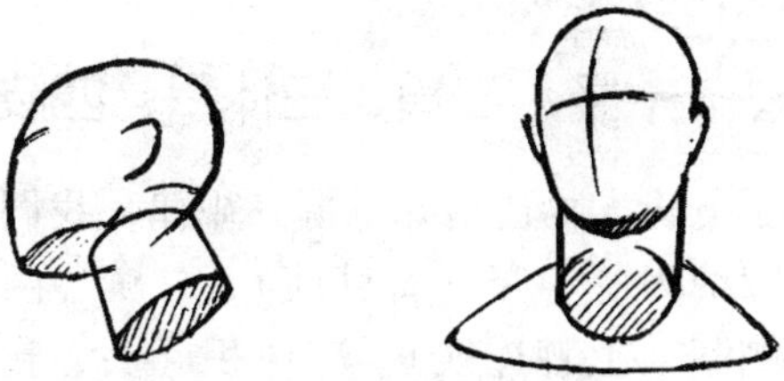

图 2－41

二、躯干的男女特征

男女体型差别主要在躯干部。由于生理关系，女子胸部乳房隆起骨盆横阔，脊柱的腰柱部分较长。因此，前侧若从肩线至腰际线再至大转子连线所形成的两个梯形，男子上大下小，女子上小下大（图 2－42）。

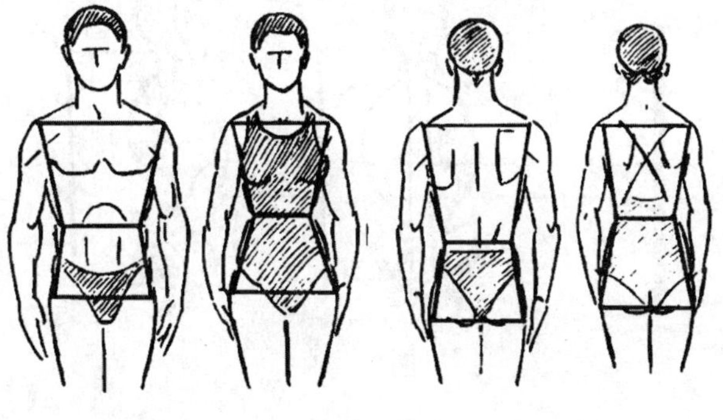

图 2－42

第五节　人体整体造型画法

人的动作瞬息变化，并且牵一发而动全身。因此，除了人体结构和局部进行研究外，还要将各部串联起来，对人体全身造型变化及其某些规律作进一步的研究。

一、“一竖、二横、三体积、四肢”

为了分析人物造型并掌握其规律，我们将复杂的人体归纳为“一竖（脊柱线）、二横（两侧肩峰连线与侧髂前上棘连线）、三体积（头、胸廓、骨盆）、四肢（两侧的上肢与下肢）”。而三体积之间，头与胸廓通过颈部相串，胸廓与骨盆则以腰部相连。上肢以肩关节与胸部相依，下肢以髋关节与骨盆相接。整个人体通过颈部与腰部、肩关节与髋关节等行使运动，从而形成人体的各种动态。

一竖：脊柱线从前侧或后侧看是一根竖线，从西侧看则呈四个弯曲，运动时弯曲状起相应变化（图 2－43）。

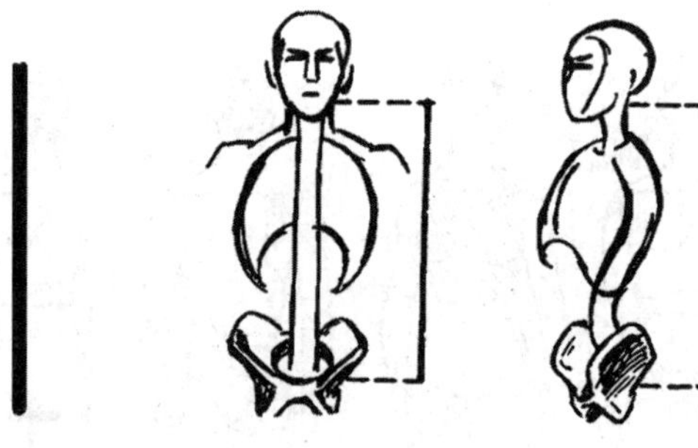

图 2－43

二横：两肩的连线和骨盆髂前上棘之间的连线，直立时平行。运动时两线倾斜，不平行（图 2－44）。

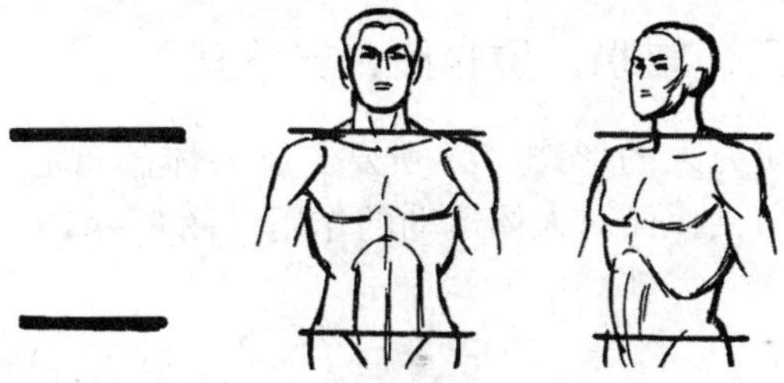

图 2－44

三体积：可将三体积概括为长方体和近似长方体的体积。运动时三者之间，通常是相互扭转（图 2－45）。

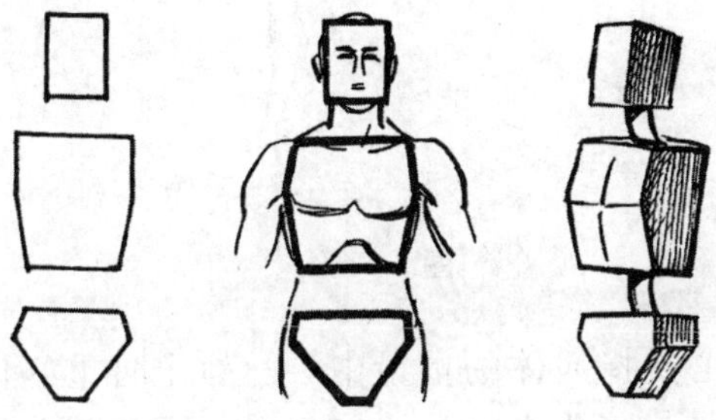

图 2－45

四肢：把四肢概括为八段直线或圆柱体（图 2－46）。

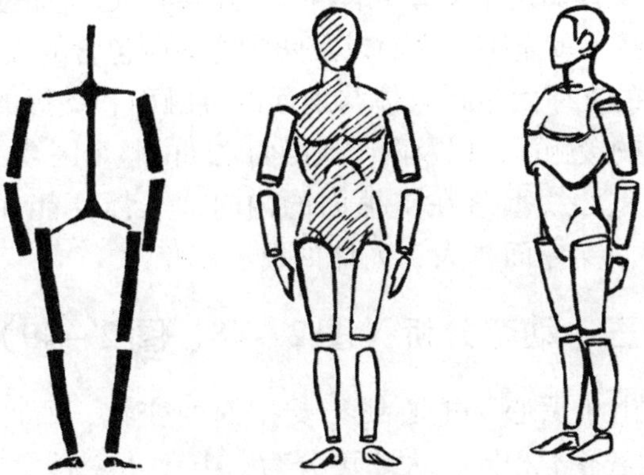

图 2－46

二、重心、重心线、支撑面

研究人的形态，必须要了解人体的重心，重心线与支撑面对人体运动的作用（图 2－47）。

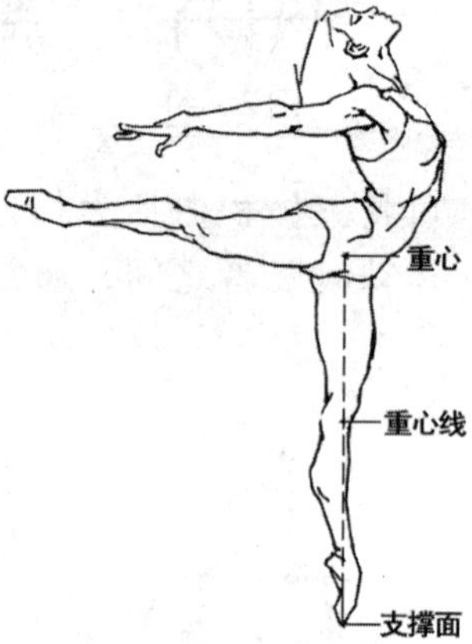

图 2－47

重心是指人体的重量中心。静止时重心位于人体骶骨与脐孔之间。从前侧看，便在脐孔的上下、左右。

重心线是通过人体重心向地面所引的一条垂线。造型时可作为分析动态的辅助线。

支撑面是指支撑人体重量的面积。通常站立时的支撑面就是脚的底面以及两脚之间所包含的面积。卧时的支撑面包括人体与地面的接触面和支撑的与地面的接触面，以及两个接触面之间的整个区域。

重心线垂落在支撑面的内时，人体便能保持均衡。支撑面越大，人体的重心越稳。

三、动态分析（图 2－48、图 2－49）

由于重心、重心线与支撑面的变化，所产生的动态各不相同，大略可分为三类：

一是在支撑面以内的重心移动的动作。在运动中此类动作非常多，如网球反手击球动作。

二是超越了支撑面的重心移动的动作。如走与跑、拉与推等。

三是人体离开了支撑面的动作。如跳跃与游弋等。

稍息时，由于重心偏于一侧，在结构上使二横（肩线与髋线）之间从立正时的平行状态变成不平行状态，胸廓与骨盆的位置也随着起了变化。在外形上重心偏于一侧的腿部支撑了全身的重量，因此位置显得比另一侧腿较高，而同侧的肩部由于结构关系与另一侧肩部相比，位置反而低。通常易犯的毛病是，动作后二横线依然相互平行，显然这是违背动态规律的（图2－50）。

图2－48

图2－49

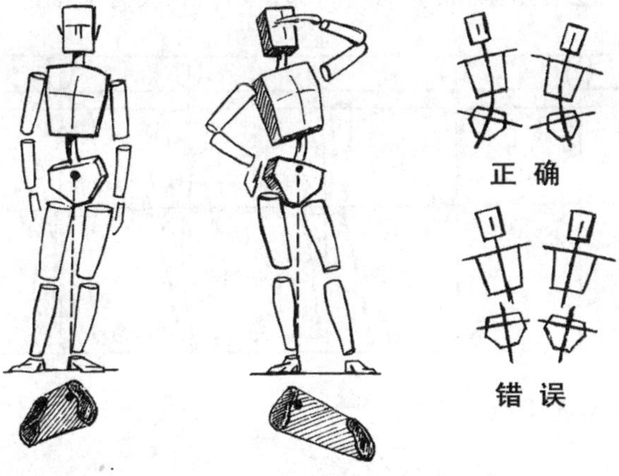

图2－50

四、立与站

（一）立正姿势造型初步

上、下定好人体的长度并划为七等分，区分为七个半头高。画蛋形表示头部。穿过蛋形作中心轴线，即“一竖”。

作“二横”线，即肩线与髋线。髋线可作在人体 1/2 处，即耻骨的水平线上。

（二）稍息姿势造型初步（图 2－51）

（1）画出头部，将垂直轴分为七等分。

（2）画动向线。动向线是在“一竖”线的基础上发展起来的一根曲线，决定人体的动向。这一步可将垂直轴变为弧线，弧线起自颈窝，经过垂直轴的中点，到轴的底端。根据对象以及对结构的理解，作出“二横”线。“二横”之间呈倾斜状。

（3）画出两个梯形，形成“三体积”。

（4）加上“四肢”线。

（5）画出颈部，点出肘、腕、腰、膝、踝部的位置及脚的块面。刻画面部，画上衣及有关细部。

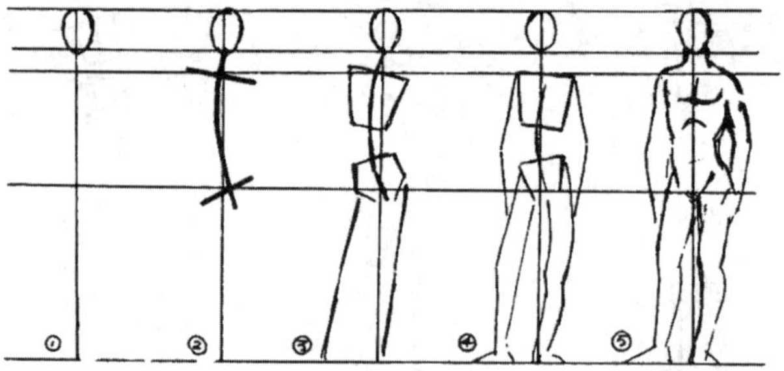

图 2－51

五、坐与蹲

在画坐与蹲的各种动态中，应该理解胸廓与骨盆是通过腰部相连的。首先要注意腰部的长度；其次要熟悉大盆腔与骨盆的榫合，注意骨盆和臀部的体积，以及胸廓、腰、骨盆、大腿在各种角度下的透视变化（图 2－52）。

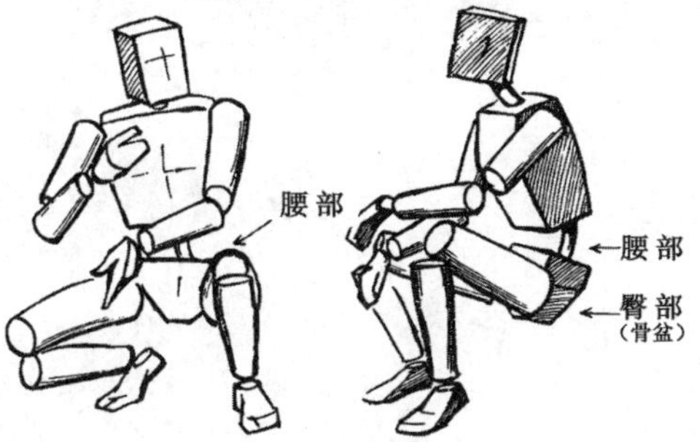

图 2－52

图 2－53

图 2－54

图 2－55

六、走与跑

人体重心如果由于下肢的运动越出支撑面的空间，使重心线垂落在支撑面以外的区域，那么身体为了维持其均衡，便产生了走与跑等各种动作（图 2－53 至图 2－55）。

走步可以说明动作的原理，因为走是整个身体在空间内移动的主要形式之一（图 2－56）。

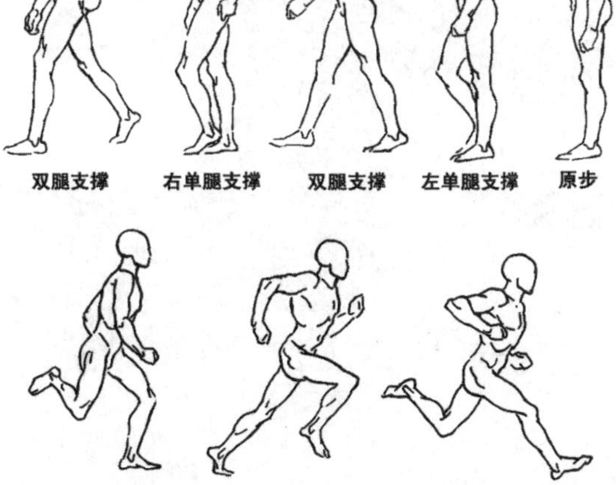

图 2－56

第三章 体育绘图的用具及基本画法

第一节 绘图用具

一、笔

画单线图的用笔，其画出线条的宽度应在0.6毫米左右，由于体育绘图所画“小人”的大小所限，太粗、太细都不适合。笔的种类繁多，通常黑色签字笔、铅笔比较适合作为画单线图用笔。目前常用的记号笔、水彩笔，笔头要么太粗，要么太细等现象，不太适合用来画单线图。

画人物造型时可以用软些的绘图铅笔，但是在画单线人时，应用“HB”的铅笔。这种笔硬度适中，画错易擦掉，适合用来画“棍图”。在黑板上画单线图当然用粉笔。粉笔很粗，图要相应画大，一般适合画高15厘米的图形。在大张纸上画15厘米高的图形，可用4号水粉笔或大些的毛笔。

二、纸

练习画人物造型时要用绘图纸；练习画单线图的纸张，其纸张要求纸质上乘，遇墨水不洇的活页纸或练习本。这种纸都有现成的格子，每格大约在0.7厘米，两格相加在1.4厘米左右。这正好符合我们要求画出的“小人”高度，应在1.5厘米上下这样的要求。利用现成线格可以省去很多的麻烦。画出的“小人”大小规格一致，且还有参照物。

在实际绘画练习中，可根据所画“小人”的大小选择合适的笔，高些的单线人可选粗些的笔，反之，则选细些的笔。

三、橡　皮

应选择“白条橡皮”或美术专用橡皮，这些橡皮在擦拭浓重的铅笔线条时会非常干净，用力由轻而重，直至擦掉所有错误的线条。

四、其他用具

画单线图的用具，可以准备带有雕空各种体育场地、器材造型的绘图规板（市场有售），以及其他美术绘画用品。

第二节　三线两格的应用

基本线条练习

初学画图时，都应在三线两格的形式下，进行练习。具体格式如下：

三线格的三条线，分别叫它们为第一线、第二线、第三线，也可以叫上线、中线、下线。（图3－1）

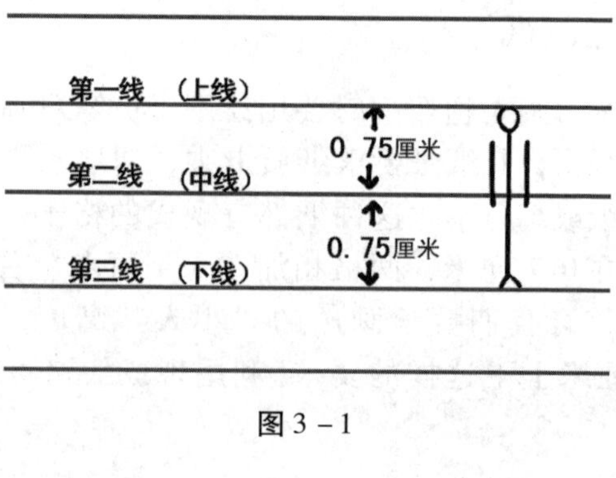

图3－1

按上面形式的三线格画图，有如下三个优点：

第一，绘图纸容易得到，活页纸及练习本的纸张都适合，线和格都是现成的。

第二，画出的每一个人体图形的身高及肢体比例，比较统一，画面比较整齐。

第三，每个动作的解剖部位的相关位置比较容易确定。

因此，初学者应按三线格的限制来画。待熟练以后，应用到教案上，常采用身高为1.5厘米的规格。通常尺寸改变以后或在白纸上作画，都要事先按尺寸画好一张三线格的底格纸，然后将画纸覆盖在底格纸上面作画。

基本线条练习是根据我们建立的人体单线图模型（火柴棒图法图3－2）和某些常见的动作结构提炼出来的，这些练习可以看成是基本功练习。通过这些练习，有助于理解人体的基本线条结构及其比例。

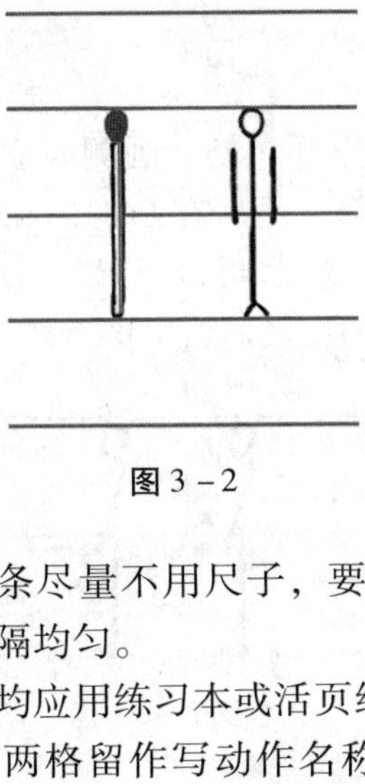

图3－2

画基本线条尽量不用尺子，要求画直，做到整齐划一和间隔均匀。

以下练习均应用练习本或活页纸。

1. 先空开两格留作写动作名称，同时也给某些动作留出上面的空间。画如图 3－3 的瓜子形头部图形。每个瓜子形圆的长径为一格的 1/4，短径略短于一格的 1/4，力求均匀一致。

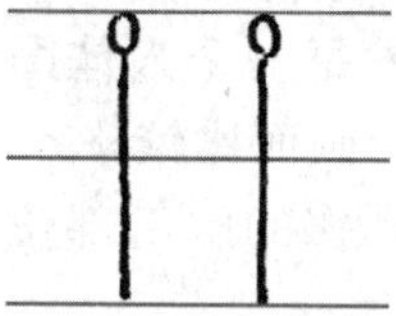

图 3－3

2. 再向下空开两格，画立姿图形。足掌长度短于头部的长径，脚掌分开度 45～75 度，两臂自头下画起，止于中线下约一格的 1/4 处。两臂和躯干稍贴近。（图 3－4）

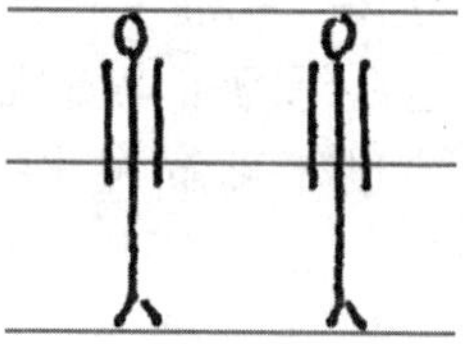

图 3－4

3. 再向下空开二格，画侧向立的图形。先画稍有倾斜的头部，然后在画胸部和自然下垂并带有倾斜的上肢，最后再画下肢。注意脚的比例应小于一个头长的比例。（图 3－5）

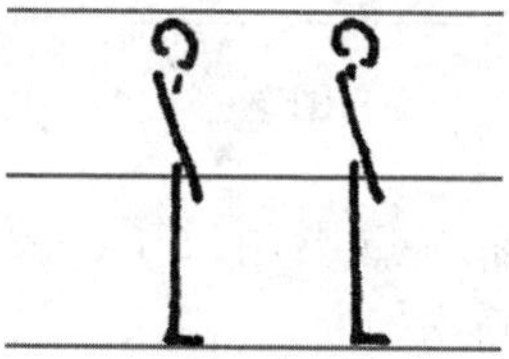

图 3－5

4. 画弓步抱拳图。首先画下肢，再画头部，再次画抱拳臂，最后画躯干。特别应当注意，头部和髋点各在上、中线下约一格的1/4处，也就是说在画头和髋时应在上、中线以下空开一个头的位置。(图3-6)

图3-6

第三节　三维轴及其成角透视特点

一、绘画角度的选择

假设有一个立方体，为了看清它的上面，必须采用从上往下看的俯视角度；为了看清它的侧面和正面，则必须从斜方向去看它。同样道理，为了更好地看清人体动作，尽量不让前后、左右的肢体重叠，就必须用俯视斜的角度（图3-7和图3-8）。

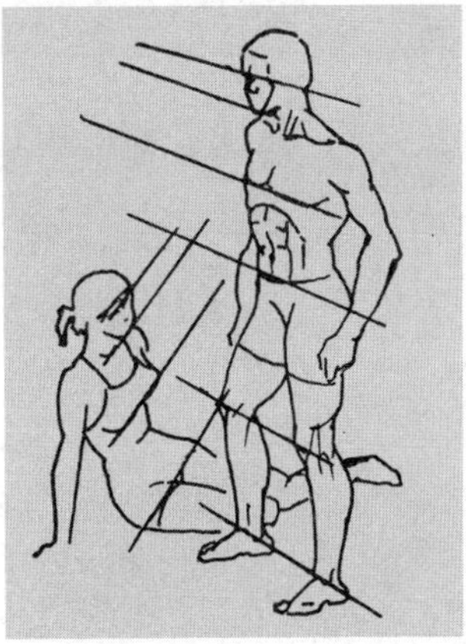

图3-8

图3-7

二、立正姿式垂直轴及其平行线的透视特点

根据平行画面的所有平行直线的透视相互平行，三维方向的线条中唯有垂直方向这一组线条不可能与画面相交，它们在画面上的透视仍旧平行，并与画纸的侧边平行。因此，我们在画人体立姿时，就应当把握住其纵轴和画面的上下边垂直。

三、人体左右轴、前后轴及其平行线透视特点的应用

当人站立时，可以找出许多与左右轴、前后轴平行的并能代表其方向标志性的线。参见图3－8和图3－9。人站立时，其高度线、肩部连线、肘连线、髋连线、掌指连线、膝部连线、站立连线等这些线均是相互平行的。当我们从俯斜视的方向看这些线条时，就产生透视变化。

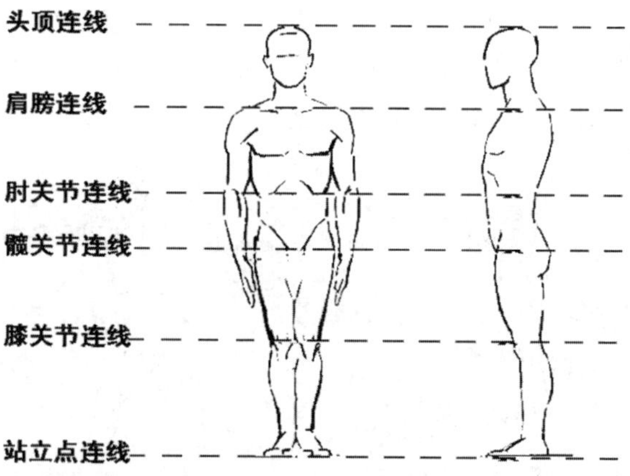

图3－9

根据“与画面相交的平行线的透视有同一消失点”这一原理，平行线最后应相交于左右 2 个消失点，这也就是第一章第二节讲的成角透视。利用这一理论来画图，如果有一列横队，则该横队左右方向上的一组具有标志性的平行线，应当相交于一点上。同样，如果有一路纵队，则其前后方向上具有标志性的另一组平行线，也应当相交于一点。

这时，产生了一系列的透视变形，由这二组具有平行性的直线的交叉（透视）这一方法来规定。因而每个人物各解剖部位都是斜方向的。而且各个倾斜度也不一样，只有在同一高度的倾斜才相同。

四、虚实线表现方法

画徒手体操透视图另一个要解决的问题是如何表现肢体的交叉关系。交叉关系实际上也是一种远近透视关系。

实际情形是肢体交叉时近的肢体总是要遮挡住远的肢体。用画图技巧表现，就是以实线表现近的肢体，虚线即断线表示被遮挡的肢体部分。这就是“近实远虚”或叫“近连远断”的画法。很容易判断出是踢左腿，还是踢右腿。（图 3－10）

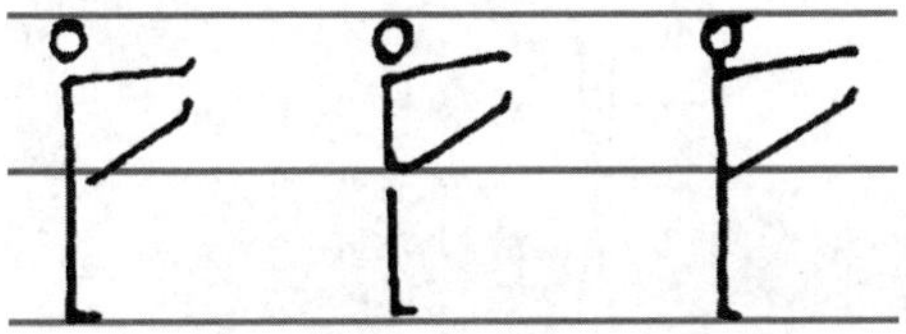

图 3－10

如转体运动用虚实线来表现，就容易判断出向左还是向右。（图 3－11）

图 3－11

A、B、C 利用虚实即“近连远断”，画出肢体的远近交叉关系的实例，表现出了摆腿的正确动作和上肢的动作。（图 3－12）

图 3－12

五、减小变形的方法

减小长度变形的方法：按透视规律画出的动作图，一般都会产生近长远短的透视变形。这种变形离视点越近，变形越大；离视点越远，变形越小。（图 3－13）

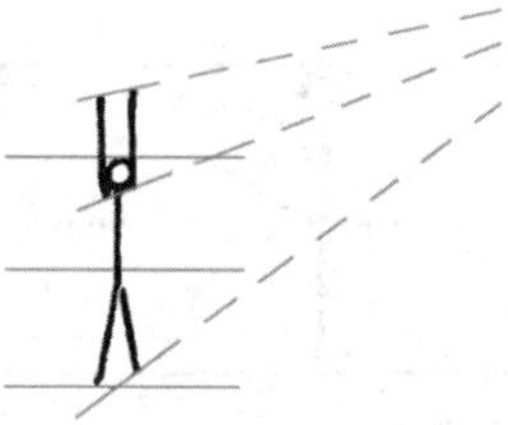

图 3－13

根据这一规律，为了减小变形，便将动作图画面尽量远离视点。这样，消失点就相应地推远。

当消失点处在无限远处时，平行的透视，可以看成是不再交叉而保持平行状态。这样，上下方向线和前后方向线及其平行线的透视变形就消除了。除还有角度变形以外，肢体的远近长度几乎是一样长。这时，左右方向上的线条，因远近关系，显然仍有少许长短变化，保持了近长远短的现象。因此，如果画侧平举，尽管消灭点定在无限远处，其接近视点的臂仍应画稍长一点。

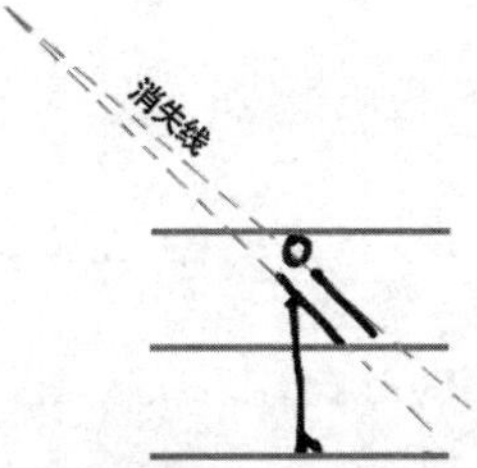

图 3－14

减小角度变形的方法在画动作的俯视图时，如果俯视角太大，尽管将消灭点定在无限远，角度变形仍难以减小。例如图 3－14，两臂前平举图，因俯视角度太大，两臂与上体角度离直角太远了。

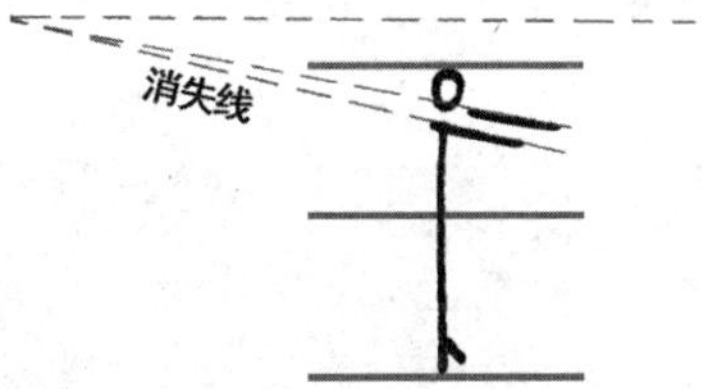

图 3－15

减小角度变形的方法是尽量减小俯视角度。这样，图形就会靠近视平线，从而减小了角度的变形。请比较一下图 3－14 与图 3－15 的差别。

第四章 徒手体操单线图基本原理及表现法

第一节 徒手体操单线图基本原理

徒手体操动作是以肢体在各基本部位的动作形态组编。虽然动作可以有很多变化，但由于它们的部位比较确定，因此，在各个体育项目当中是最容易画的，如体侧屈。(图 4－1)

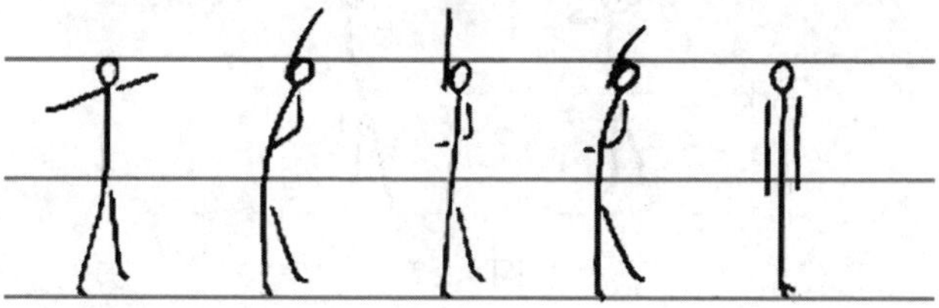

图 4－1

人体单线图可以用“火柴棍”形象地说明。火柴棍的火药头，作为人体的头部；火柴棒的木杆作为人体的上体和下肢，再配以 1/2 长的火柴棒作为上肢，约 1/8 长的火柴棍作为脚掌。一个人体模型就形成了。采用这样的方法可以拼成许多基本方位的徒手体操动作图。

仿照火柴棍搭成的人体动作图形来画图的办法就是“火柴棍”图法。火柴棍图法具有简单、快速勾画和神似及以直观表现肢体动作结构的特

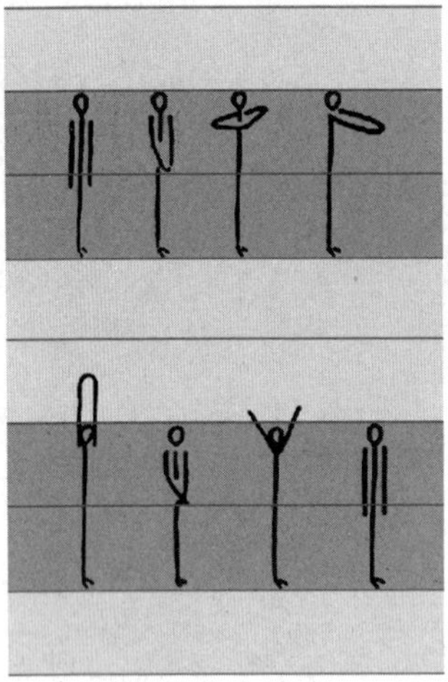
第六套广播体操　伸展运动

点。而火柴棍图法的另外一个特点是除头部有一定的宽度或厚度外，其他的肢体部分，我们都可以看成只有长度、没有宽度的线。同时，可以把火柴棍的木杆看成是人体躯干的缩影。

如果说线条有宽度，那就是铅笔的线条约0.6毫米的宽度或粉笔画的线条约0.6厘米的宽度。火柴棍图的这一特征，对我们确定人体图的高度和某些解剖部位的表现方法，具有重要意义。一般来说，与0.6毫米的线条相配，每个人体的高度约为1.5厘米比较协调。比1.5厘米小或大于2厘米，都会感到不协调。而在墨板上的粉笔画，人体高度约为15厘米比较协调。

由于是用单线条来表现各种体操动作，因此，人体的关节如髋、肩等，有时是需要作为点来处理的。（图4－2）

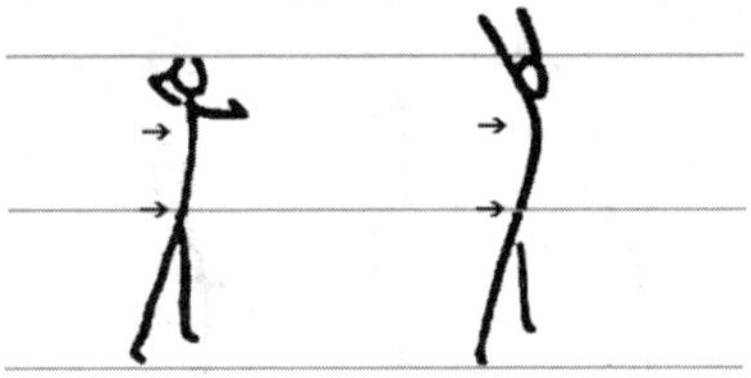
图4－2

第二节　徒手体操单线图画法要点与不同部位的表达

一、徒手体操单线图画法应注意的三个要点

徒手体操动作内容十分丰富。只要肢体稍有变化，就是一个新的动作，如此繁多的动作形式，

要能很快地画出来是不容易的。因此，在实际画的时候，应当做到以下三点：

（一）熟练地掌握理论、运用理论。不管动作和形式有多少种，只要熟练掌握前面讲过的理论，在实践中作为画图的指导，就一定能画好如体前屈（图4－3）。没有根据地乱画，当然是画不好的。

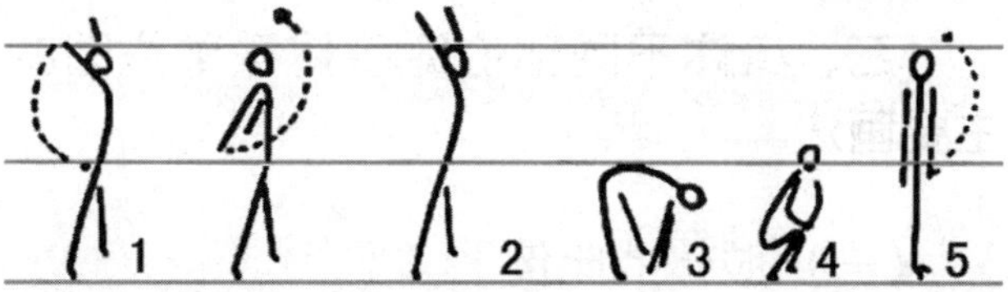

图4－3

（二）熟知动作结构。只掌握理论，不知动作结构不容易画出正确的技术结构，实践中大家都可能体会到。某专项的教师画本专项的图，一般都比较精确、熟练；而画其他运动项目时，就不会那么得心应手。究其原因就在于对该项目的运动特点和结构理解的深浅不同。因此，平时多找些参考材料，多深入实际是十分必要的。一个排球专项教师，由于经常观察田径项目的动作而画出较好的跨栏动作（图4－4）。

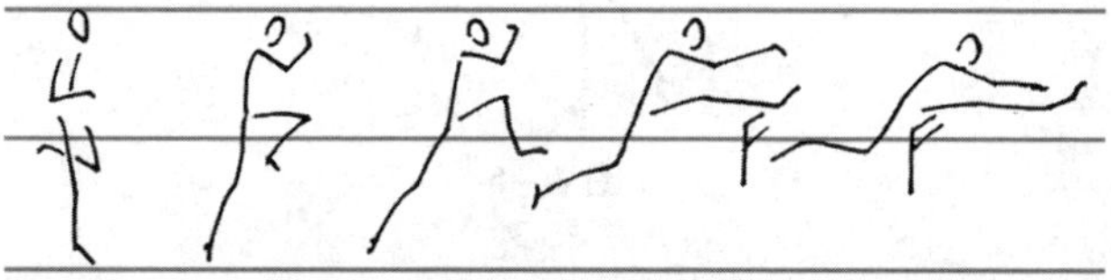

图4－4

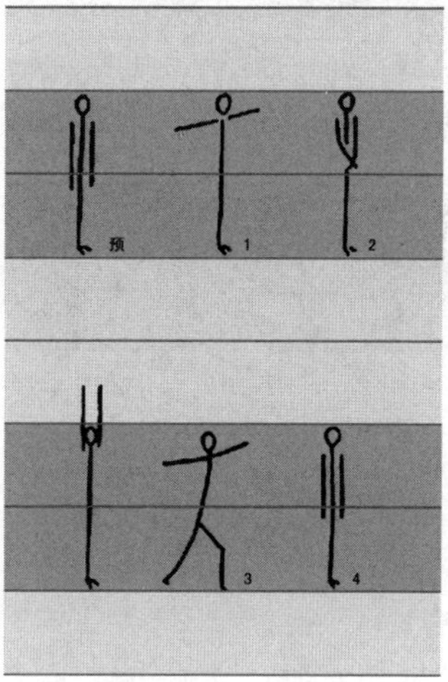

第六套广播体操　四肢运动

（三）多练多画，熟能生巧。到一定时候就会产生顺手画来、出神入化的效果。在平时，要有心揣摸各种动作形态，积累一些特殊结构动作形态的素材。多根据教科书上的图改画为单线图，是练习画单线图的一条捷径。它有助于弥补我们对繁多动作结构认识不足的缺陷。

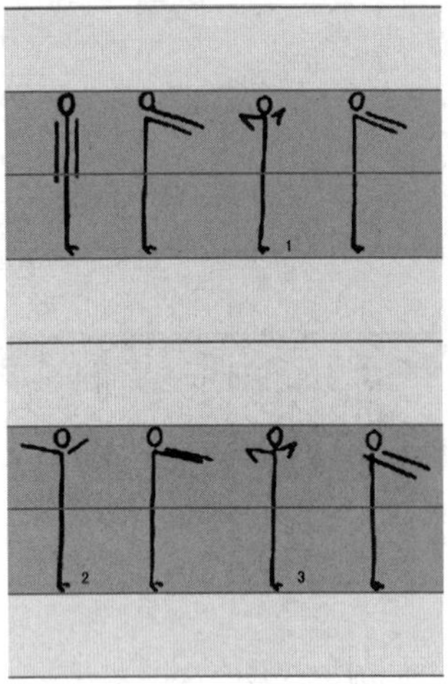

第六套广播体操
扩胸运动 A

同时，在做练习时要有耐心和认真的精神。要一笔一笔地画，力求达到线条流畅、有力以及画出的动作图比例适当。追求形态神似，绝不能图快而敷衍了事。

二、身体不同部位徒手体操单线图的主要画法

（一）肢体的比例

为了方便绘图，人体单线图肢体比例，按如下比例处理。以髋关节为界。

上肢、下肢与上体大约等长，即：上肢：下肢：上体 =1：1：1（图 4 –5）。上下肢各以肘关节、膝关节为界大约等长，并约等于上体的 1/2。即：上臂：前臂：大腿：小腿 =1：1：1：1 =1/2 上体。头部和脚掌约各等于体长的 1/8。手掌部位在单线图画法中一般作为约数计入前臂。

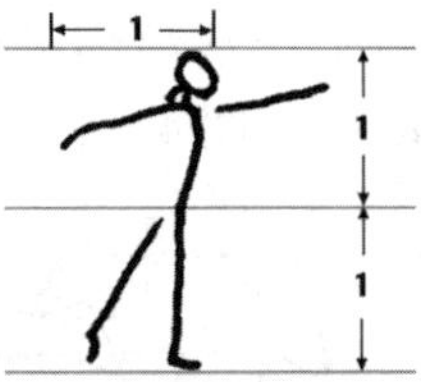

图 4 –5

这里所说的比例关系并非人体的实际比例关系。这个比例关系是根据单线图的特点，为了画图方便，在人体实际比例关系的基础上定出的一个具有模型性质的比例。只要根据上述的比例关系

画图，就能画出比较协调，比较美观的人体动作图。

按上述比例关系，我们绘图时可以很容易地确定人体主要解剖部位与“三线二格”的关系。例如，站立姿态是头顶第一线，髋在第二线，脚踏第三线，手臂自头下起至中线下约一格的1/8处为止。因此，肢体的比例和“三线二格”这样两个因素是我们绘图时确定肢体线条长度的基本根据。

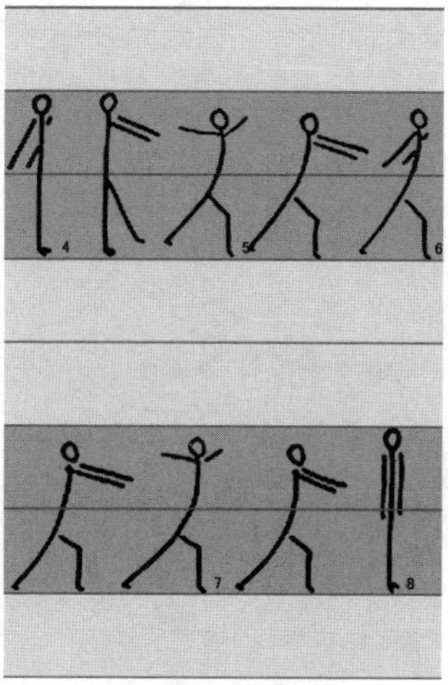

第六套广播体操
扩胸运动 B

（二）手掌与脚掌的处理

手掌的处理。当手掌与臂成为一条直线时，通常在单线图中只将它作为臂的延长部分表达。臂掌总长度处理成为身高的1/2，并把掌计入前臂，将上臂和前臂处理为等长。但是，在表现“揉手”和握拳等手部动作时，手掌一定要表现出来，这时要特别注意手掌长度要小于身长的1/8。尤其是握拳，要特别注意比例适当。一般只要作为一个很小的弯钩即可，在画身高更小的情况下，例如1厘米高度，由于相对地说线条太粗，所以要画好握拳是十分困难的。（图4－6）

图4－6

脚掌的处理。人体徒手体操单线图无法表现面部的五官，只能借助人体的一些特定部位来表示人体的朝向A。其中，足掌的指向具有表现人体朝向的作用。所以，在画人体徒手体操单线图时，脚在任何情况下都是不能省略不画的。请看具体实例（图4－7），图a是正向立；B是背向立；C是侧向立。

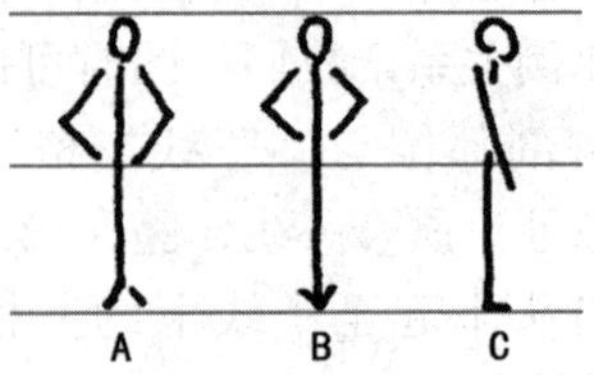

图 4－7

（三）头部形态的表现

头部的长径定为体长的 1/8，不能再长于这个比例，否则将会显出头长身短、头重脚轻。头部形状应当为瓜子形或为正椭圆形。

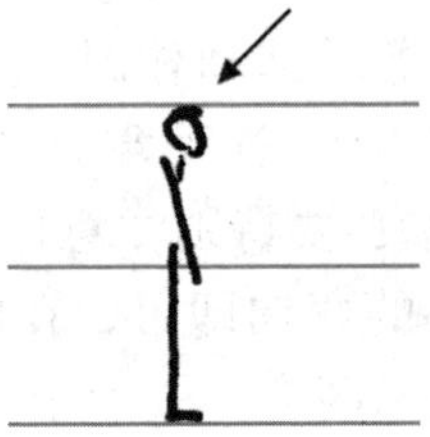

图 4－8

在画侧立时，头部因为没有五官，单一个瓜子形不可能帮助表现出面向。可以在头上加一个很小的横笔，形成向前突出的头发。如图 4－8 箭头所指之处，就这么一点也能起着表现方向的作用。

头部运动有三种形态。第一种是躯干不动，头部本身向各个方向的屈和绕（图 4－9A）；第二种是头部被动地随着躯干运动（图 4－9B）；第三种是头部和躯干都运动（图 4－9C）。表现第一种形态，头部主动地屈、绕，只要画出头部和躯干形成角度及绕的路线，就很容易地表现出来；表现第二种形态，头部被动地随着躯干运动，初学者却不容易画好。这里重要的是应当着重表现出头部的长径仅仅作为躯干的延长部分而倾斜，而不应当与躯干有明显的角度；表现第三种形态，二者都运动，除表现出脊柱的屈，还要表现出颈部的屈，例如挺胸抬头（图4-9）。

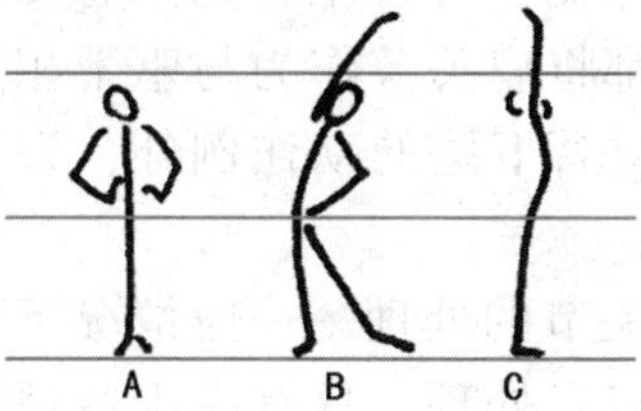

图4-9

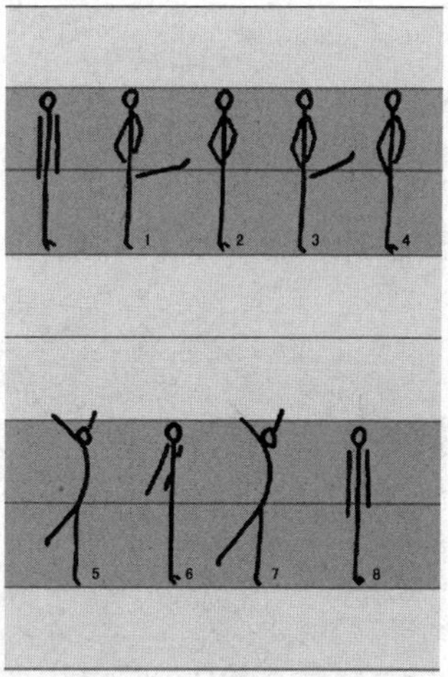

第六套广播体操 踢腿运动

（四）肩和髋的处理

关于肩的处理。一般来说，肩关节的宽度在画正面图时都要表现出来，但有时要画出肩的横线。具体地说，凡是在臂下垂、上举、侧举或转体时，都要留出肩的空间。

臂下垂，两条手臂尽量贴近躯干，距离一般不大于头的宽度。两臂上举，则要尽量使两臂贴近头部，两臂之间距离仍为一个头的宽度或略宽一点（图4-10）。

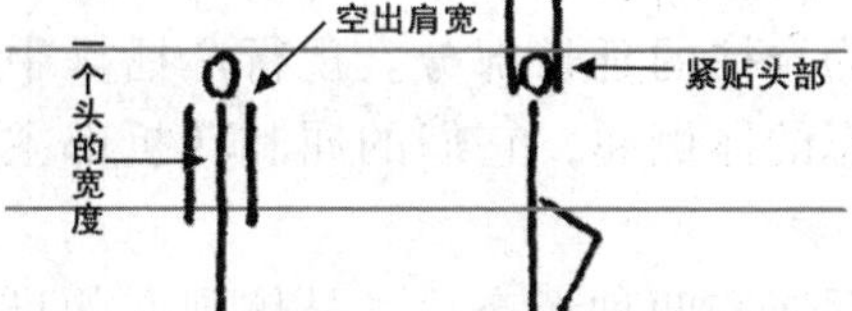

图4-10

臂侧举则不让两臂连在躯干上，转体还应表现出肩左右轴和髋左右轴的扭转交叉态势。

根据上述要求，两脚开立一臂插腰，另一臂上举，则要画成如图 4－11A 所示，插腰臂没有肩的宽度。

至于人体侧立各种手臂的形态图，例如各种举的动作，都将肩关节作为与躯干相连的点来处理。只有侧立臂下垂的动作例外，为表现出肩微后张的形态。

关于髋关节的处理。一般情况下，正视图髋关节都作为点来处理。只有在少数情况下，为了表现髋关节的扭转态势，把髋关节作为有一定宽度来处理，如图 4－11B 所示。

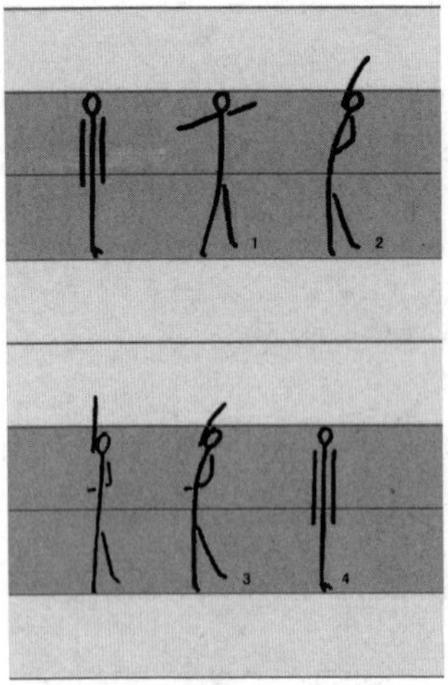

第六套广播体操　体侧运动

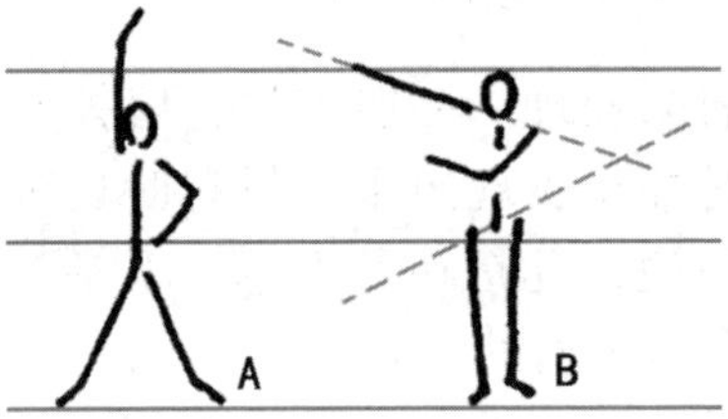

图 4－11

（五）躯干屈的表现

体侧屈主要表现在腰椎上，头部的长轴应当处理成为脊柱的延长部分。现行广播操中有两种不同形态的体侧屈，它们的屈和转折都主要在腰椎上面。

体后屈有两种形态：一是体现在腰椎；二是体现在胸椎，绘图时要注意两种后屈的形态区别。

体前屈主要表现在髋关节上。在腰椎上同时有一个柔和的弧形过渡图 4－12。重心位置的不同表现，一是可以表现人体的静止和运动；二是可以反映身体的平衡或不平衡。

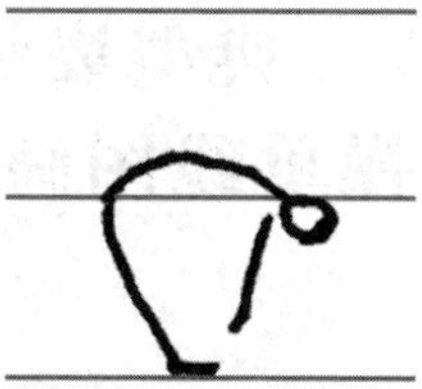

图 4 – 12

静止平衡的动作，其重心必然落在支撑面上。画图时就应当注意重心特征的正确体现。如体前屈时重心应当落在足掌的支撑面上，如果重心位置偏出支撑面，就会显出东倒西歪，站立不稳（图 4 – 13）。

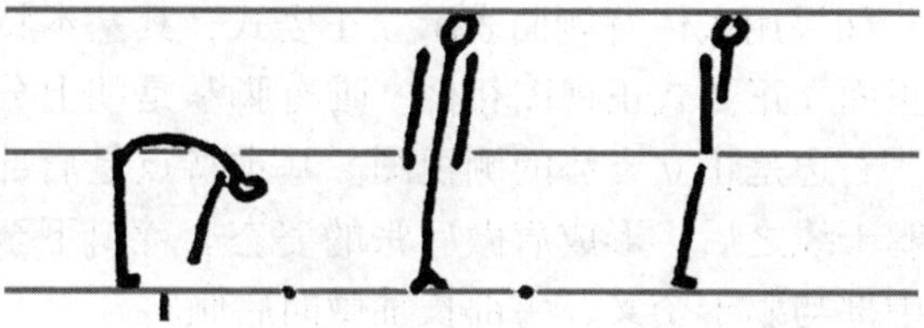

图 4 – 13

在开始练习时，很多人垂直线总是画不好，向右倾斜。其主要原因在于画直线时是以腕部或小指作为支点，而这个支点自然就成为画线条时的运笔圆心。画圆是产生斜线的重要原因。

第六套广播体操　体转运动

第三节　典型姿势徒手体操单线图画法

一、立正姿势

立正姿式的基本特点是瘦长、狭肩、臂紧贴躯干线，手垂至大腿中部。足掌分开的透视角度应比60度角大一点。以“三线两格”为参照物画图为例，可以描述为：头顶第一线、髋在第二线和足踏第三线。头部和足掌长度约为身长的1/8。臂为身长的1/2。

如果用人体背侧面表示立正姿式，其基本特点和正面立正姿式正视图相似。唯有脚掌是朝上分开的。右边是正立姿势的侧视图。基本特点是肩部画在躯干线之后，形成肩微后张的姿态。臂斜下至大腿中部与躯干交叉，头部长轴微向后倾斜。

如画立正姿势的斜视图。假定斜视方向为45度，并稍带点俯视，消失点在无限远。那么，肩轴线、手掌连线和站立连线必是斜向平行。

斜视的角度可大于45度或小于45度，必须注意脚掌应该正确地画在前后方向线的两侧（图4－14）。

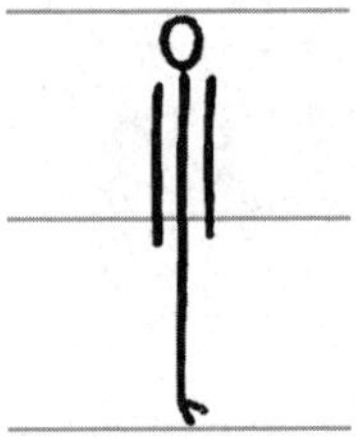

图4－14

在实际画图中，这些平行线的透视线可在空笔之前，注意一下做到心中有数不必画出来。常犯的毛病：不对称、肩太宽、远臂太短、头大等。

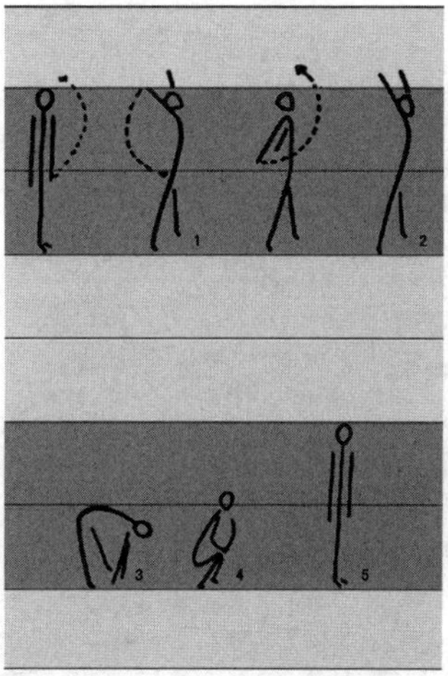

第六套广播体操　腹背运动

二、步　型

（一）开　立

随着两腿开立程度的增加，身体重心会自然下降，因此，要注意先画下肢，确定“身体重心”位置，然后头部和躯干同步下移。画图时应注意两足掌方向，稍有错误，整个图的感觉就不一样了。

（二）弓　步

弓步抱拳侧视图的特点是头部离第一线约1/8身长。髋点也降至第二线以下。大腿分开不小于60度，后腿画直，与地面交角小于60度，小腿几乎是垂直于地面。抱拳臂比例要适当，拳不能画得太大。（图4－15A）

弓步的斜视图，要特别注意两足掌应画在前后方向线上。后腿的透视特点因比前腿离视点远及因视角关系，略显得短一点。（图4－15B）

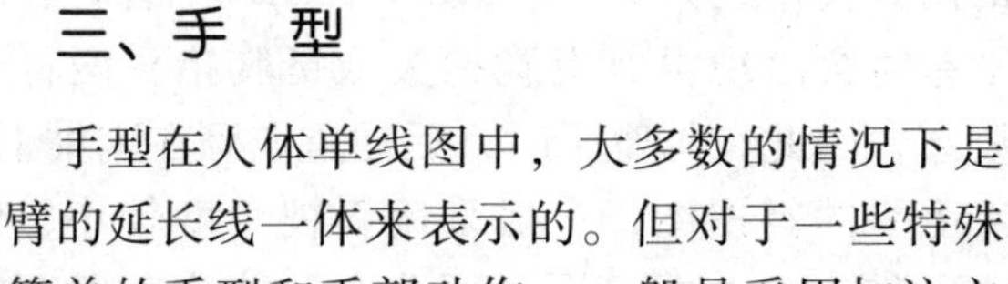

图4－15

三、手　型

手型在人体单线图中，大多数的情况下是作为臂的延长线一体来表示的。但对于一些特殊的或简单的手型和手部动作，一般是采用加注文字或直接表示。加注的文字一是要简练，二是应靠近手的位置，且在其上方。例如冲拳动作。拳在图小的情况下是很难画的，有时不画出来只在下面注明握拳，将拳画出要特别注意比例适当。

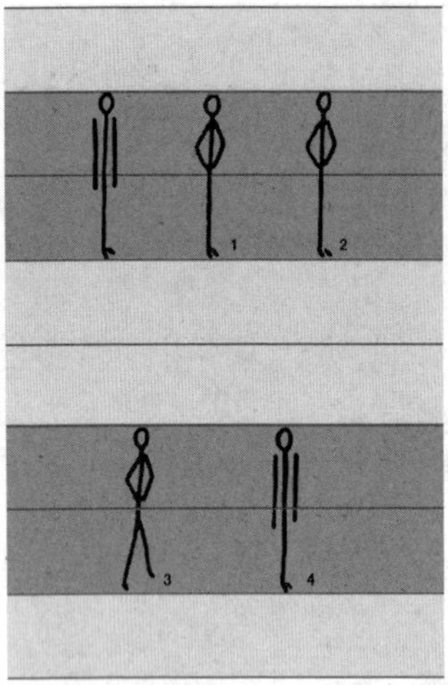

第六套广播体操　跳跃运动

四、臂各方向的举

（一）开立侧平举

开立侧平举的特点是臂与上体等长，侧举要突出肩位，臂要画平（图 4－16A）。开立侧举的侧视图表现效果很差，如一定要用，可用正视图作补充进行表现。如果是用俯视图，补充图则应画成纵向。开立侧举斜视图，画图时应特别注意透视变形的问题。左右平行线应交于一个消失点。在长度上臂和腿有近长远短的变形；在位置上俯视图有近低远高的变形；在反映肢体左右时有近实远虚、近连远断的特点。（图 4－16B）

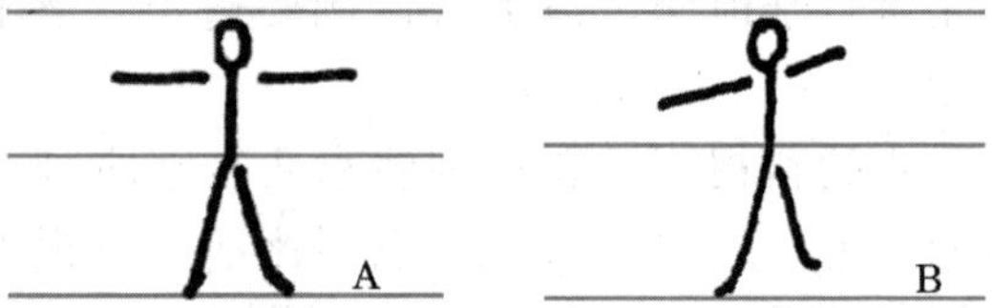

图 4－16

（二）上举与侧上举

上举正视图的特点为两臂夹耳。注意画好臂的起止点，上臂的上端要超过第一线之上一格的 3/4，下画至头下巴水平部位（图 4－17A）。侧上举的两臂夹角约为 90 度（图 4－17B）。有时在表示上举时会出现没有挺胸抬头或挺胸抬头两种身体姿态，因此在画躯干时，后屈重点画在胸椎上。

上举的斜视图，一般采用斜视角度较小、侧视成分较大的方式画图。因此，肢体分离程度较小，实际画时要注意斜度的统一（图4－17C）。

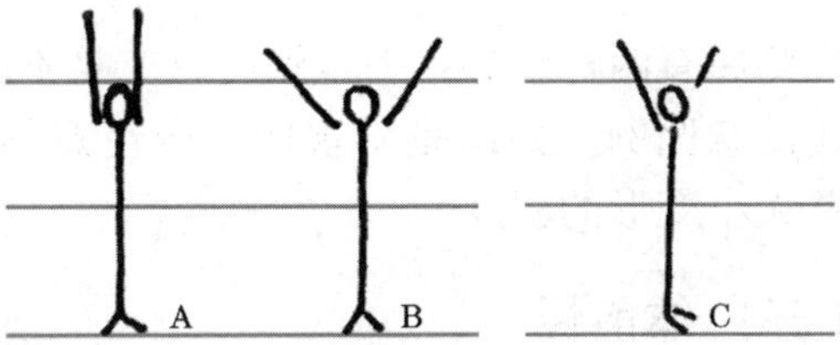

图4－17

第六套广播体操　整理运动

（三）臂后下举

用侧视图表现臂后下举效果最好。而同样的动作用正视图表现效果就比较差。笔法是稍画成八字形，线条稍短一点。如果是采用斜视图，则要注意斜度统一，左臂应当用断线表现。

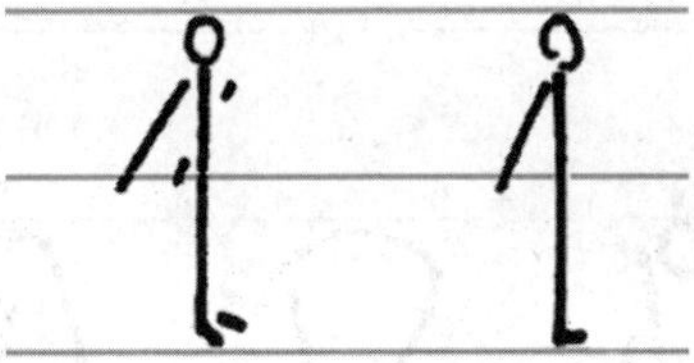

图4－18

五、屈

（一）胸前平屈

胸前平屈的正视图，前臂与上臂完全重叠，无法在图中清楚地表达，需要用俯视图作补充图。补充图应画为横向。而侧视图，其表现效果也不理想，需要加补充图，补充图应当竖着画。如果采用斜视图，除注意斜度统一外，还应特别注意远臂要画得短一点并与躯干线断开。

（二）肩侧屈

肩侧屈有两种姿势：一是触肩，二是不触肩。画时应注意比例。如果是斜视图，应注意斜度及左右臂大小变形的程度。

（三）体前屈

体前屈有两种不同的表现法，但最基本的一点是臀背部不超过第二线。在实际画的时候，头部可画在两腿交汇处，且头形为正圆（图4－19A）。

侧视图表现体前屈的肢体结构效果比较好，画时应注意身体的重心位置（图4－19B）。

斜视图要注意斜度统一，特别应当注意两脚的指向必须和人体朝向一致（图4－19C）。

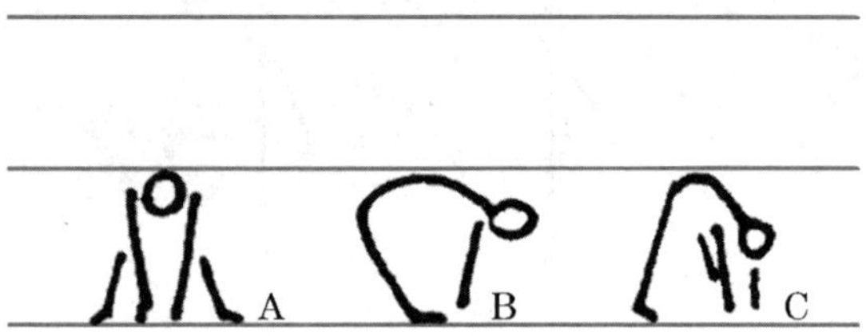

图4－19

（四）体侧屈

一般来说，在下肢部分可以分为两种类型：一种是两腿开立比较小且两腿直立（图4－20A）；另一种是两腿开立比较大，其中一侧腿处于弯曲状态。在实际画的时候，一般先画下肢部分，并注意重心的位置。两腿开立越大，重心下降越多，头部离开第一线的距离越大，并且还要注意正确画出左腿和右腿两脚在第三线上下不同的位置。肩轴及屈肘臂的前臂不同倾斜方向的特点在画时也不容忽视（图4－20B）。

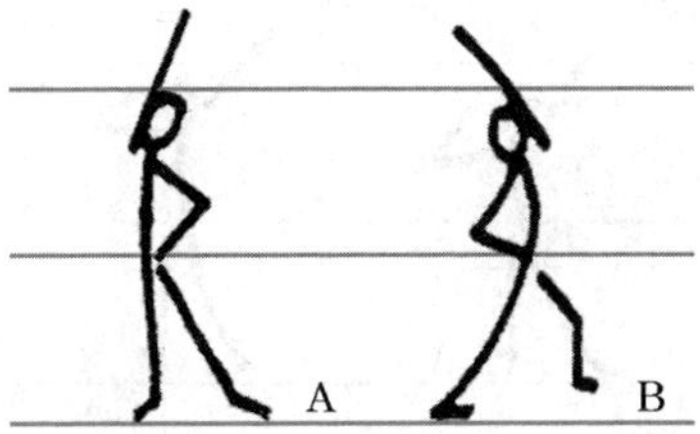

图 4－20

体侧屈动作一般不采用侧视图表现。体侧屈比较多的是用腰椎部弯曲曲线来体现的，并且要注意头的长轴与躯干的关系，是作为躯干的延长线，还是与躯干成一定的角度呢？可根据动作特点而定。

插腰臂没有肩的宽度，上举臂要保留肩的宽度。俯斜视图应注意左右动作在线格的距离差别。

（五）头颈的屈

头颈前屈用侧视图表现是很容易的，但正视图就比较难，用正视图画头颈前屈的也比较少。画时通常以发际线帮助体现头颈前屈的程度。用下额颈线帮助表现出头颈后屈的姿势，但效果不好，可用文字加注或用箭头表示头颈运动轨迹和方向。

六、转　体

转体正视图的特点是重心移向转体的同侧腿，屈臂一侧与躯干相连，直臂一侧正相反，与躯干不连接（图 4－21A）。

带有俯视的侧视图必须画出髋的宽度。这样可体现出肩轴与髋轴的交叉态势。斜视图则必须把重心画在转体方向的同侧腿上（图 4－21B）。

图 4 – 21

七、踢腿、提膝与侧摆腿

（一）踢　腿

踢腿的侧视图，重点注意体现出左右腿的远近虚实关系。从技术要求来说，踢腿应踢至肩水平高度，双臂不应低于肩水平的位置（图 4 – 22A）。

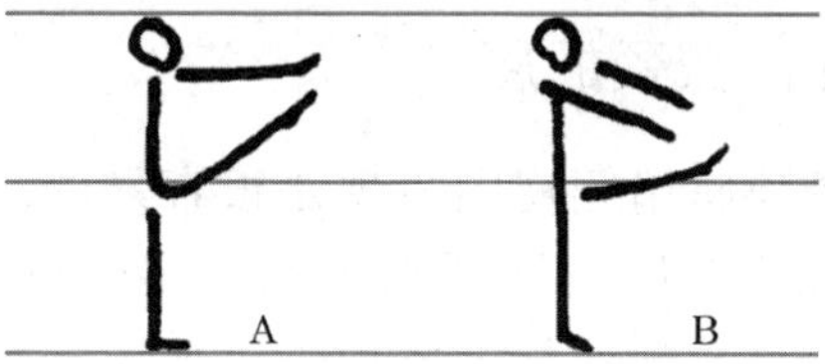

图 4 – 22

踢腿的斜视图不易画好。画好的关键是臂应画成与前后肩轴线的透视大体一致。踢腿高度应在前后肩轴线之下，不能画成和侧视图一样的高度，脚掌是唯一体现斜立的关键解剖部位。应当正确体现（图 4 – 22B）。

（二）提　膝

提膝动作的斜视图比正视和侧视都有表现力，脚具有表现方向的作用。

（三）侧摆腿

侧摆腿的正视图表现效果最好，侧视图一般不用。斜视图除了注意消失点正确和虚实的运用，一般可采用加一左右向的站立线作为辅助线的方式，区分腿的前举。此外，上体画成向左稍倾斜，会有利于表现腿的右摆。

八、臂交叉

臂交叉正视图的交叉点在腕部，上体要用虚线表现，两臂弧线应尽可能地柔和。斜视图的交叉点在躯干前，肩部位置有左低右高的变化。侧视图的表现力比较差，一般不被采用（图 4 - 23）。

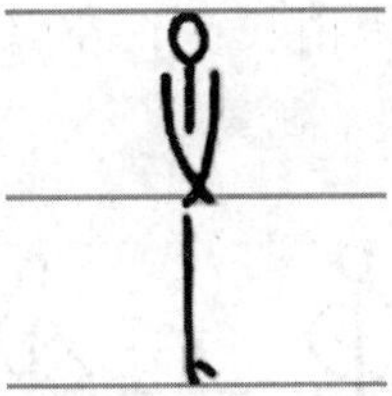

图 4 - 23

九、扩　胸

弓步扩胸这一动作是徒手体操中比较难表现的动作之一（图 4 - 24A）。用三视图表现的任何一个面表示都不理想。如果三个视面图全用上又太复杂，在实际中也不易被采纳。一般人们用带点俯视的办法，将两臂画成微向上，两臂要画得短，远臂采用断线，两腿紧靠纵轴线来表现。画时要注意图在三线格上的应用，此图为侧视图（图 4 - 24B）。

图 4－24

十、插　腰

开立插腰正视图的特点是肩、插腰处没有正常宽度，线条紧靠躯干线。两臂基本形成棱形，两肘宽度不超过开立脚的宽度（图 4－25A）。

采用开立插腰斜视图应注意左右平行透视线的正确方向，肘部位置在俯视的情况下有左低右高的透视变化。远臂还应画得小些。因俯斜视关系，右上臂应画得稍长些，左臂则反之（图 4－25B）。

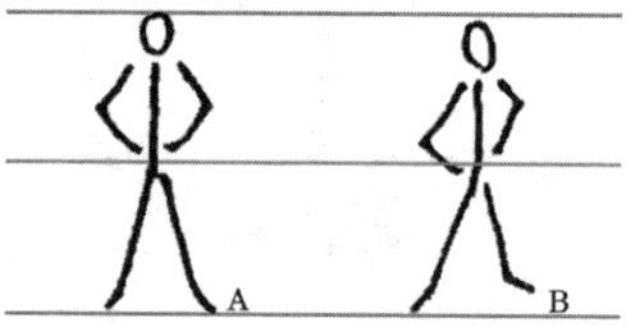

图 4－25

十一、蹲

蹲的侧视图可以充分地表现出蹲的姿式，但对两臂结构表现力差。蹲的正视图需要用侧视图作为补充；而蹲的斜视图则应注意画好两肘的位置低高变化及二足掌的指向（图 4－26）。

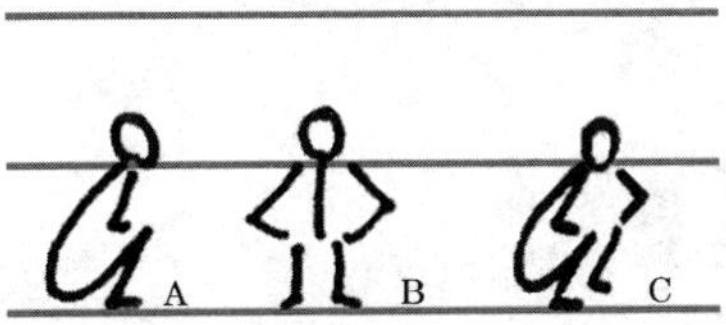

图 4－26

第五章 “优美曲线图”和“双勾图”的画法

徒手体操的单线图，采用“火柴棍”的画法，只是为了满足初学体育绘图的体育工作者，比较简单易学，但显得较呆板，不够生动，用它表现各技术动作总令人感到缺乏表现力。为了使大家能用更生动的画法来表现运动项目的动作形态，下面将在“火柴棍”画法基础上进一步研究发展，将“优美曲线图”的画法介绍给大家。

第一节 “优美曲线图”人体正视图的特征和画法

“优美曲线图”是将人体本身所含有的曲线，用精简的线条表现出来的方法。既简单易画，又有一定的美感。

一、侧视图线条模型

（一）立姿线条模型

人体立姿侧视图的模型为“一圆八线”，“一圆”即头部，它为体长的1/8，是瓜子头形；“八线”即胸肩斜线，胸部垂线，收腹斜线，大腿斜线，小腿斜线，脚掌横线，上臂垂线和前臂斜线，总括为“一圆八线”。

（二）一圆八线与纵轴的关系

以面向左为例，如图 5－1 所示，头部长轴与纵轴约呈 30 度交角；肩胸斜线约呈 30 度；胸部垂线应短于上臂垂线；肋腹斜线约呈 20 度；大腿斜线约呈 5 度；小腿斜线小于 5 度；脚掌横线与纵轴垂直相交；前臂斜线与纵轴呈 10 度。

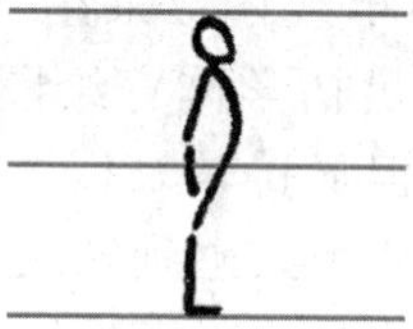

图 5－1

（三）线段模型修改

人体单线模型化，恰似描好骨架，将线段模型修改成近似人体的曲线，犹如给骨架挂上血肉。例如在分段人体的基础上，修改如图 5－1 的状态，头部是稍向后倾斜的瓜子形，形成稍昂头姿势；躯干和大腿是一个柔和的倒“S”形，形成挺胸收腹的效果；小腿和大腿断开，形成膝的转折，小腿修改线强调出小腿后部的肌肉曲线，脚不能超过体长的 1/8，上臂和前臂修改为不明显过渡的弧线。

臂的修改线在各种部位的形态，女子往往是形成丫形手，男子的只要作为臂的延伸部分，出锋即可。值得一提的是，臀部的曲线不要明显突出。臀部只作为收腹斜线和大腿斜线的自然连接而存在。

二、正视图的线条特征

（一）优美曲线图与火柴棍图对比

以立姿为例，只要将曲线图和火柴棍图的正视图作一对比，就可以看出曲线图的线条特征。

曲线图更接近于人体的正确形态结构。它体现出肩宽，有时也表现出髋的宽度。两臂成一柔和的线条下垂。总之，优美曲线图要求更接近实际形态，更富有表现力。（图5－2）

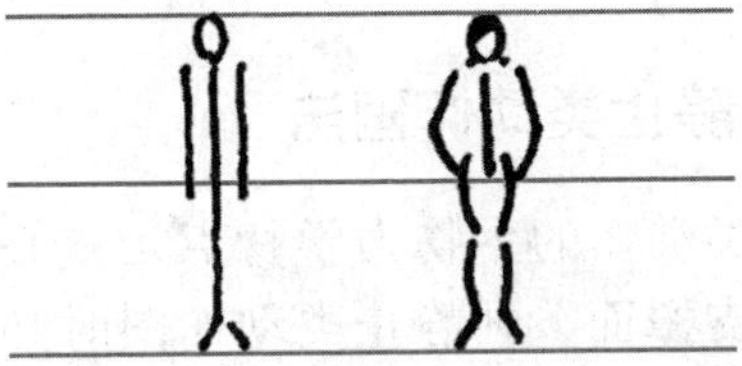

图5－2

（二）正视图在表现运动技术时的应用

正视图适合于表现向上下、左右方向做的动作，例如体侧屈类动作。这是个波浪动作，这一动作只有用正视图才能表现清楚。它体现出脊柱的侧弯屈和手臂的上、下波浪，尤其是体现出肩肘领先这一技术特点。

（三）绘图程序

首先应当抓住一圆数线这个骨架及空间正确的结构形态。只有骨架的空间形态摆正确，才能使肢体比例协调，技术动作结构正确。为减少涂改，初学者经常采用三步画法。第一步，先用铅笔轻轻勾画躯干和下肢骨架，打好底稿；第二步修改成弧线；第三步配上上肢的动作形态，并用钢笔或签字笔准确画出“优美曲线图”。（图5－3）

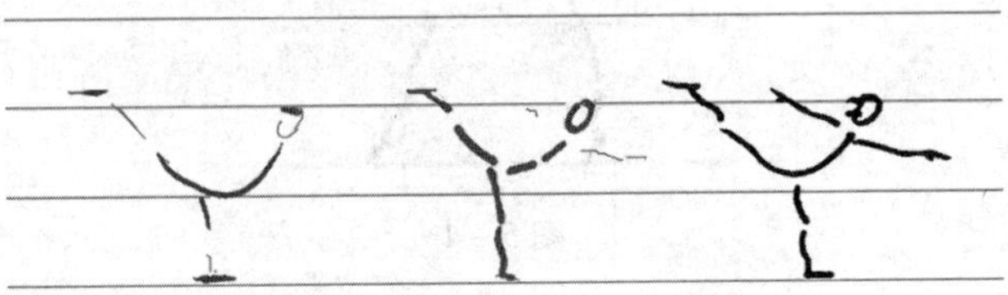

图5－3

第二节　运动技术单线图的画法

一、静止类动作画法

静止类动作的生物力学特点是重心垂线的延伸必通过支撑面，画静止类动作图时必须紧紧地把握住这一力学特点。静止类动作又分悬垂静止类和支撑静止类。

（一）悬垂静止动作

悬垂静止类的特点是重心在握点之下，握点与重心的连线是一条垂直线。

普通的悬垂动作，沉肩放松，画图时垂心必须画在握点垂线上。

不同引体悬垂动作。由于有屈体动作，画图时必须正确考虑到重心偏移出体外这一生理学特点。但重心必须画在握点正下方。后屈体时必须用体前曲线来表现，前曲时必须用体后曲线来表现。

吊环的屈体悬垂，臂应当成为吊线的延长线，臀部应当比脚更接近于手臂。这是一个体前屈的姿势，应以体后曲线表现它。（图 5－4）

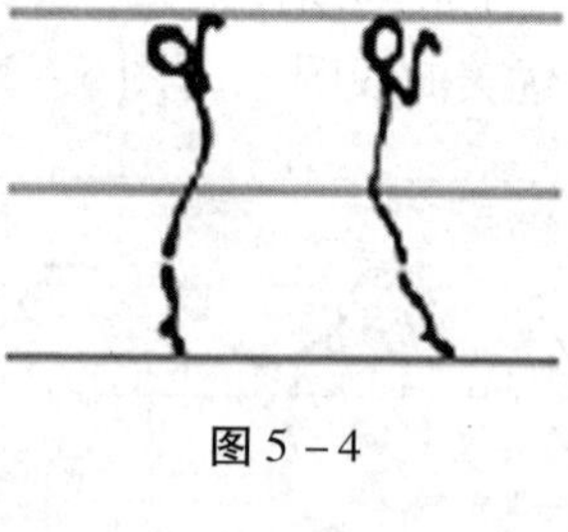

图 5－4

（二）支撑静止类动作

支撑类动作大多数重心在支点之上，少数动作重心在支撑点之下，它的特点是重心和握点的连线必须是垂线。这是画图时应把握住的两个重点。

重心如同在支点下的支撑动作，除了将它的体前屈动作表现出来，还应该注意支点下的重心。

重心在支点上的动作，画图时除肢体曲线的表现，还应特别注意到，由于支撑面很小，重心投影位置的正确具有十分重要的意义（图5－5）。

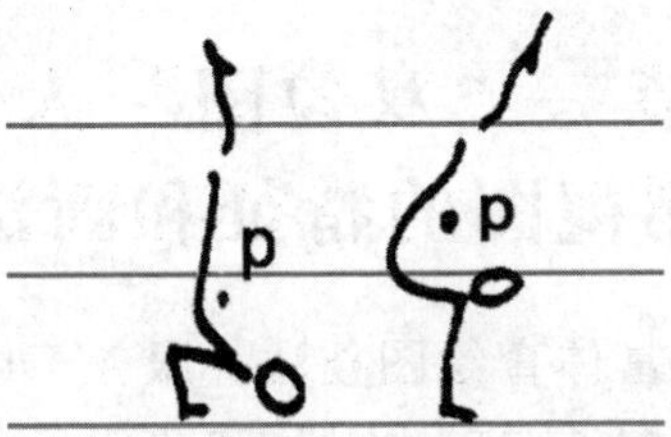

图5－5

男女俯平衡动作的结构，除注意重心和肢体曲线的正确表现以外，还应注意区分开男女因柔软性不同，而引起的双腿开度不同，用笔不同的特点。

三、伸展类动作的画法

伸展类动作曲线表现，一般说屈体时，是用体后曲线来表现它；而伸展以后有保持屈体姿势，也有挺身姿势，如果是挺身姿势当然要用体后曲线。

屈伸类动作繁多，在表现它们时应当特别注意不同的屈伸动作是怎样屈体的，以及何时何空间伸展的。只有这样，才能正确地体现出该动作的空间形态和特有的技术要点。

做头手翻动作，应看重画出其额头着地的形态、伸展的时间、方向和伸展后的充分后屈体和形态。

图 5－6

如做双杠屈伸上，要画出屈体前前摆的方向和屈体以后伸展的方向。

第三节　“双勾图”人体正、侧视图的特征和画法

为了丰富体育绘图技法，服务于体育教学和研究，在掌握了“单线图”和“优美曲线图”技法的基础上，可以进一步学习“双勾图”的画法。

一、正视图的特征

“双勾图”与“火柴棍图”相比，很显然具有很多优点。“双勾图”具有很强的表现力，更接于真实的生动形态。与“优美曲线图”相比，也具有很大的区别：“优美曲线图”显得单薄，而“双勾图”真实地表现出人的宽度，有厚重之感；前者是轻柔的线条，后者是有形的体积。总之“双勾图”的特征是：基本将人体各部的形体即宽度表现出来了，更有表现力和真实感。

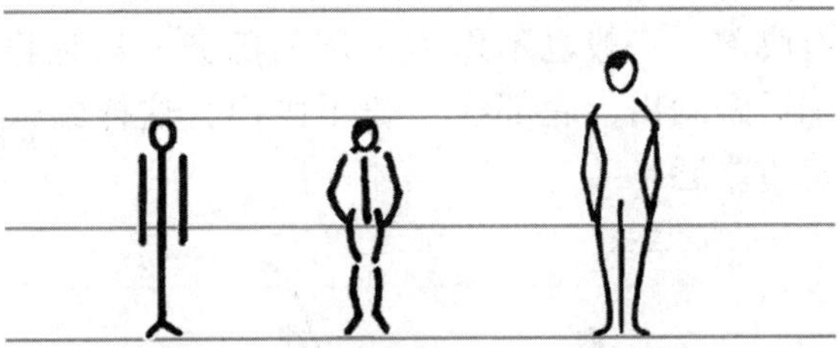

图 5－7

棍图特点：只画出肢体轴线。

优美曲线图特点：画出肢体的单侧曲线。

双勾图特点：画出肢体双侧曲线。

二、正视图的画法

根据已学过真人的结构比例，把"双勾图"的小人控制在四线之内三线格以上的范围里，将人的头部仍然画成"瓜子形"（当然有时也可以画得稍细些，如把头发画出等），将胸廓部画成倒梯形；将髋部也表现出宽度，下肢应表现成上边稍宽、下边稍细的具有模式的腿部，这样犹如一个身穿体操裤的男子具有表现力的下肢。正视图的另一个重要部分是上肢的特殊性，上臂没有像其部分似的表现出宽度，而只是用了一条线，而且这条线是上臂的下沿线。这里要说一下，尽管说只用了一条线，但它给人的感觉仍然有宽度的，而且更加灵活地表现出上肢，这就与绘画里的"意到笔不到"异曲同工之巧妙吻合。

图 5－8 是插腰侧踢腿的正视图，应注意插腰的位置以及踢起腿的长宽比例。

此图表现的是体侧屈，从图中就可以看出用线表现上肢是非常灵活和巧妙的。画这种图的时候，一般不把手特别画出而只是作上肢的延长，如果手部有特殊的技术要求可以根据手势画出。还有脚部，一般也不作为强调的部分，只是将脚面和后跟画出，底部线一般不画出，这样给人一种稳重之感。

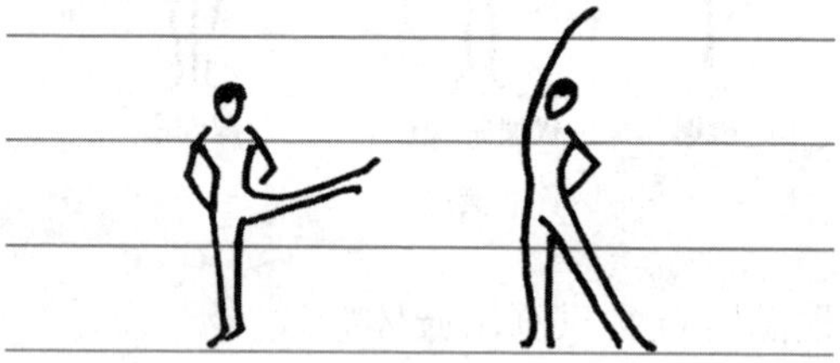

图 5－8

三、侧视图的特征及画法

侧视图的特点是将身体的厚度表现出来，特别是胸廓部分和臀部，因为这两部分是侧视图所表现的两个关键部位，如果这两个部分的关系比例掌握不好，就很难将侧视图表现好。它的比例是胸廓要宽于臀部，这样给人一种挺拔美观之感。腰部稍微画细，然后顺臀部往大腿、小腿过渡，仍然按正视图的腿部上边稍宽、下边稍窄的画法，只不过在侧视图的小腿部时应将小腿肚的形状稍加注意，用笔微微带出即可，这样更有表现力。侧视图与正视图还有一个不同的地方，就是上臂，因在侧视图里如仍按正视图画上臂的方法是可取的，所以只有将上臂的宽度表现出来，但应特别注意上臂宽与胸部宽的比例，一定要小于胸宽的1/2，否则会给人一种粗笨之感，上肢的灵活之感就表现不出来。

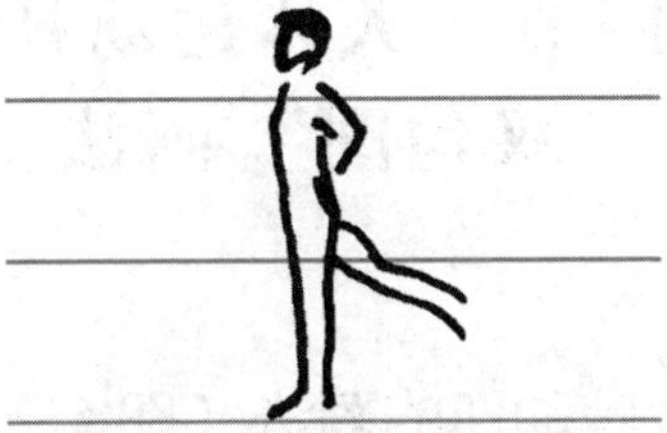

图5－9

体后屈的侧视图，应注意体前侧曲线用笔有力、准确，注意叉腰的位置不宜太靠下（图5－9）。

四、绘画步骤

第一步：起草定位，按二格半的高度定位，头部放在第一格的中间位置，髋定在第二格的中间位置。

第二步：确定人体结构位置和宽度，为了绘画准确可借助横、竖辅助线确定其位置。

第三步：最后用准确、肯定、有力的线条勾画出“双勾图”造型。

图5－10

第四节　人体运动技术“双勾图”画法

一、上肢动作的画法（图5－11）

画一臂上举，另一臂平举的动作时，属正视图。那么，上臂应用线来表现，重心应落在右脚上，左脚脚尖触地之感也应画出。注意两臂的交角不能小于90度。

画一臂上举的动态，上肢是斜上方举，应注意这一臂与头部的距离。

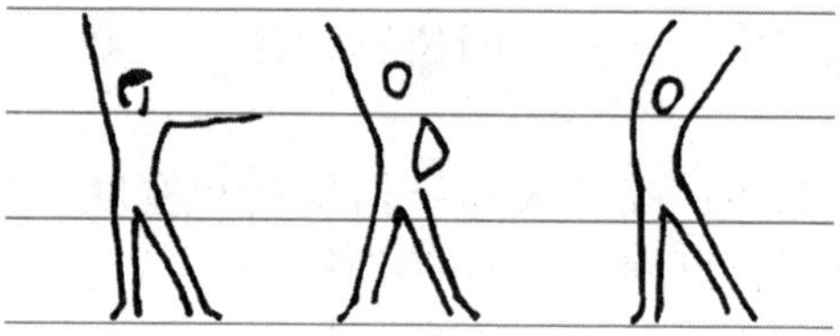

图5－11

二、躯干动作的画法（图5－12）

画这种图应注意，躯干部位用笔的连贯性，表现出有韧性才行，弧线不应画得太大。

如果是一个身体前屈的动态，比例是重点应把前屈的身高与其图成比例统一。

如果是腹背运动的动作，应注意躯干弯曲的程度，重心应放在两腿之间，右腿较直，左小腿基本垂直于平行线。

图5－12

三、下肢动作的画法（图5－13）

插腰提膝是此动作的两个特点，提起右腿应基本成90度，其脚尖离左脚距离约为一个头的距离，特别注意所提起腿的比例结构。

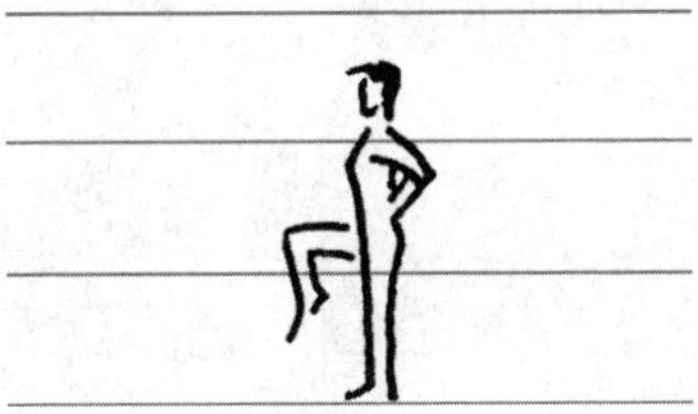

图5－13

第六章 体育绘图在体育课教学中的应用

第一节 体育绘图与体育课教学的关系

体育绘图是直观表达体育动作、组织教法安排、课堂活动内容和场地器材布置的重要手段之一。应用体育绘图的技能，适时适量地表达体育课教学的内容、组织教法和场地器材布置可以提高教学效果，丰富表达方式，增加表现空间。目前，体育绘图最多的还是被应用在课前的准备方面，特别是教案的撰写。

体育绘图是直观教学法的重要手段之一。主要是通过图的方式，一方面表达所要讲授和练习的内容；另一方面就是促使学生能够直观地了解所要学习的动作形象、动作结构和动作要领。在实际的应用过程中：第一，可以促使我们积极运用形象思维对教学内容、动作过程和组织教法进行思考；第二，可以促使我们思考如何通过图的方式更加简洁明了地表达教学内容；第三，将图引入教案不仅使教案图文并茂显得更加美观，而且可以简化繁杂的文字表述；第四，可以帮助我们记录教学内容和技术动作，对提高和改善教学能力、教学方法有着文字无法替代的积极作用。

适度、适量、适时地将图介入体育教学中是十分重要的。不用或过度使用都是我们在掌握体育绘图的基本理论、基本方法后应当尽量避免的。

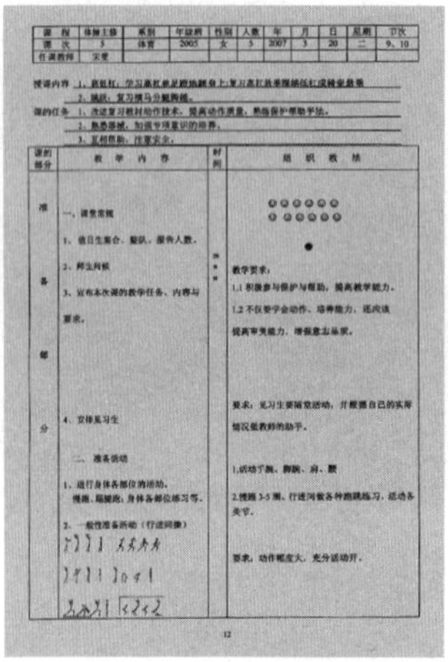

教案中的体育绘图

第二节 体育绘图在体育教学课中的应用

一、在体育教学课应用的注意事项

在课前，用画动作图的方式是加深对动作理解的最有效的措施之一，特别是对于一些用文字描述的技术动作，其效果更好。与此同时，作为教师不仅要考虑技术动作，还要考虑如何发挥场地器材的优势，增加每一位学生的练习时间和练习次数。因此，事先考虑课的组织教法和场地布置是提高教学效率的前提。

在教学课中，由于许多技术动作都是连续的，因此，无法在动作完成过程中定格于某个特定位置。而利用动作图就可以做到。同时，在教学中将动作图配合讲解示范可以使教学内容的重点和难点更加突出，可以达到提高教学效果的目的。

在体育教学课后，可以通过用图的方式记录教学内容和引发的感想或灵感。

二、组织教学图

（一）队列队形

队列队形通常可以用“线段”“点”“圈”“三角”等图形来表示人和队伍，用线段加箭头表示队伍行进路线和方向。

例1(图6－1)：三列横队和体育委员、体育教师。

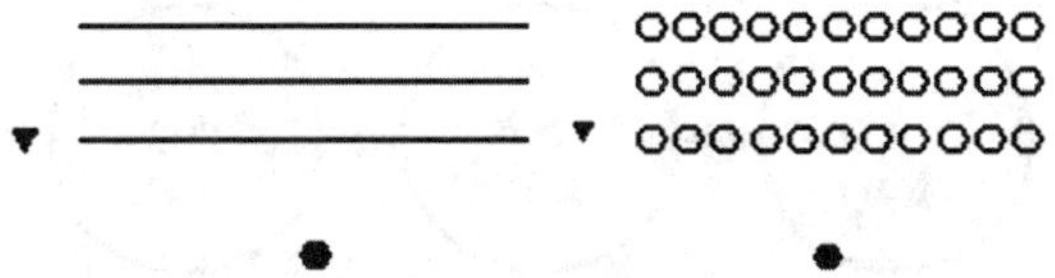

图 6－1

例 2（图 6－2）：一路纵队直走，右转弯走接斜线走或两路纵队分队走。

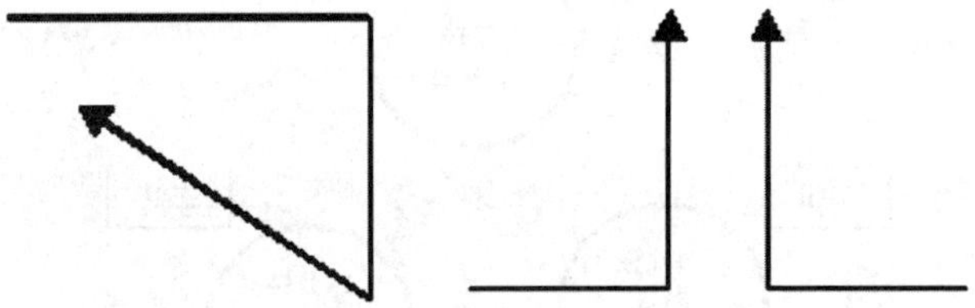

图 6－2

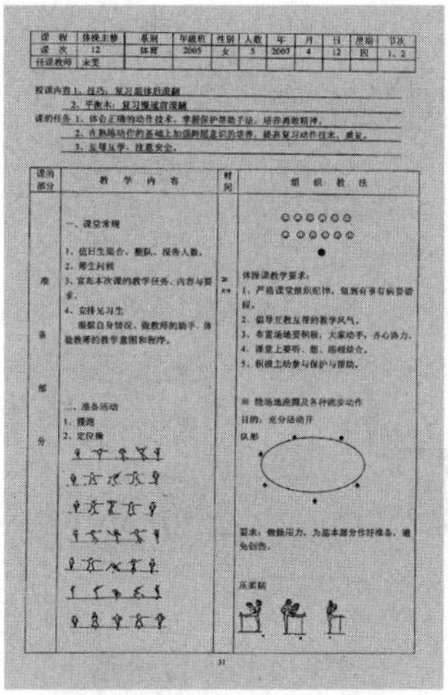

教案中的体育绘图

（二）体育教学程序图

组织教学程序是一堂体育教学课内容、分组、用时、教材性质的排列顺序，体现了教师对教材、教法的理解，对学生有效学习和练习的考虑以及对场地器材的利用等。因此，组织程序图一般是出现在课前备课时或在教案的开始部分。构成组织程序图的要素：第一部分，时间、教学内容和教材性质是新授课，还是复习课？第二部分，箭头。箭头表明练习先后次序或分组交换关系（图 6－3）。第三部分，分组情况。可以根据场地器材、学生人数和教材内容等进行分组。并将分组结果分别标在各自完成教学内容的旁边（图 6－4）。

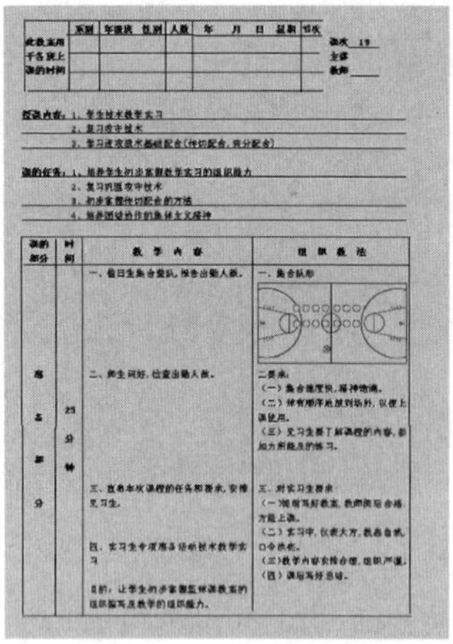

授课内容：1、学生技术教学实习
2、复习防守技术
3、学习进攻战术基础配合(传切配合、突分配合)

课的任务：1、培养学生初步掌握教学实习的组织能力
2、复习巩固攻守技术
3、初步掌握传切配合的方法
4、培养团结协作的集体主义精神

课的部分	时间	教学内容	组织教法
基本部分	25分钟	一、值日生集合整队，报告出勤人数。	一、集合队形

教案中的体育绘图

图6－3

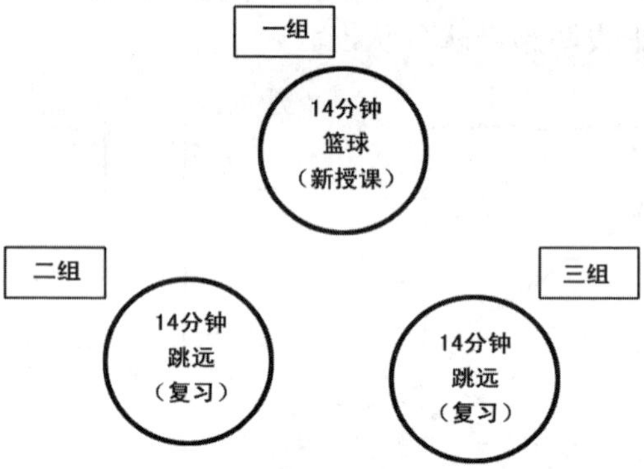

图6－4

（三）体育教学组织形式图

在体育课的教学中，不同的教学内容其组织形式也不一样，有的时候在课中还会穿插一些体育游戏、组合练习或单人、多人练习，有时还可能涉及场地器材的布置、人与场地器材的关系等。

在画体育教学组织形式图时，第一是确定符号和其表现内容。如实线表示跑动路线，虚线表示传球路线；三角表示进攻一方，圆圈表示防守一方等；第二，画出场地器材的位置。一般需要注意：一是应以游戏图和队列图为主。尺寸的概念，必要时要标出具体数据；二是尽可能用俯视平面图；第三，在图无法清楚地表现内容时，可以增加文字表述，但文字要简练，位置要选择最靠近表述内容的地方。（图6－5）

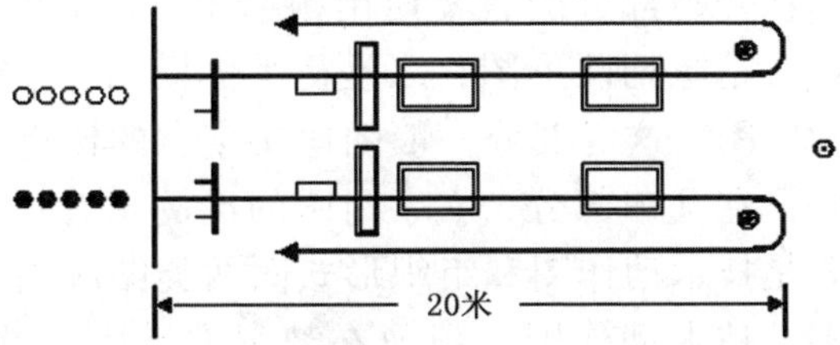

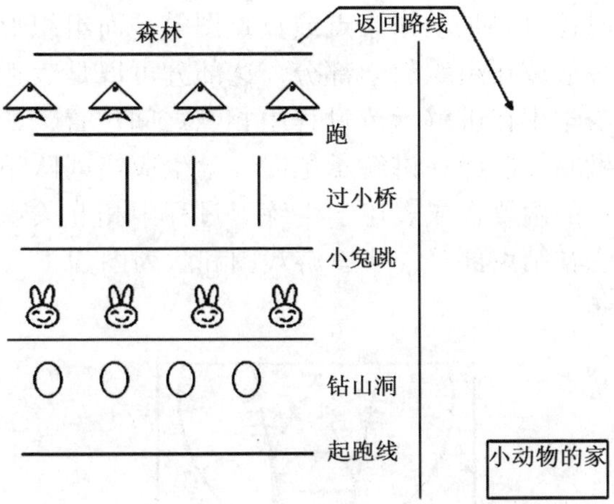

图 6－5

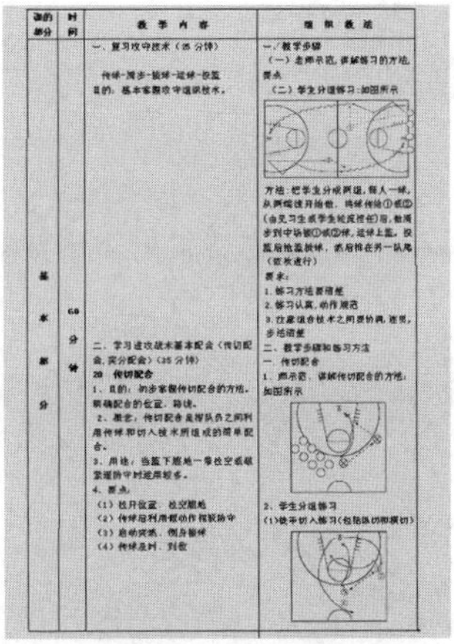

教案中的体育绘图

（教案摘引自首都体育学院精品课程网《篮球》）

第三节 体育绘图在教案中的应用

教案是一堂课的“设计图”。一般包括三个部分和两个方面。三个部分是指课的开始部分、基本部分和结束部分；两个方面是指教学内容和组织教学。

在撰写教案时，要根据课的不同部分和不同方面的特点来选择或考虑图的使用和图的数量。树立图为教学服务的意识，始终清楚图与文字的“互补增色”效应，是在教案中用好图的前提。

在开始部分的教案使用频率比较高的图有3类：一是队列队形图，二是徒手体操图，三是组织程序图。这一部分一般图比文字占的比例略大一些；在基本部分，文字与图的比例相近。一般主要是技术动作图和组织形式图两类图应用得比较多。技术动作图一般放在教案教学内容部分，这部分可以是动作过程图，也可以是局部动作图，有时还可以是动作难点或重点图等；而组织形式图一般放在组织教学部分，这部分可以是表达教师与学生在讲解示范过程中相互之间位置，如教师做骑撑前回环讲解示范时，学生应当列队站在单杠的两侧，或表述学生练习过程中相互关系的图。在结束部分，多以游戏图和队列图为主（图6－6）。

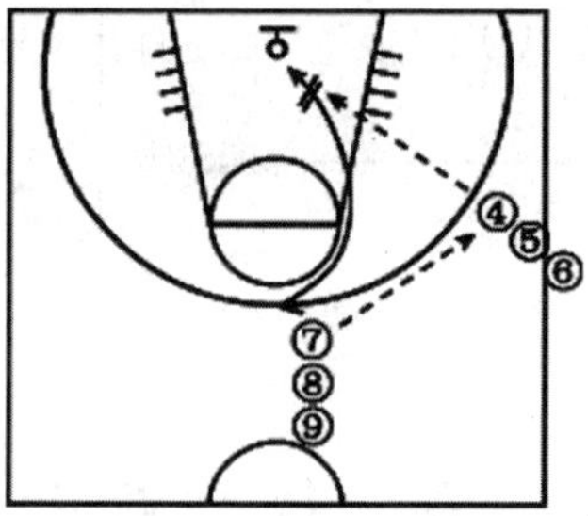

图6－6

第七章　体育场地简易画法概述

随着我国经济的快速发展，人民生活水平和文化素质大大提高，人们更加注重生活质量，全民的健康意识显著增强，广大群众参与体育活动越来越普及，对体育设施的需求越来越高。所有的体育活动都离不开体育场地，国际标准（正规体育比赛）的场地测画是有一定难度的，因为在场地测画中涉及许多复杂的原理、公式和计算。为了满足基层开展体育竞赛活动、学校体育教学和广大体育爱好者健身、娱乐的需求，提供一种比较简单、实用的体育场地的测画方法，便于大家在实际应用中操作实施。

本章内容就常用的几种（如篮球场、排球场、足球场、网球场、羽毛球场、田径场等）体育场地的简易测画、步骤、方法及技巧，进行了归纳总结，具有较强的实用性和针对性，所述内容贴近实际，通俗易懂，供体育工作者和体育爱好者的参考。

第一节　篮球场地画法

一、比赛场地的规格

1. 国际标准篮球比赛场地长度是 28 米、宽 15 米。其他比赛长度可减少 4 米，宽度减少 2 米，要求其变动要互相成比例，球场的丈量从界线的内沿量起。

2. 从地面到最低障碍物的高度不少于 12 米。

3. 比赛场地长边的界线称边线，短边的界线称端线，球场上各线都必须清晰，线宽场为 0.05 米。

4. 从边线的中点画一平行端线的横线称中线。中线应向两侧边线外各延长 0.15 米。

5. 以中线的中点为圆心，以 1.80 米为中径，(半径从圆周的外沿量起）画一个圆圈称中圈。

6. 三分投篮区是由场上两条拱形限制出的地面区域。从罚球线两端画两条线至距离端线中点各 3 米的地方（均从外沿量起）所构成的地面区域以限制区。

7. 罚球区是限制区加上以罚球线中点为圆心，以 1.80 米为半径向限制区外所画的半圆区域，它是执行罚球的区域。

8. 比赛场地的灯光，水平照度至少应为1 500勒克斯，这个照度是从球场地面上方 1 米处测量的。

图 7－1

二、比赛器材的规格：

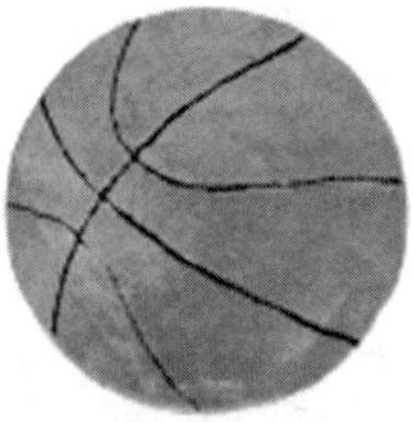

图 7－2

1. 篮球（图 7－2）：球的圆周不得多于 0.78 米、少于 0.749 米；重量不得多于 650 克、少于 567 克。

2. 篮板（图 7－3）：比赛所用篮板的规格是长 1.80 米、宽（竖高）1.05 米、厚 0.03 米；下沿距地面 2.90 米。

板面画法如下：

在篮板四周的边沿画 5 厘米宽的线，在篮圈后面画一长方形，宽 59 厘米，高 45 厘米（线宽 5 厘米包括在长方形内），底部的上沿必须与篮圈水平面齐平。

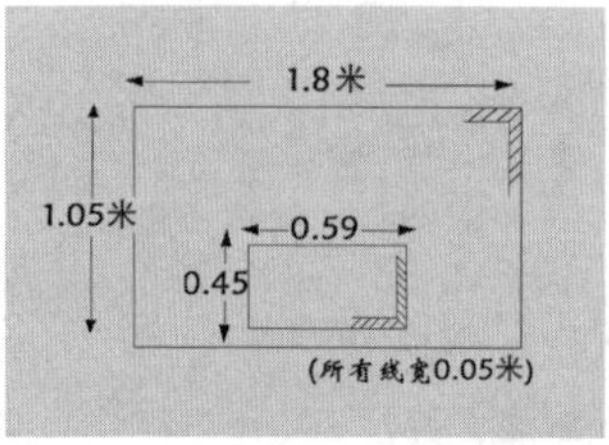

图 7－3

如果篮板是透明的，则画白线；若不透明，则画黑线。

篮板四周的线和小长方形线的颜色应相同。

3. 球 篮

球篮包括篮圈和篮网，篮圈由实心铁条制成，其直径为45 厘米，橙色。圈条的直径为1.7 ~2.0 厘米，圈的下沿设有 S 环或类似的东西，以便悬拉篮网。球篮应牢固地安装在篮板口，需呈水平，离地面3.05 米，与篮板两垂直边的距离相等，篮板面与篮圈内沿的最近点是15 厘米。

三、比赛场地的画法

第一步：画线痕（图7 –4）

1. 纵轴线：用一条长约30 米的线绳，首先画一条纵轴线 A、B。

2. 确定纵轴线的中点为 O 点，然后依次确定 C、D、E、F 四点。具体数据如下：OA = OB = 14 米，AC = BD = 5.8米，AE = BF = 1.575 米。

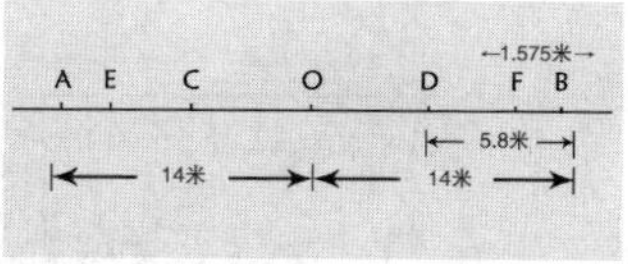

图7 –4

第二步：（图7 –5）

1. 端线：从 A 点向 O 点方向量3 米得 K 点，以 K 点为圆心，以5 米为半径，在 A 的两侧画弧，再以 A 点为圆心，以4 米为半径分别在 A 点两侧画弧，与前弧相交，连接两交点画直线并向两侧延长8 米左右。从 A 点向两侧各量7.5 米，分别得 A_1 和 A_2 两点，则线段 A_1 和 A_2 为篮球场的端线。

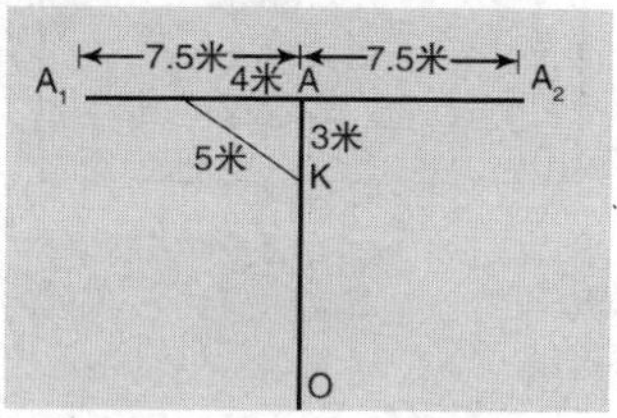

图7 –5

2. 另一端线画法相同。

第三步：（图7 –6）

1. 边线：连线 A、B 与 A_2、B_2 即可，$A_1B_1 = A_2B_2 = 28$ 米。

2. 中线：分别取 A_1B_1 和 A_2B_2 的中点，得 O_1O_2 两点，连接 O_1O_2 即可。$A_1O_1 = A_2O_2 = O_1B_1 = O_2B_2 = 14$ 米。

3. 中线应向两边线外各延长15 厘米。

4. 检验方法：$A_1B_2 = A_2B_1 = 31.765$ 米。

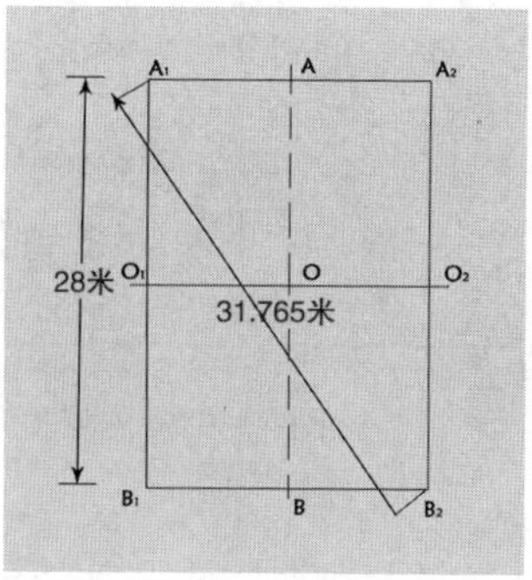

图7 –6

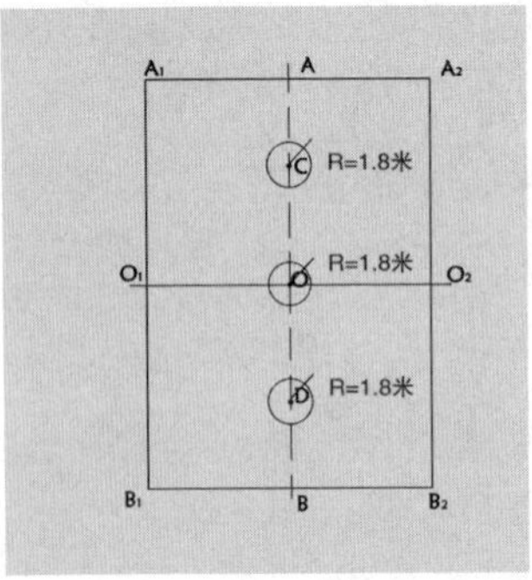

图 7－7

第四步：（图 7－7）

分别以 C、O、D 点为圆心，以 1.8 米为半径画圆，分别得圆 O、圆 C 和圆 D。

第五步：（图 7－8）

1. 限制线：从 A 点沿端线向两侧各量 3 米，分别得 A_3 和 A_4 两点，再分别从 A_3、A_4 两点以 5.923 米的长度画直线与 C 圆相交于 C_1、C_2 点，便可得到限制线 A_3C_1 和 A_4C_2。

2. 罚球线：连接 C_1、C_2，线段 C_1、C_2 为罚球线。要求 C_1、C_2 过 C 点。

3. 另一侧限制区和罚球区、禁区画法相同。

4. 三分线弧：以 E 为圆心、6.25 米为半径，在场内画半圆。

5. 三分线直线，分别从 A_1，A_2 两点沿端线向 A 点方向量 1.25 米，得 A_5 和 A_6 两点，从 A_5 和 A_6 点分别画直线与 E 圆相切于 E_1 和 E_2 两点，连接 A_5E_1，A_6E_2 即可。直线 A_5E_1、A_6E_2 与半圆 E 合称为三分线。

6. 检验方法：$A_5E_1 = A_6E_2 = 1.575$ 米。

7. 另一侧三分线画法相同。

8. 取下纵轴线绳。

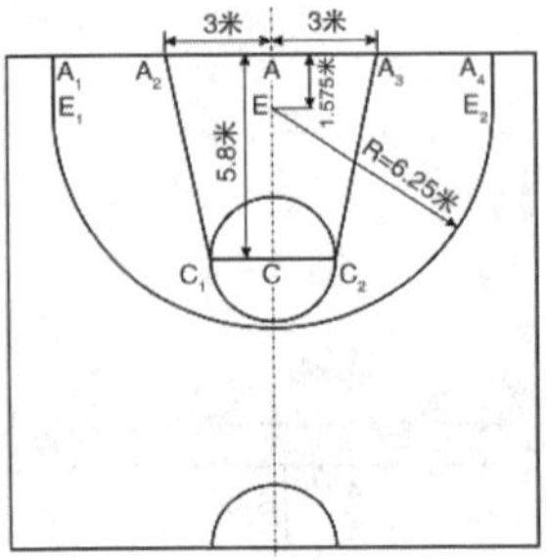

图 7－8

第六步：（图 7－9）

罚球区位置线：沿限制线 A_3C_1，在距离端线 1.75 米处画一条长 10 厘米、宽 5 厘米并与罚球区边线相垂直的分位线，再以间隔依次为 0.85 米、0.3米、0.85 米、0.85 米的距离，由下往上画同样的分位线，便可依次得到：第一位置区、中立区、第二位置区和第三位置区（各位置区的宽度不含分位线）。用同样方法可画出另一侧的限制位置区。

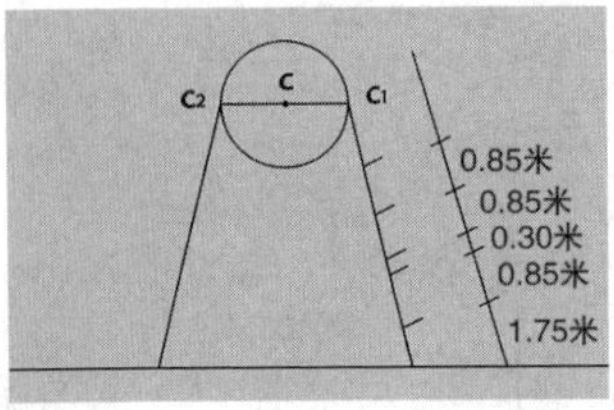

图 7－9

第七步：（图 7－10）

1. 边线、端线：沿线痕画在场地外侧。

2. 中线：骑线痕画，两边各 2.5 厘米。

3. 三分线、三圆圈：沿线痕画在弧内。

4. 禁区：沿线痕画在区内。

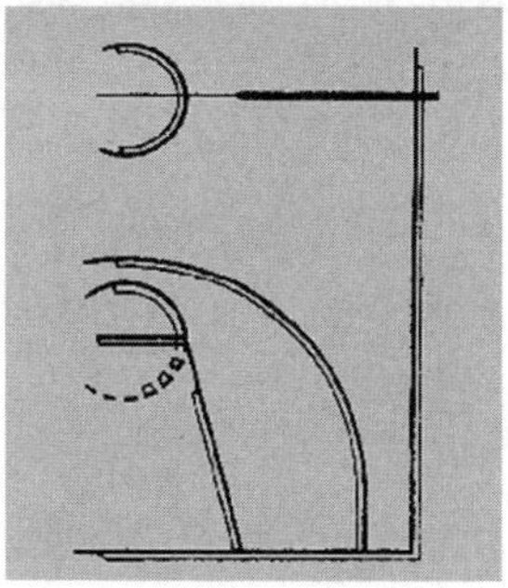

图 7－10

第二节　足球场地画法

一、比赛场地的规格

1. 国际标准足球比赛场地是长方形。其长度不得大于 120 米或小于 90 米，宽度不得大于 90 米或小于 45 米。

2. 比赛场地长边的线称边线，场地短边的线为端线。整个比赛场地由两条边线和两条端线围成，（各条线的宽度为 12 厘米）都包括在场地内。

3. 在比赛场地两条边线的中点连线，横穿场地，使场地平分为两个相等的半场，称为中线。应有一个明显标记，并以此点为圆心，以 9. 15 米为半径，画一个圆圈叫中圈。

图 7－11　足球场

4. 在比赛场地两端距球门柱内侧 5. 50 米处的线上，向场内各画一条长为 5. 5 米与端线垂直的线，其一端与球门线相接，另一端点相互连接并与端线平行，这三条线与端线范围内的地区称球门区。

5. 在比赛场地两端球门内柱侧 16. 50 米处的端线上，向场内各画一条长 16. 5 米并与端线垂直的线，这两条线的另一端点相互连接并与端线平行，这三条线与端线围成的区域称罚球区。

6. 两端线中点垂直 11 米处各做一个清晰的标志，称罚球点。

7. 以罚球点为圆心，以 9. 15 米为半径，在罚球区外画一弧线，并与罚球区线相交，此弧称为罚球弧。

8. 以边线和端线外沿交点为圆心，以 1 米为半径向场内各画 1/4 圆弧并与边线和端线相交，这个弧内地区称为角球区。

9. 球门应设在每条球门线的中央，球门宽7.32米、高2.44米。

10. 比赛场地应按照平面图画出清晰的线条，线长必须符合规则要求，各种线条宽度不得超过12厘米，场地丈量都应从线宽的外沿量起。

二、比赛器材的规格

（一）足球（图7－12）

图7－12

1. 球的圆周不得多于71厘米或少于68厘米。球的重量在比赛开始时不得多于453克或少于396克，充气后其压力应等于0.6～1.1个大气压（海平面上）即等于600～1 000克/平方厘米。

（二）球门和球网（图7－13）

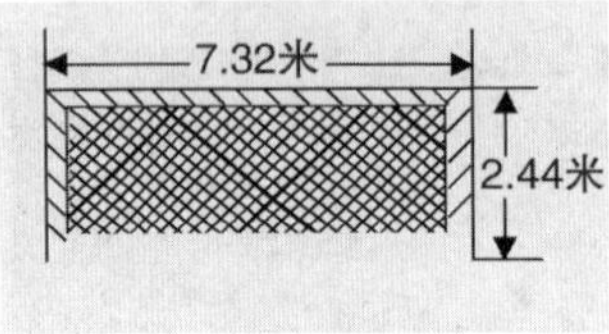

图7－13

1. 球门的两门柱内沿门距为7.32米，横木上沿距地面为2.44米。

2. 球门网允许用大麻、黄麻或尼龙绳制成，其网眼大小不得超过12厘米。

（三）角旗（图7－14）

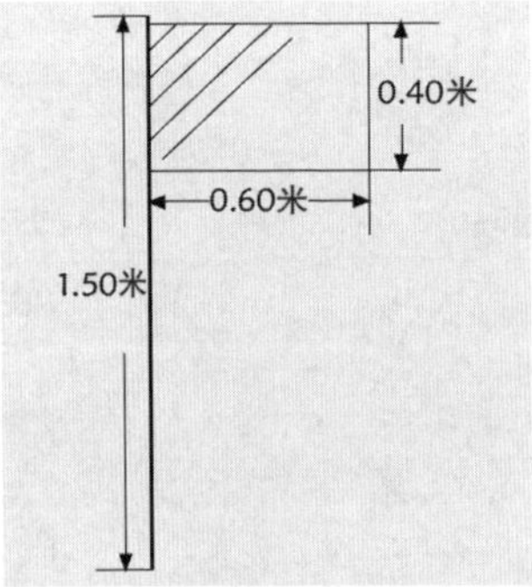

图7－14

角旗旗杆不得低于1.5米，应为圆形平顶，上系40～60厘米小旗一面。

三、比赛场地的画法

必备条件

1. 足球场地为长105米、宽68米的长方形，场地上方不能有障碍物，场地周围至少应有5～6米的无障碍区，以免发生危险。

2. 球门宽7.32米、高2.44米。

第一步：画线痕（图 7-15）

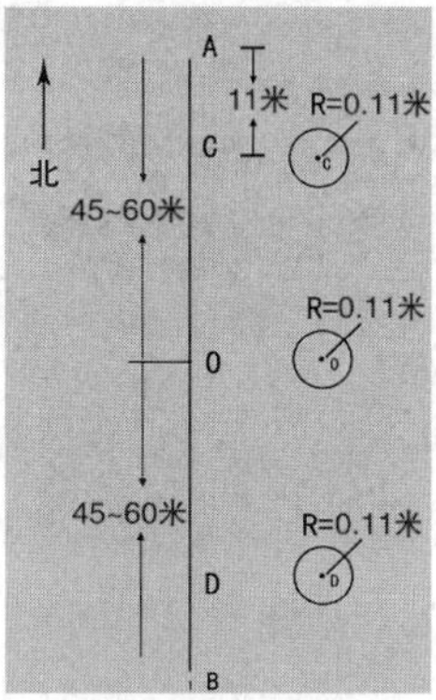

图 7-15

1. 纵轴线：用一条长约 105 米的线绳，在空地中间沿较长（最好是南北）方向两头拉直，固定在地面上即可。

2. 首先确定纵轴线中点为 O 点，然后依次确定 A、B、C、D 四点。具体数据如下：

OA = OB = 52.5 米（根据空地大小自定长度）。

AC = BD = 11 米（将 O、D、C 三点以 0.11 米为半径画圆，O 圆为中点，D、C 圆为罚球点）。

第二步：（图 7-16）

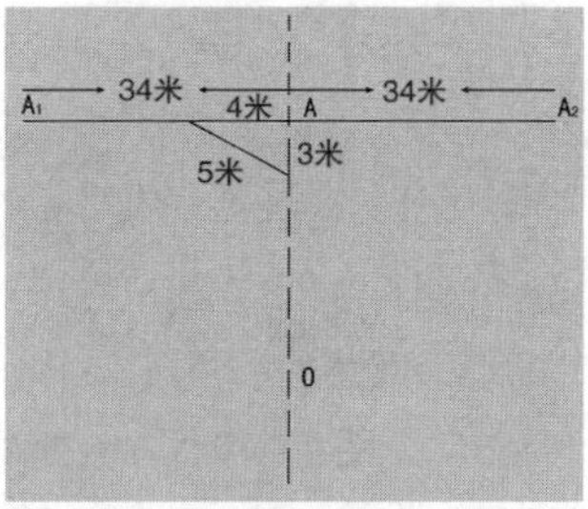

图 7-16

1. 球门线：从 A 点向 O 点方向量 3 米得 K 点，以 K 点为圆心，以 5 米为半径在 A 点两侧画弧；再以 A 点为圆心，以 4 米为半径分别在 A 点两侧画弧并与前弧相交，过左右两交点画直线即为端线，沿端线距 A 点左右各 34 米（根据空地大小自定长度）得 A_1、A_2 两点，线段 A_1A_2 为球门线，$AA_1 = AA_2 = 34$ 米。

2. 另一端画法相类同。

第三步：（图 7-17）

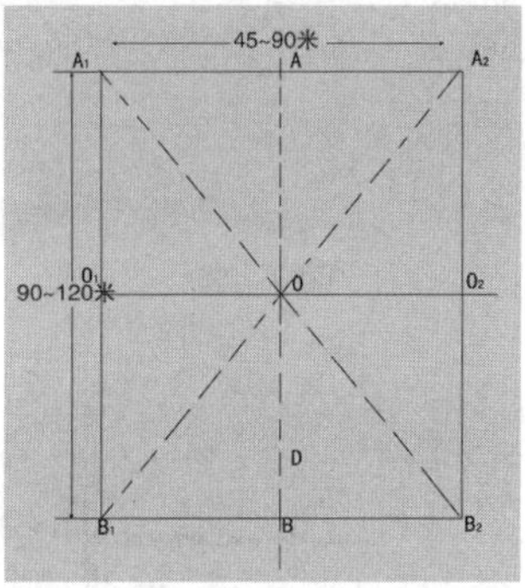

图 7-17

1. 边线：连线 A_1B_2 和 A_2B_2 可得到足球场边线，$A_1B_2 = A_2B_2 = 105$ 米。

2. 中线：分别取 A_1B_1 和 A_2B_2 的中点 O_1，O_2，连接即可。

3. 检验方法：量对角线，$A_1B_2 = A_2B_1$。

第四步：（图 7-18）

1. 中圈：以 O 点为圆心、9.15 米为半径画圆为中圈。

2. 罚球弧：分别以 C、D 为圆心，以 9.15 米为半径，以纵轴线为对称轴向 O 点画弧（不超过半圆）即可，弧 C 和弧 D 为罚球弧。

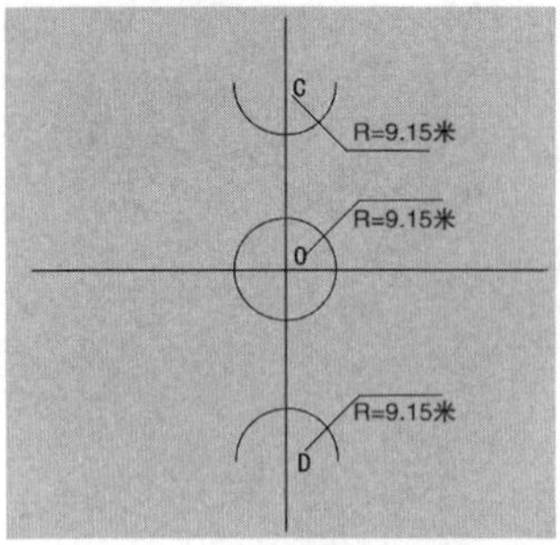

图 7－18

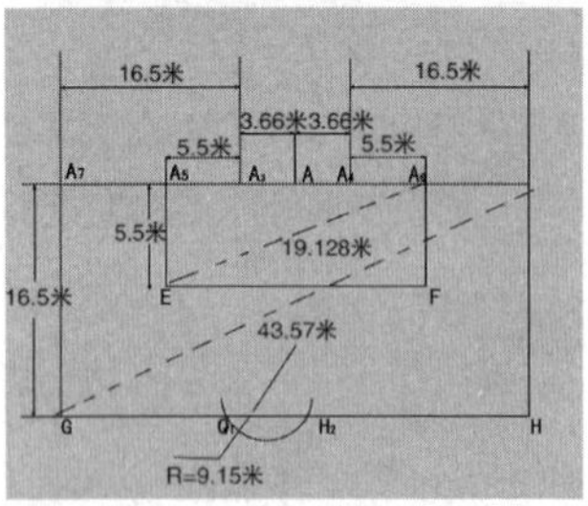

图 7－19

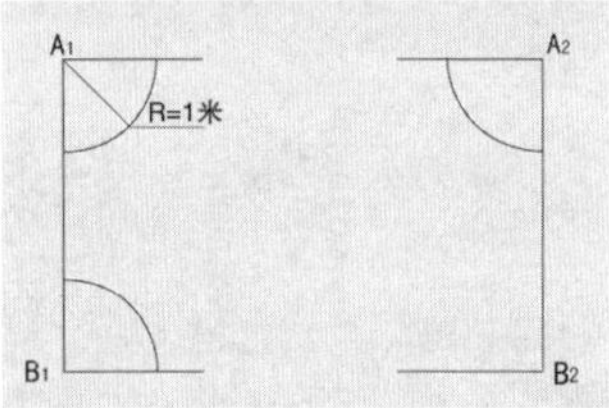

图 7－20

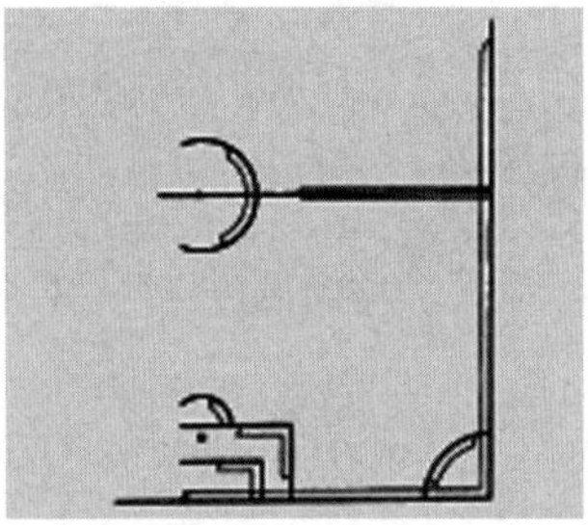

图 7－21

第五步：（图 7－19）

1. 球门宽度：从 A 点两侧分别沿球门线量 3.66 米，得 A_3、A_4 点，A_3A_4 为球门宽度。

2. 球门区：分别从 A_3，A_4 点沿球门线向边线量 5.5 米，得 A_5、A_6 点；再分别以 A_5、A_6 为圆心，以 5.5 米为半径，向场内画弧，再在场内画一直线发别与两弧相切于 E、F 两点；连接 $A_5E = A_6F$ 即可。

3. 检验方法：量对角线，$A_5F = A_6E = 19.128$ 米。

4. 罚球区：罚球弧：$A_3A_7 = A_4A_8 = 16.5$ 米，分别以 A_7 和 A_8 为圆心，以 16.5 米为半径，向场内画弧，再在场内画一直线分别与两弧相切于 G、H 两点；连接 A_7G 和 A_8H 即可，弧 C 中的 G、H 段则为罚球弧。

5. 检验方法：量对角线 $A_7H = A_8G = 43.57$ 米。

6. 场地另一端画法相同。

第六步：（图 7－20）

1. 角球区：分别以 A_1、A_2、B_1、B_2 为圆心，以 1 米为半径向场内画弧并与边线和球门线相交，所得的弧线区域为角球区。

2. 取下纵轴线绳。

第七步：画实线（12 厘米宽）（图 7－21）

1. 边线和球门线：沿线痕画在场地里面。

2. 角球区：沿弧线画在弧内。

3. 中线：骑在线痕画，两边各 6 厘米。

4. 中圈罚球弧：沿线痕画在区域内侧。

5. 开球点和罚球点：分别将圆 O、D、C 内填满即可。

6. 球门区和罚球区：沿线痕画在区内。

第三节 羽毛球场地画法

一、比赛场地的规格

(一) 场地 (图 7－22)

羽毛球场地是一个长方形，长 13.40 米，单打场地宽 5.18 米，双打场地宽 6.10 米。球场四周 2 米以内、上空 10 米以内不得有任何障碍物。场地线的颜色最好是白色、黄色或其他容易辨别的颜色。场地上的画线的宽度均为 4 厘米，所有场地线都是它所确定区域的组成部分。

图 7－22

(二) 地 面

比赛场地一般采用木质地板或塑胶地面，这样的场地应具有一定的弹性，滑涩程度适中。

(三) 灯 光

比赛场地的水平照度要求达到 1 000 勒克斯。

二、比赛器材的规格

(一) 球网及其装置

球网长 6.10 米，上边和下边之间宽 750 毫米。球网架设好后，其高度为：球网中央高 1.524 米；双打边线处高 1.55 米，球网的两端必须与网柱系紧，它们之间不应有缺缝；网柱高 1.55 米，必须稳固地同地面垂直。

(二) 羽毛球

1. 羽毛球应有 16 根羽毛固定在球托部。羽

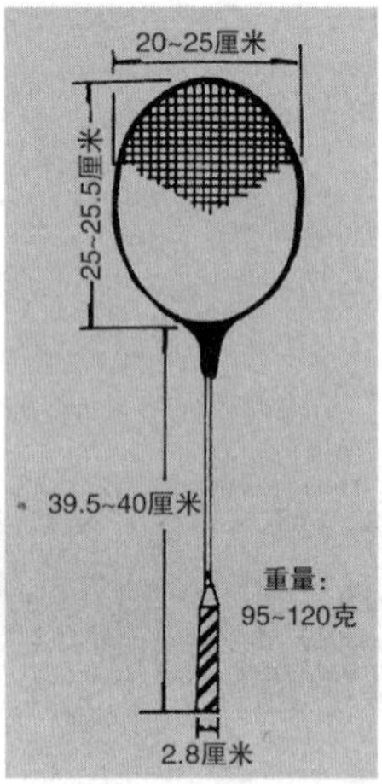

图 7－23

毛球全长 6.4～7.0 厘米，但每一个球的羽毛从托面到羽毛尖的长度应一致。羽毛顶端围成圆形，直径为 5.4～6.4 厘米。羽毛应用线或其他适宜材料扎牢，球托直径 2.5～2.8 厘米，底部为半球形。非羽毛制成的球，在尺寸和重量上与羽毛制成的球允许有不超过 10% 的误差，其余完全相同。

2. 羽毛球重量 4.74～5.50 克。

（三）球拍（图 7－23）

球拍的框架，包括拍柄在内，总长度不超过 68 厘米。弦面长不超过 28 厘米，宽不超过 25 厘米。

四、场地的画法

必备条件

1. 羽毛球场地是一个长 13.40 米，宽分别为 5.18 米（单打）和 6.10 米（双打）的长方形。球场四周 2 米以内，上空 10 米以内不得有任何障碍物。

2. 网高 1.55 米。

第一步：画线痕（图 7－24）

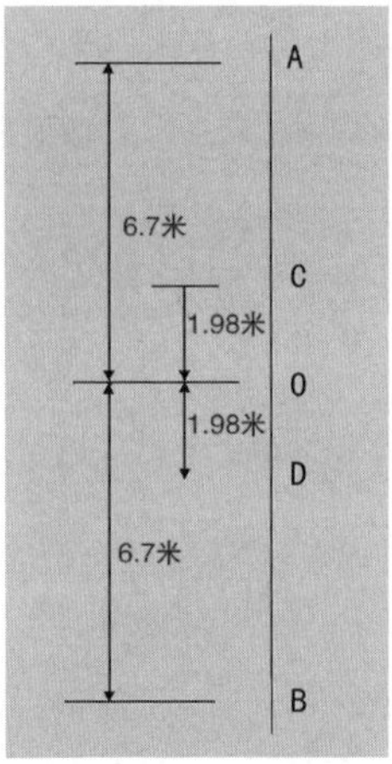

图 7－24

1. 纵轴线：用一条长约 14 米的线绳，在空地中间沿较长（最好是南北）方向拉直，固定在地上即可。

2. 确定纵轴线中点为 O 点，然后确定 A、B、C、D 四点，具体数据如下：OA = OB = 6.7 米，OC = OD = 1.98 米。

第二步：（图 7－25）

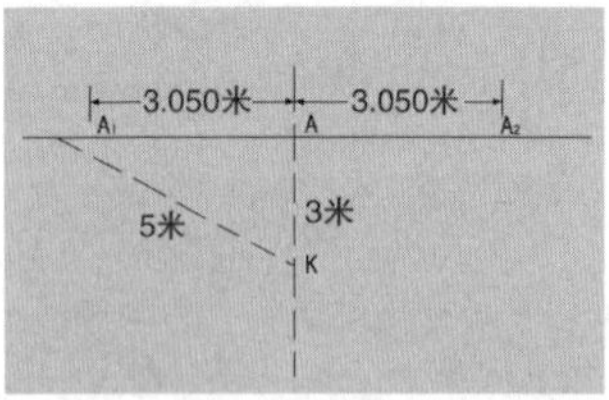

图 7－25

1. 端线（单打后发球线）：从 A 点向 O 点方向量 3 米得 K 点，以 K 点为圆心，以 5 米为半径在 A 点两侧画弧，再以 A 点为圆心，以 4 米为半径分别在A点两侧画弧，与前两弧相交，画直线连接两交点，在 A 点两侧各量 3.05 米，分别得 A_1、A_2 两点，A_1A_2 为端线。

2. 另一端画法相同。

第三步：（图 7－26）

1. 边线（双打边线）：连接 A_1B_1 和 A_2B_2 可得到双打的两条边线。$A_1B_1 = A_2B_2 = 13.40$ 米。

2. 检验方法：量对角线，$A_1B_2 = A_2B_1 = 14.723$ 米。

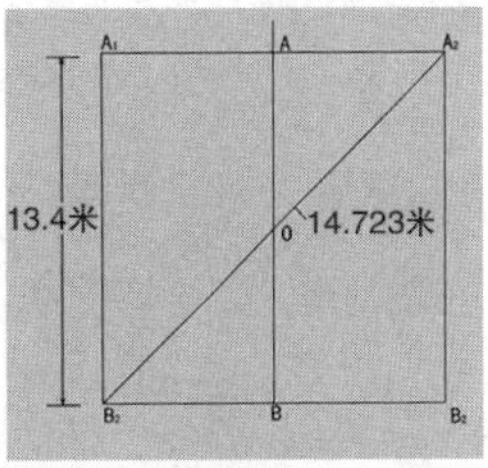

图 7－26

第四步：（图 7－27）

1. 中线：分别连接 A、C 和 B、D，AC＝BD＝4.72米为中线。

2. 单打边线：从 A_1、A_2、B_1、B_2 四点，分别向 A 和 B 方向量 0.46 米，分别得 A_3、A_4、B_3、B_4 四点，分别连接 A_3B_3 和 A_4B_4。$A_3B_3 = A_4B_4 = 13.40$ 米，$A_3A_4 = B_3B_4 = 5.18$ 米。

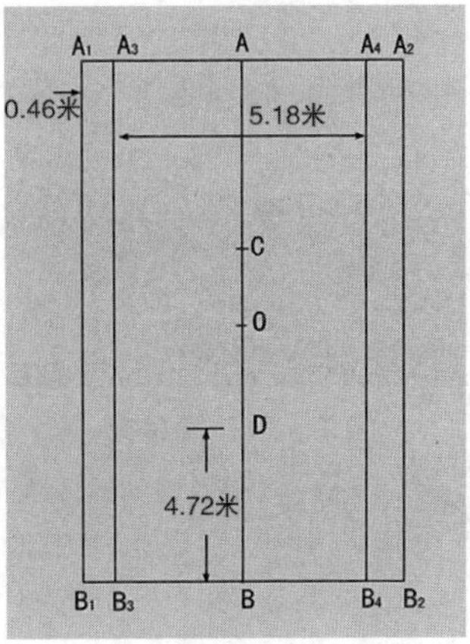

图 7－27

第五步：（图 7－28）

1. 双打后发球线：从 A_1、A_2、B_1、B_2 四点，分别沿边线向 O 点方向量 0.76 米，得到 E、E_1、F、F_1 四点，连接 EE_1 和 FF_1，$EF = E_1F_1 = 11.88$ 米。

2. 前发球线：从 A_1，A_2，B_1，B_2 四点，分别沿边线向 O 点方向量 4.72 米，得 G、G_1、H、H_1 四点，连接 GG_1 和 HH_1，为前发球线。两连线须分别过 C 和 D 两点。

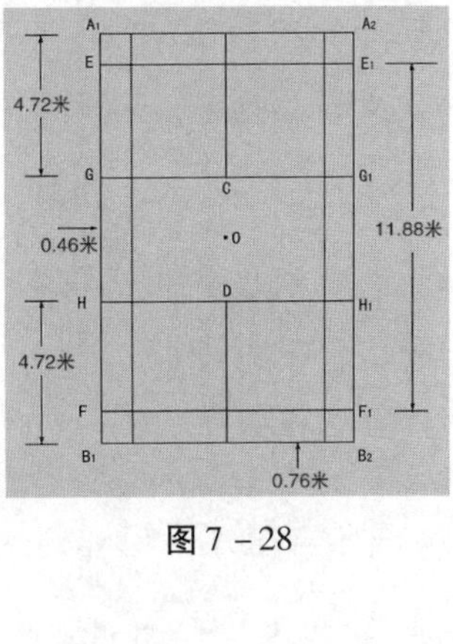

图 7－28

第四节　网球场地画法

一、比赛场地规格

（一）单打比赛场地

单打比赛场地是一个长方形场地，长为23.77米，宽为8.23米。其长边为边线，短边为端线。在端线以外至少要有6.4米的空地，边线以外要有3.66米的空地。（图7－29）

图7－29　网球场

发球线：在场内距球网两侧6.4米，画一条与球网平行的横线，即是发球线。

中线和中点：连接两个发球线的中点，画一条5厘米宽的纵线，即为中线。

在端线的中心，向场内画一条长10厘米、宽5厘米的短线并与端线垂直，此短线即是中点。

支撑球网的网柱中心距边线0.914米。

（二）双打比赛场地

双打网球场地也是长方形场地，只是宽为10.97米，比单打球场每边多1.37米，灯光高度不低于12米。

二、比赛器材规格

（一）球

球为黄色或白色，外表毛质均匀，接缝没有缝线。球的直径6.35～6.67厘米，重量是56.7～58.5克。

（二）球网支柱（图7－30）

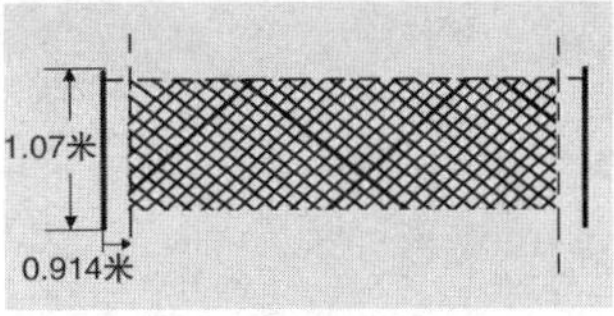

图7－30

球网支柱一般为金属制成，网柱高1.07米，不得超过网绳顶部2.5厘米，网柱中心距边线外沿0.914米，网柱高度应使网绳或钢丝的顶部距地面1.07米。

（三）球网（图7－31）

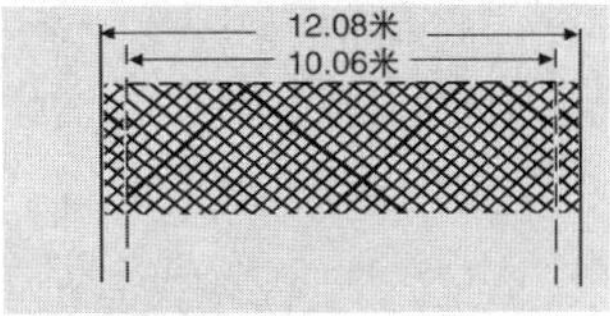

图7－31

球网的中央高为0.914米，球网应充分展开，单打网长为10.06米，双打网长12.80米。

（四）挡布和挡网

场内两端线外的铁网上挂好挡布，挡布宽12.5米、长20米，颜色为深蓝或深绿，挡布下沿离地面20厘米左右。

三、网球场的画法

必备条件

1. 网球场为长23.77米、宽10.97米的长方形。长边为边线，短边为端线。端线外至少要有6.4米的无障碍区，边线外也要有3.66米的无障碍区，球场上空12米以内不能有障碍物。

第一步：画线痕（图7－32）

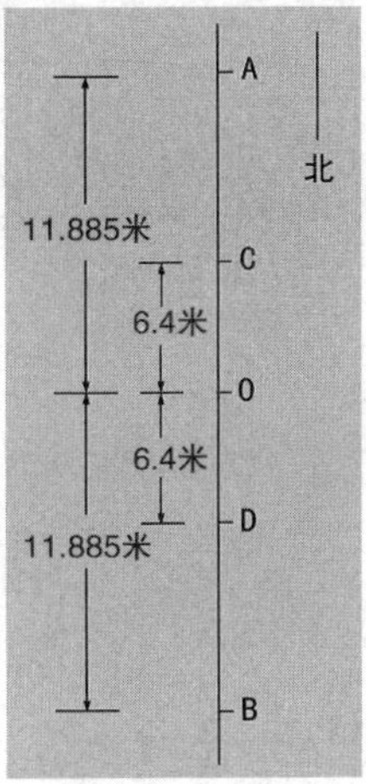

图7－32

1. 纵轴线：用一条长约24米的线绳，在空地中间沿较长（最好是南北）方向拉直，固定在地面上即可。

2. 确定纵轴线中点为O点，然后确定A、B、C、D四点。具体数字如下：OA＝OB＝11.885米，OC＝OD＝6.40米。

第二步：（图7－33）

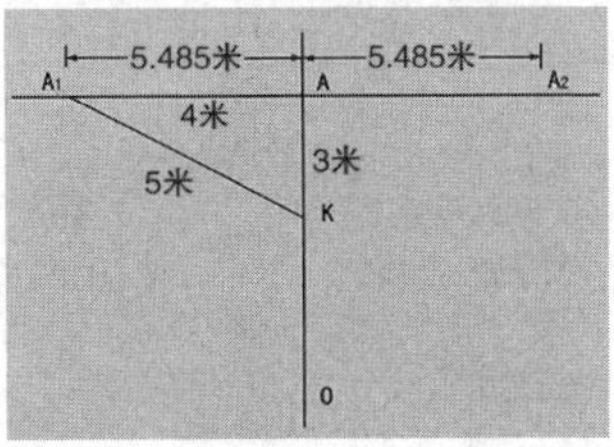

图7－33

1. 端线（单打后发球线）从A点向O点方向量3米得K点，以K点为圆心、5米为半径在A点两侧画弧；再以A点为圆心、4米为半径分别在 A 点两侧画弧与前两弧相交，画直线连接两点交点并延长；在 A 点两侧各量 5.485 米，分别得 A_1 和 A_2 两点，A_1A_2 为端线。

2. 另一端画法相同。

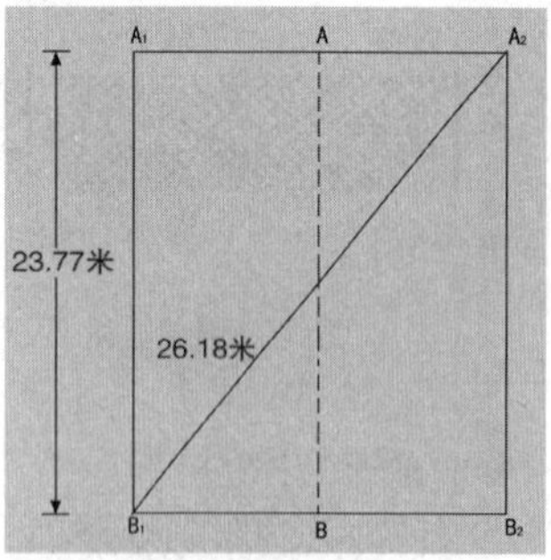

图 7－34

第三步：（图 7－34）

1. 边线（双打边线）：连接 A_1B_1 和 A_2B_2，为双打的两条边线。$A_1B_1 = A_2B_2 = 23.77$ 米。

2. 检验方法：量对角线，$A_1B_2 = A_2B_1 = 26.18$ 米。

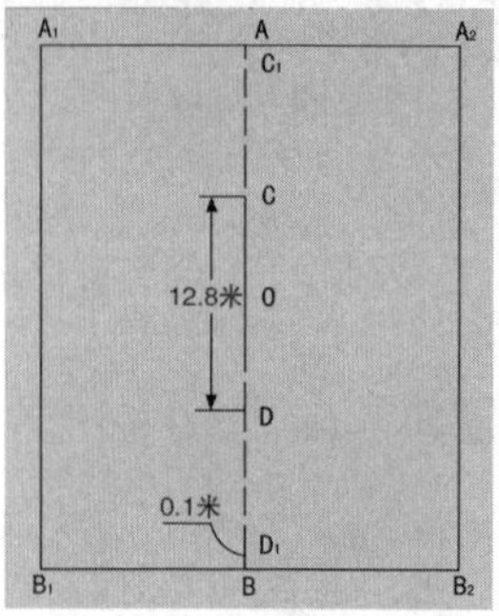

图 7－35

第四步：（图 7－35）

1. 中线：连接 CD，即为中线。

2. 中点线：沿纵轴分别从 A 和 B 两点向场内量 10 厘米线段即可。$AC_1 = BD_1 = 10$ 厘米。

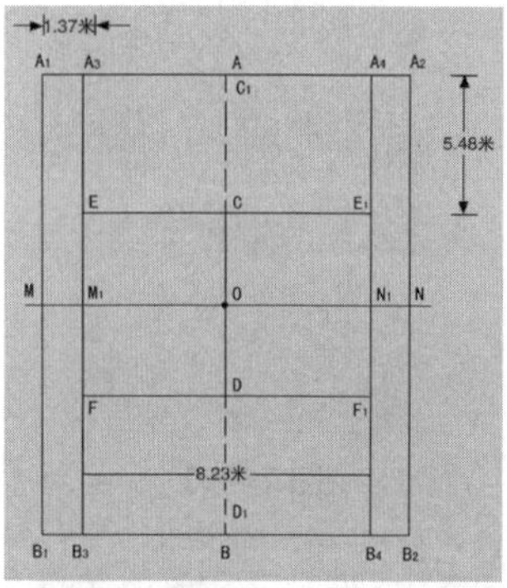

图 7－36

第五步：（图 7－36）

1. 单打边线：从 A_1、A_2、B_1、B_2 四点，分别沿端线向 A 和 B 点量 1.37 米，得 A_3、A_4、B_3、B_4 四点，分别连接 A_3B_3 和 A_4B_4 即为单打边线。$A_3A_4 = B_3B_4 = 8.23$ 米。

2. 发球线：从 A_3、A_4、B_3、B_4 四点，沿边线向 O 点方向分别量 5.485 米，得到 E、F、E_1、F_1 四点，连接 EE_1 和 FF_1 即可。$A_3E = A_4E_1 = B_3F = B_4F_1 = 5.485$ 米。

3. 横轴线：分别取 A_1B_1 和 A_2B_2 的中点得 M、N 两点，连接 M、N 交单打边线于 M、N 点，并且 M、N 两点向外延长 0.914 米。$A_1M = B_1M = A_2N = B_2N = 11.885$ 米。

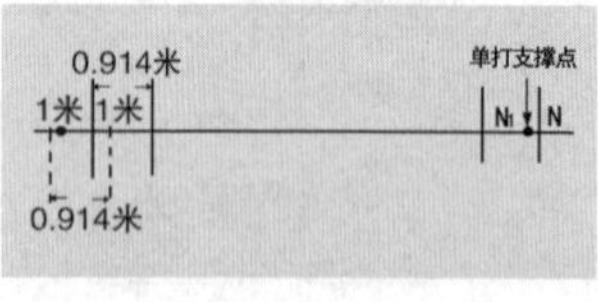

图 7－37

第六步：（图 7－37）

1. 网柱支撑点：沿纵轴线分别从 M、N 点（双打支撑点）和 M_1、N_1 点（单打支撑点）向场外量 0.914 米。然后，取其为圆心，分别作一个半径为 3 厘米的圆点即可。

第七步：（图 7 – 38）

1. 边线、端线、单打边线：沿线痕画在场区内，边线为 2.5 ~5 厘米，端线为 10 厘米。

2. 中点线：L 分别从 A、B 骑着纵轴线痕向场内画 10 厘米即可，两边线宽相等。

3. 中线、横轴线：骑线痕画即可，两条边线宽相等。

4. 发球线：沿线痕画在发球区内。

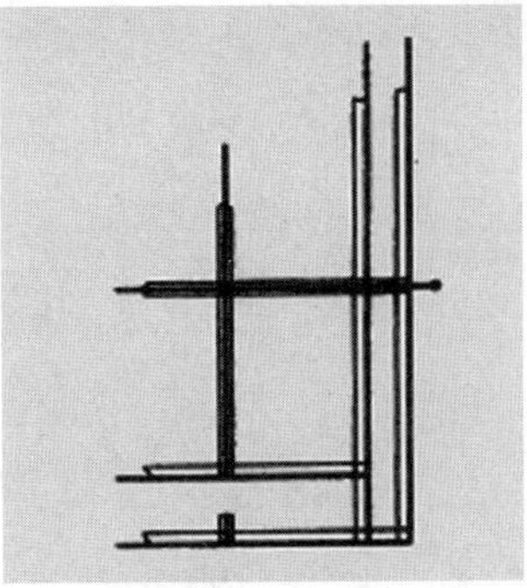

图 7 – 38

第五节　排球场地画法

一、比赛场地规格

1. 排球比赛场地为长方形，其长度为 18 米，宽度为 9 米。四周至少有 5 米宽的无障碍区。从地面量起至少有 12.5 米的无障碍空间。（图 7 – 39）

图 7 – 39　排球场

2. 所有界线宽 5 厘米，其颜色与地面和其他项目的场地画线不同。

二、比赛器材规格

1. 球的周长不得多于 67 厘米，少于 65 厘米，重量不得多于 280 克，少于 260 克，气压为 0.40 ~0.45 千克/平方厘米（392 ~422 毫米）。

2. 网柱是两根高 2.55 米的光滑圆柱，最好是可以调节高度，固定在两条边线外 0.5 ~1 米的地方。

3. 网上垂直于边线处装有两条宽 5 厘米、长 1 米的白带子，即标志带。

4. 标志杆是两根有弹性的杆子，长 1.80 厘米，直径为 1 厘米，它是由玻璃纤维或类似材质制成的。

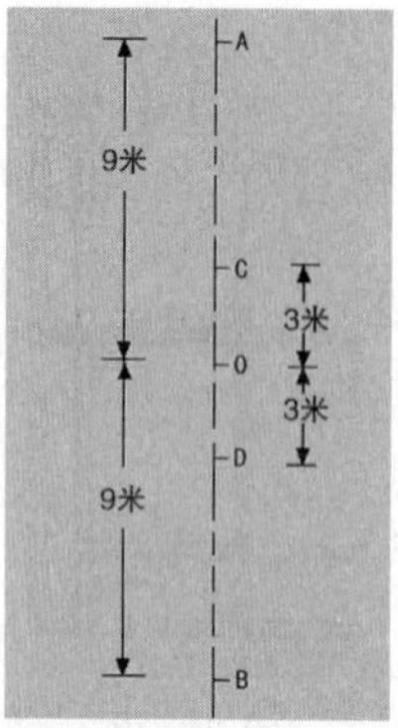

图 7－40

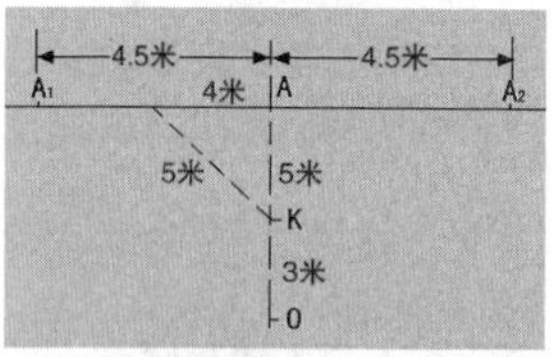

图 7－41

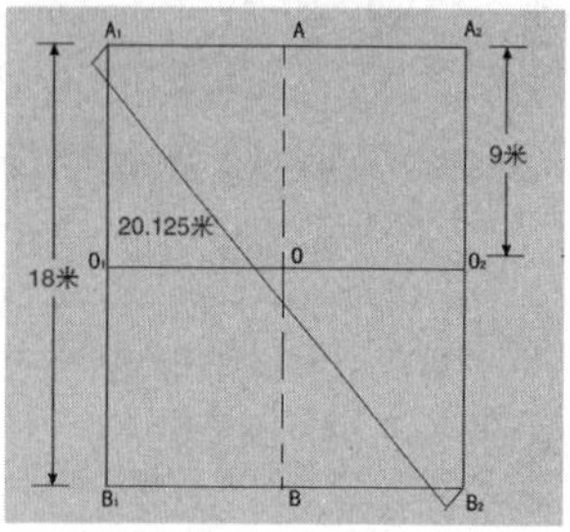

图 7－42

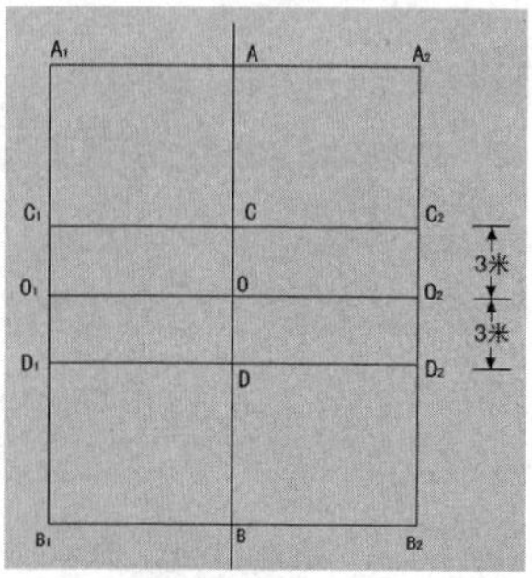

图 7－43

三、比赛场地的画法

第一步：画线痕（图 7－40）

1. 纵轴线：用一条长约 20 米的线绳，在空地中间沿较长（最好是南北）方向拉直，固定在地上即可。

2. 首先确定纵轴线中点为 O 点，然后依次确定 A、B、C、D 四点。具体数据如下：OA = OB = 9 米，OC = OD = 3 米。

第二步：（图 7－41）

1. 端线：从 A 点向 O 点量 3 米得 K 点，以 K 点为圆心，5 米为半径在 A 点的两侧画弧；再以 A 点为圆心、4 米为半径，分别在 A 点两侧画弧与前弧相交；画直线连接两交点并各向两侧延长 4.5 米，分别得 A_1 和 A_2 两点，线段 A_1A_2 为排球场的端线。

2. 另一端线画法相同。

第三步：（图 7－42）

1. 边线：连接 A_1B_1 和 A_2B_2 可得到排球场的两边线。$A_1B_1 = A_2B_2 = 18$ 米。

检验方法：量对角线，$A_1B_2 = A_2B_1 = 20.125$ 米。

中线：分别取 A_1B_1 和 A_2B_2 的中点 O_1、O_2 连接即可。$A_1O_1 = O_1B_1 = A_2O_2 = O_2B_2 = 9$ 米。

第四步：（图 7－43）

1. 进攻线：分别从 O_1、O_2 点沿边线向 A_1、A_2 点量 3 米，得 C_1、C_2 点，连接 C_1 和 C_2 即可。

2. 另一侧画法相同。

3. 发球区：在 A_1B_1、A_2B_2 的延长线上，距端线 20 厘米处，各画 15 厘米的线段，两线段之间及其后方的无障碍区域为发球区。

第五步：（图 7－44）

画实线（15 厘米宽）

1. 边线、端线、发球线：沿线痕画在场地内侧。

2. 中线：骑线痕画，两边各 2.5 厘米。

3. 进攻线：沿线痕画在进攻区内靠近中线一侧。

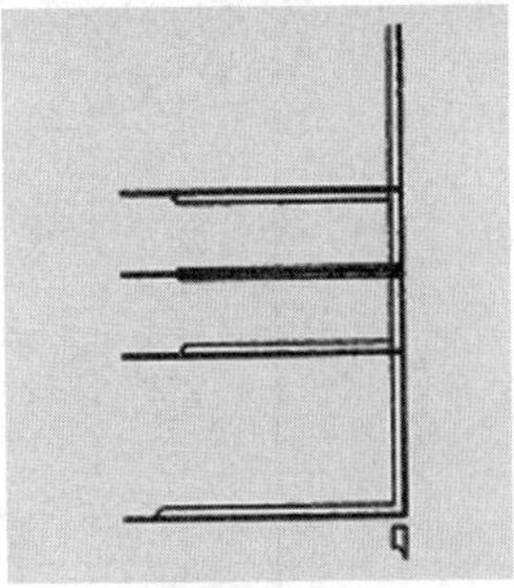

图 7－44

第六节　田径场场地画法

图 7－45　田径场

一、径赛场地

400 米跑道必要条件（图 7－46）：

1. 需要至少约 200 米×110 米（8 道）的空地；

2. 场地表面应平坦；

3. 田径场应建成南北向。

（一）画线痕

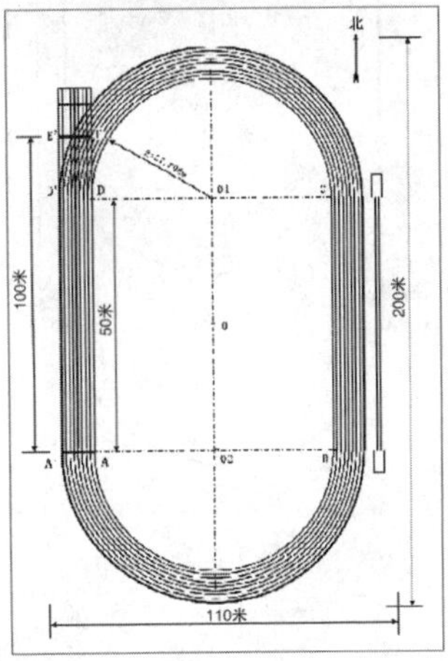

图 7－46

1. 纵轴线：在空地的较长（最好是南北）方向画一条线为纵轴线（图 7－47）。

2. 确定纵轴线的中心为 O 点。

3. 从 O 点分别沿纵轴线各量 40 米，为 O_1 和 O_2；在 O、O_1、O_2 点做标记。

4. 通过 01 拉一条长绳和纵轴线垂直，两边各量 37.898 米的 A 和 B 两点；用同样的方法通过 O_2 找到 C 和 D 两点。（图 7－48）

5. A、B、C、D 是跑道的基准点，做标记。

（二）检验方法

1. 量对角线，AC＝BD。

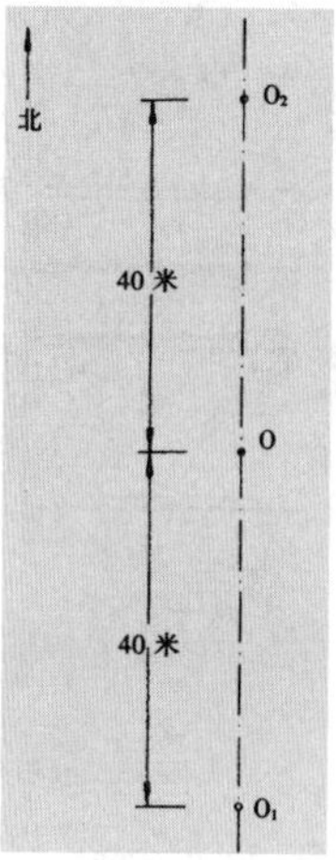

图 7－47

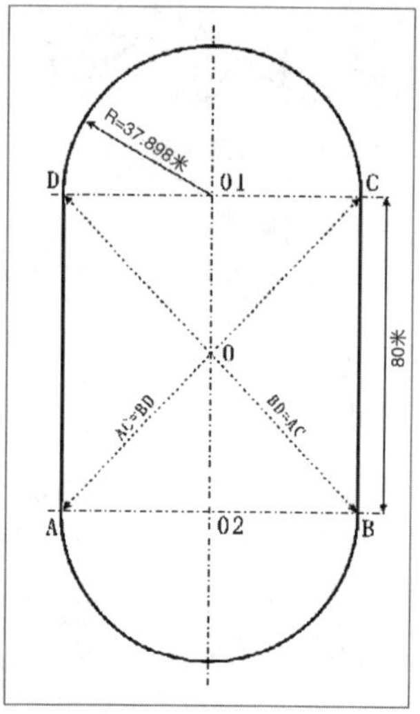

图 7－48

3. 连接基点 AD、BC，就形成场地的内沿。田径场内沿一般要高 5 厘米、宽 5 厘米。

（三）画线器

1. 用专业画线器画跑道线痕。跑道线宽 1.22 米，标准 400 米场地为 8 条跑道。

2. 画线痕时应注意分道线所画的方向。

（四）起点和终点

1. 终点：延长 O_2A，和最外面的跑道线痕交叉成 A′，连接 AA′就是终点线（图 7－46）。

2. 100 米起点：延长 O_2D，和最外面的跑道线痕交叉成 D′，向后延长 AD 和 A′D′20 米，得 E 和 E′两点，连接 EE′为 100 米起点线（图 7－46）。

3. 利用画线器连接 DE，将 100 米直道线痕补齐。

200 米起点数值表（单位：米）

4. 200 米起点：以 C 点为圆心，用表中的长度画弧与各条跑道线痕交叉成 C_1 ~ C_8 八个点（其中一道的点和 C 重合）。

5. 通过这 8 个点各作一条和跑道线垂直的线痕，就是 200 米 1 ~ 8 道的起点（图 7－49）。

C_1	C_2	C_3	C_4	C_5	C_6	C_7	C_8
0	3.651	7.482	11.185	14.787	18.273	21.652	24.934

400 米起点的数值表（单位：米）

6. 400 米起点：以 A 点为圆心，用表中的长度画弧与各条跑道线痕交叉成 A_1 ~ A_8 8 个点（其中一道的点和 A 重合）。

7. 通过这 8 个点各作一条和跑道线垂直的线痕，就是 400 米 1 ~8 道的起点线（图 7 –50）。

A_1	A_2	A_3	A_4	A_5	A_6	A_7	A_8
0	6. 989	14. 286	21. 267	27. 894	34. 171	40. 091	45. 660

800 米起点数值表（单位：米）

8. 800 米抢道线：延长 O_1B，与各条跑道线痕交叉成 1 ~9 点（其中第 1 点与 B 重合，第 9 点与 B′重合）。

9. 分别从以上 9 个点，按表中的长度向前量，找出图中的 10 ~17 点（图 7 –51）。

A_1	A_2	A_3	A_4	A_5	A_6	A_7	A_8
0	3. 651	7. 501	11. 263	14. 899	18. 450	21. 909	25. 274

800 米抢道线各道丈量长度（单位：米）

10. 把 1 和 10 ~17 等 9 个点连成一条曲线就是 800 米抢道线（图 7 –52）。

1	2→10	3→11	4→12	5→13	6→14	7→15	8→16
0	0. 007	0. 031	0. 075	0. 134	0. 211	0. 302	0. 414

3 000 米、5 000 米起点数值表（单位：米）

11. 3 000 米、5 000 米起点：以 C 点为圆心，用表中的长度画弧与各跑道线痕交叉成 C_1 ~ C_{10} 个点（其中 C_1 和 C 重合）。

12. 把 10 个点连成一条曲线就是 3 000 米、5 000 米起点线。（图 7 –53）

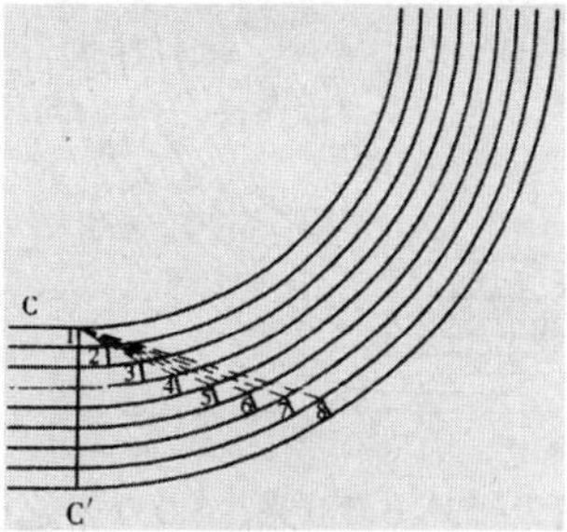

图 7 –49

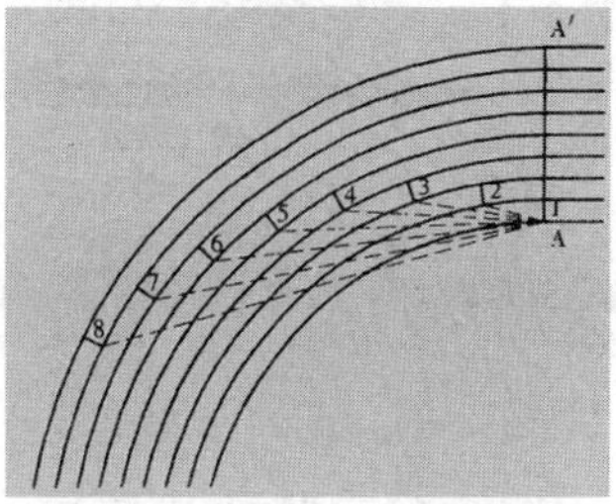

图 7 –50　400 米起点

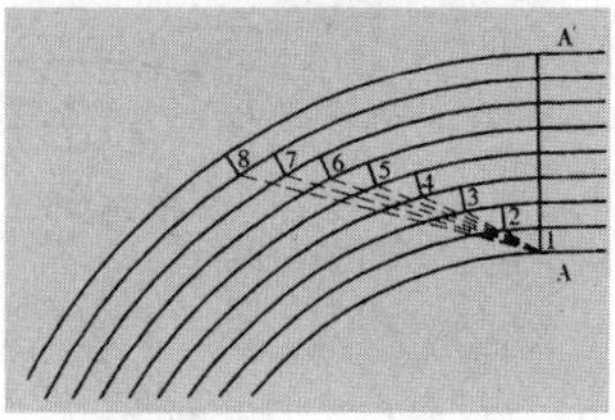

图 7 –51　800 米起点

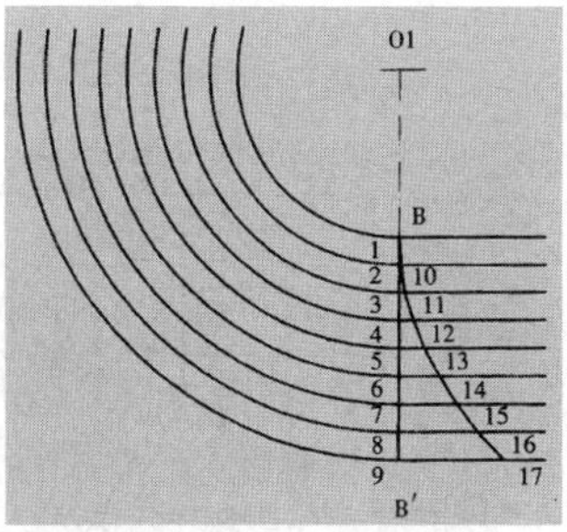

图 7 –52　800 米抢道起点

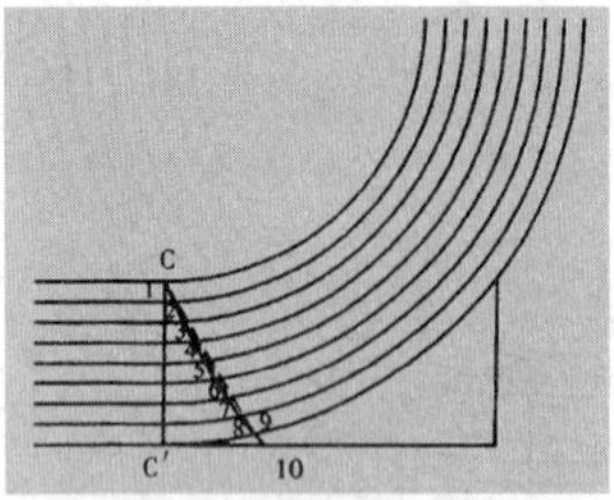

图 7－53　3 000 米、5 000 米起点

C_1	C_2	C_3	C_4	C_5	C_6	C_7	C_8
0	0. 14	0. 50	1. 000	1. 620	2. 350	3. 180	4. 100

10 000 米起点数值表（单位：米）

13. 10 000 米起点：以 A 点为圆心，用表中的长度画弧与各跑道线痕交叉成 A_1 ~ A_{10} 点（其中 A_1 和 A 重合）。

14. 把 10 个点连成一条曲线就是 10 000 米起点线（图 7－54）。

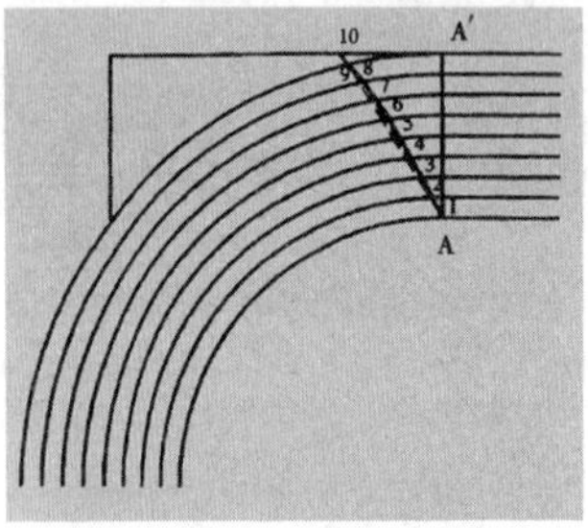

图 7－54　10 000 米起点

B_1	B_2	B_3	B_4	B_5	B_6	B_7	B_8
0	0. 14	0. 50	1. 000	1. 620	2. 350	3. 180	4. 100

4 米 ×400 米接力起点数值表（单位：米）

15. 4 米 ×400 米接力起点：以 A 点为圆心，用表中的长度画弧与各跑道线痕交叉成 A_1 ~ A_8 点（其中 A_1 和 A 重合）。

16. 通过 8 个点各作一条和跑道线垂直的线痕，就是 4 米 ×400 米接力 1 ~ 8 道的起点线。（图 7－55）

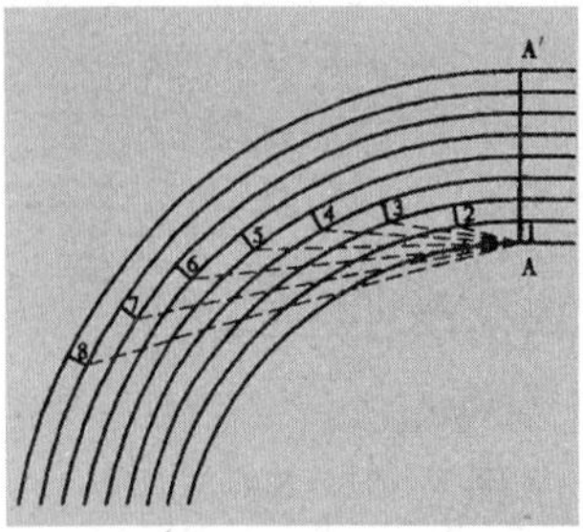

图 7－55　4 米 ×400 米接力起点

A_1	A_2	A_3	A_4	A_5	A_6	A_7	A_8
0	0. 14	0. 50	1. 000	1. 620	2. 350	3. 180	4. 100

二、田赛场地

（一）跳高场地（图 7－56）

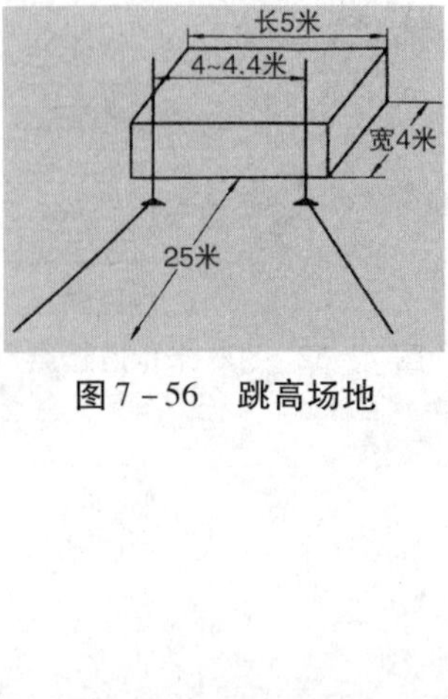

图 7－56　跳高场地

1. 跳高场地一般放在田径场一个半圆内的空地上，也可根据场地的实际情况选择。

2. 海绵包长 5 米、宽 4 米，厚度保证安全。

3. 整个助跑的范围是一个扇形，助跑道的直线长度要大于15米，如果有足够的地方，可以到25米左右。

4. 两个跳高架子之间的长度是4～4.04米。

（二）跳远、三级跳远场地（图7－57）

1. 沙坑宽2.75～3米，跳远起跳板到沙坑远端最少10米，起跳板到沙坑近端1～3米；三级跳远起跳板到沙坑远端最少21米，起跳板到沙坑不少于13米，女不少于11米，业余训练和比赛可视具体情况确定起跳板与沙坑的距离。

2. 助跑道长至少45米，跑道线宽5厘米。

3. 起跳板长1.21～1.22米，宽0.2米，厚0.1米，埋在地下，表面与地面平。

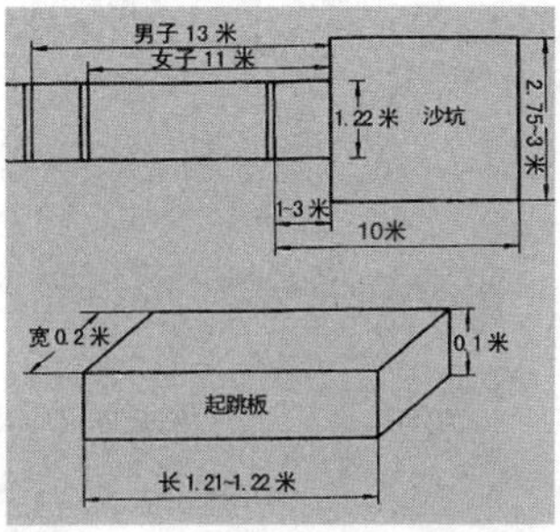

图7－57　跳远、三级跳远场地

（三）铅球场地（图7－58）

1. 铅球场地一般都建在田径场一个半圆内的空地上，也可以根据场地的实际情况选择。

2. 铅球圈直径2.135米，投掷区夹角为34.92度，边线宽5厘米；抵趾板宽度为11.2～30厘米，内沿弧长1.22米高出圈内地面10厘米；圈内地面低于圈外地面2厘米。

3. 画线痕

在空地上拉一直线OE；以O为圆心、1.067 5米为半径画一个圆。

用一条74厘米的木尺与纵轴线垂直并等分，相交于OE之间的圆弧上，得C和D两点。连接OC和OD并延长，两条线之间就是铅球落地区。

通过O点画一直径与OE垂直且和圆相交的直线得A和B两点，延长OA和OB到圆外，形成75厘米的短线，就是犯规线。

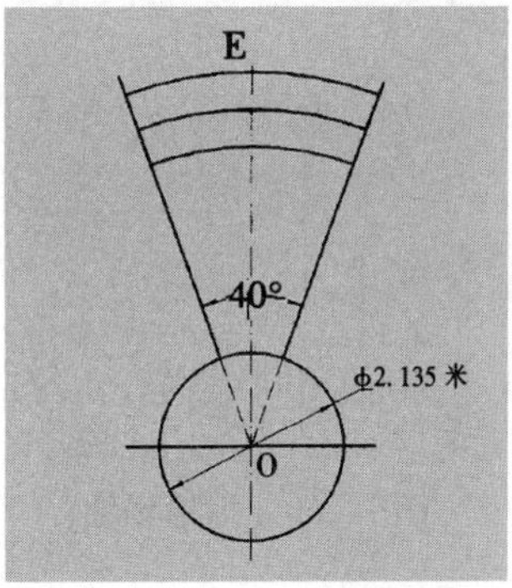

图7－58　铅球场地

4. 画实线（5 厘米宽）

投掷圈：沿线痕画在弧外侧。

落地区：沿线痕画在区外侧。

犯规线：沿线痕画在前侧。

（四）铁饼场地（图 7－59）

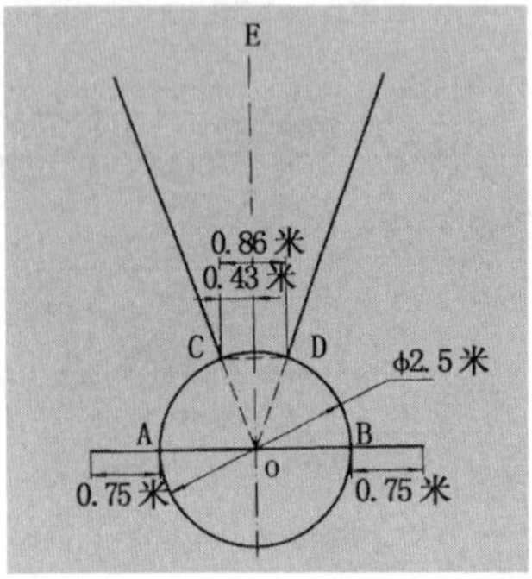

图 7－59　铁饼场地

1. 铁饼投掷圈一般建在田径半圆内的空地上，铁饼落地区在田径场内。也可以根据场地的实际情况选择。

2. 铁饼投掷圈直径 2.5 米，落地区夹角为 40 度；圈内地面低于圈外地面 2 厘米；铁饼护笼应找专业的器材厂商，制作安装，以保证安全。

画法同铅球场地，只是投掷圈的半径为 1.25 米，C 和 D 点之间的距离为 86 厘米。

（五）标枪场地（图 7－60）

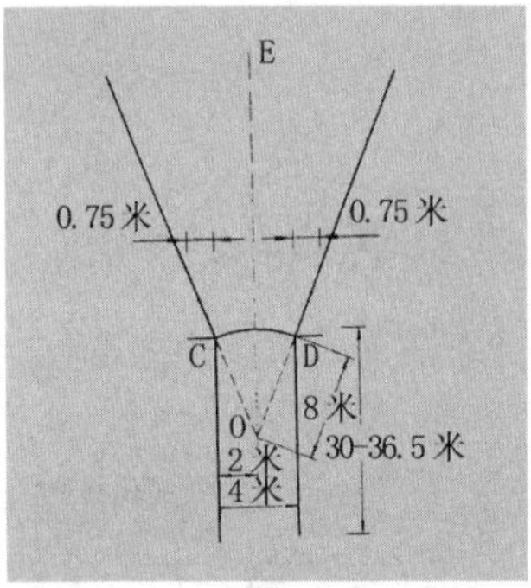

图 7－60　标枪场地

1. 标枪场地一般建在田径场半圆内的空地上，助跑道和投掷区的纵轴线与田径场地纵轴线重合，也可根据场地的实际情况选择。

2. 助跑道长 40 米、宽 4 米，落地区角度为 29 度。

3. 画线痕

以田径场纵轴线作中心线，在两侧画两条平行线，与中心线的距离是 2 米，为助跑道线。

在中心线上找一点 O，以 O 为圆心，以 8 米为半径画弧与助跑道线交叉成 C 和 D 两点，连接 OC 和 OD 并延长就是落地区的边线。

通过 C 和 D 各画一条 75 厘米长的线与助跑道线垂直，连上弧线就是投掷线。

4. 画实线

沿投掷线线痕前侧画 7 厘米宽的实线。

沿其他线痕的外侧画 5 厘米密切联系的实线。

第七节　体育场地简易画法

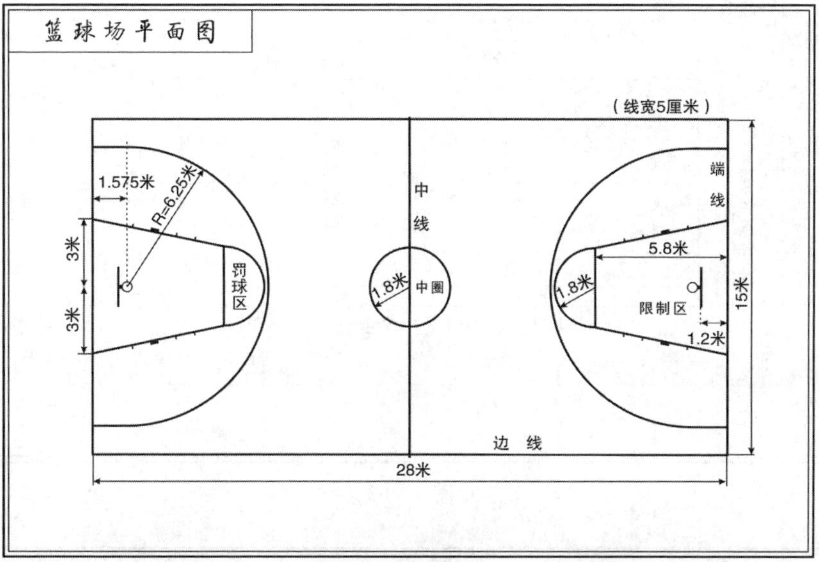

图 7－61

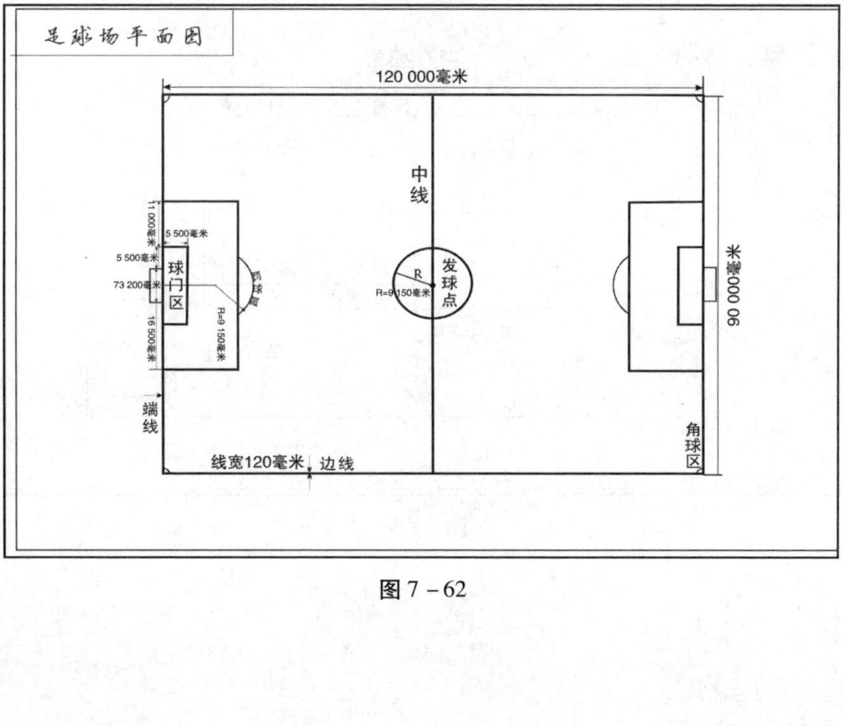

图 7－62

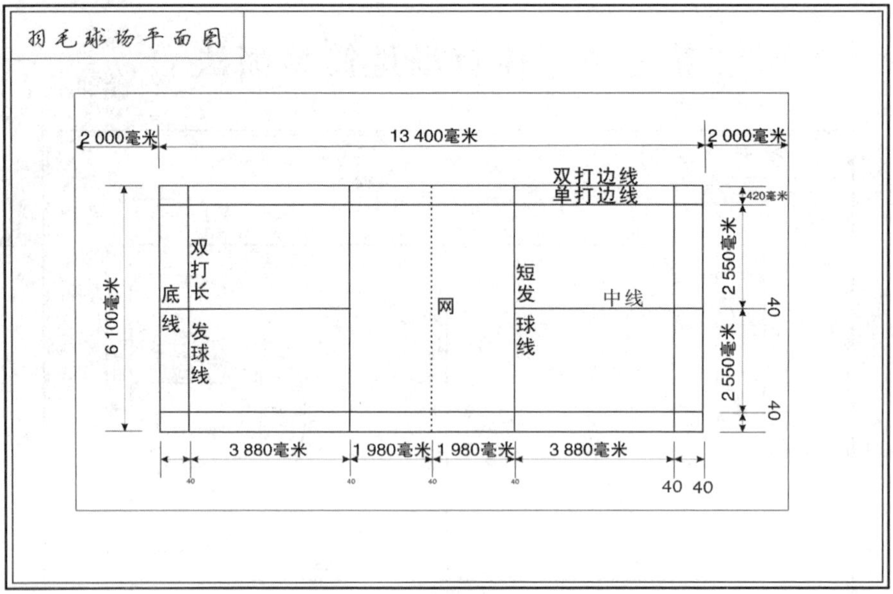
羽毛球场平面图
2 000毫米
13 400毫米
2 000毫米
双打边线
单打边线
420毫米
6 100毫米
底线
双打长发球线
网
短发球线
中线
2 550毫米
40
2 550毫米
40
3 880毫米
1 980毫米
1 980毫米
3 880毫米
40
40

图 7－63

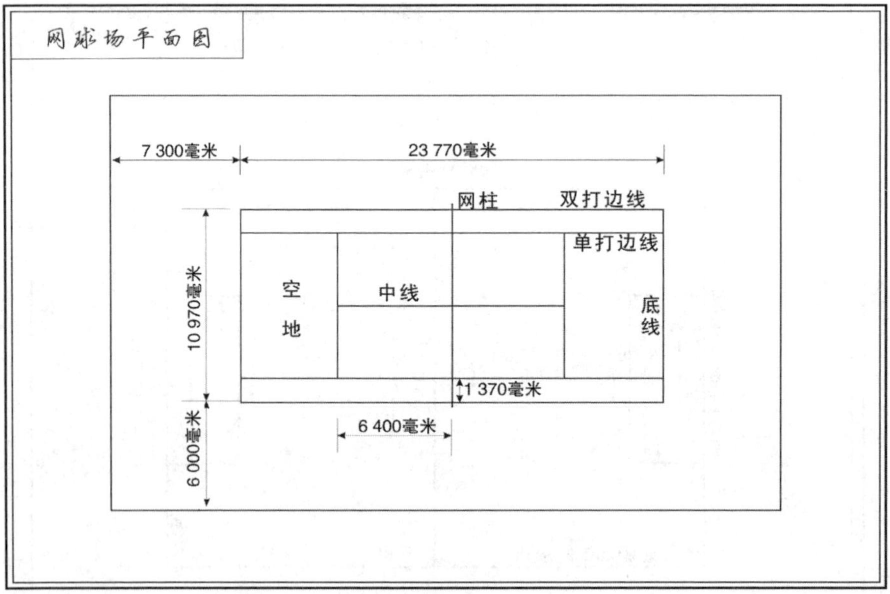
网球场平面图
7 300毫米
23 770毫米
网柱
双打边线
单打边线
10 970毫米
空地
中线
底线
1 370毫米
6 000毫米
6 400毫米

图 7－64

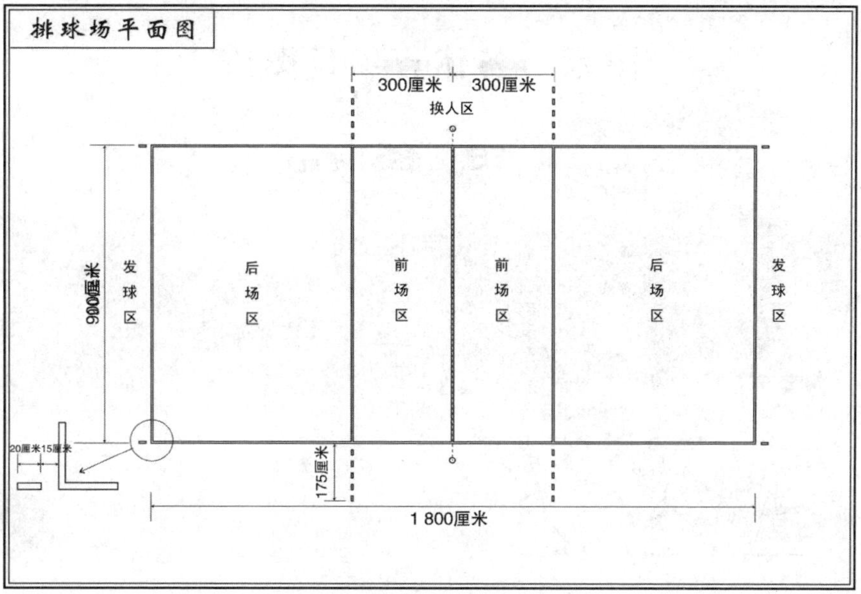
排球场平面图
300厘米
300厘米
换人区
900厘米
发球区
后场区
前场区
前场区
后场区
发球区
20厘米
15厘米
175厘米
1 800厘米

图 7－65

附录　各体育项目图谱

田　径(短跑)

跑步受力图

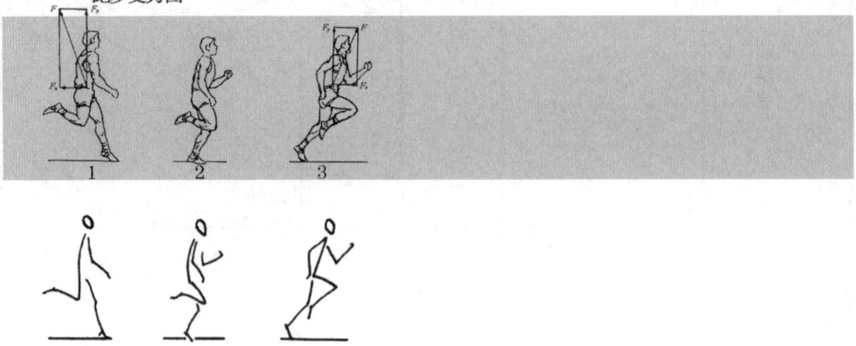

跑步受力图

田 径(短跑)

起跑

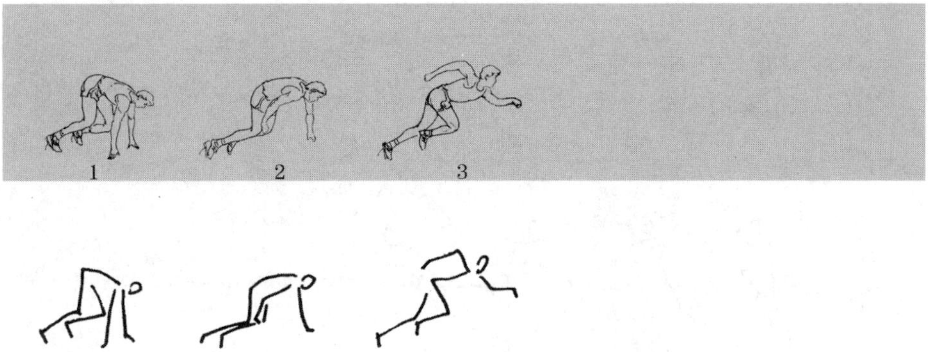

起跑后的加速跑

途中跑

田　径（跨栏跑）

跨栏跑过栏技术

学习过栏技术　　　　学习过栏技术

田 径（跳跃）

跳跃高度的构成　　　　跳跃远度的构成

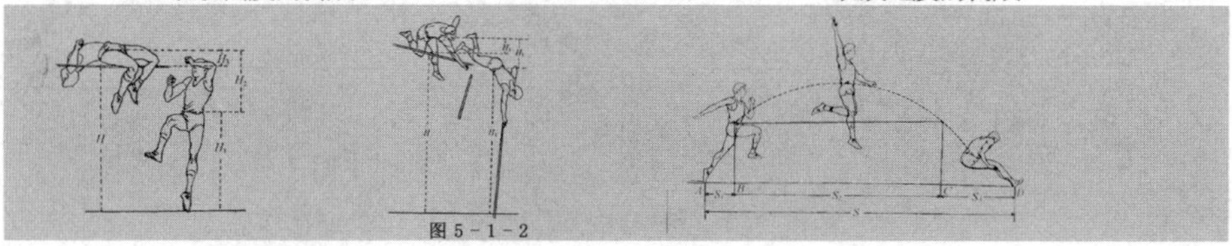

图 5－1－2

跳跃技术

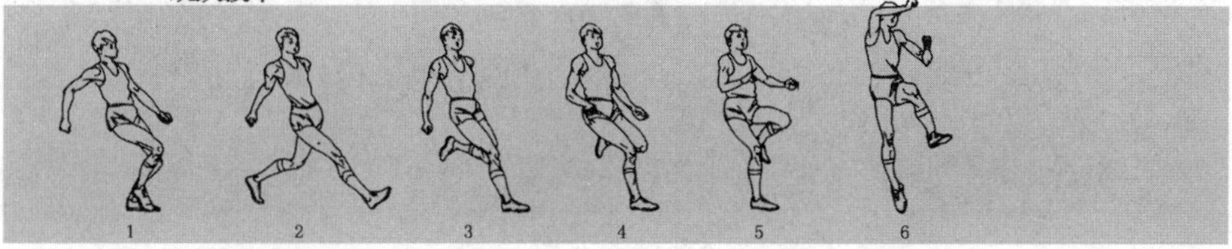

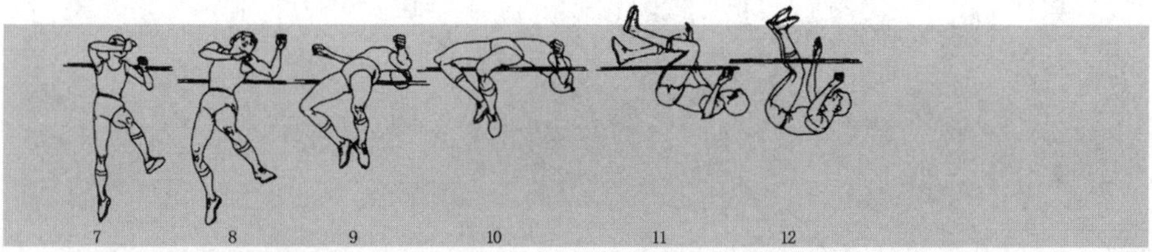

田 径(跳远)

起跳

腾空和落地(蹲踞式)

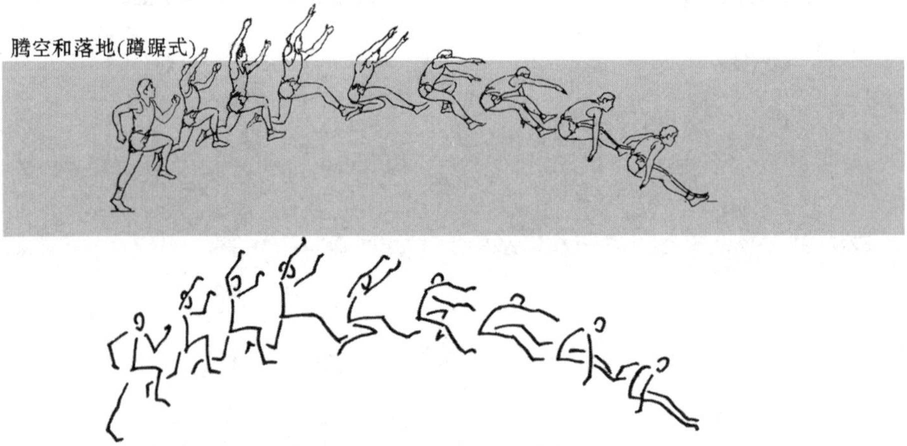

腾空和落地(走步式)

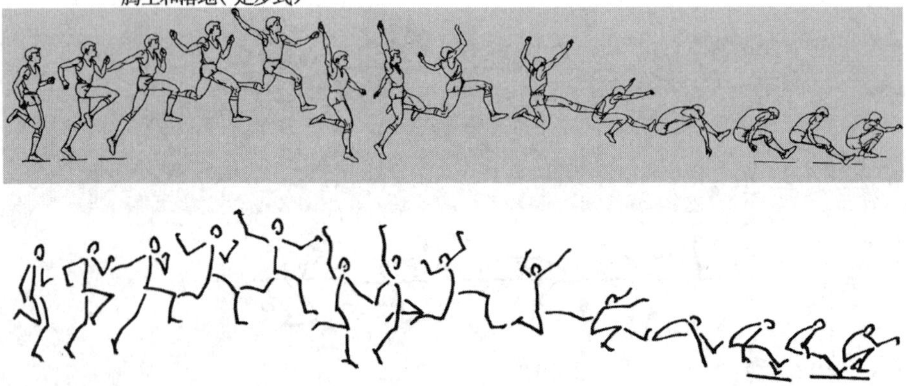

田　径(跳远)

第二跳（跨步跳）

第二跳（跨步跳）

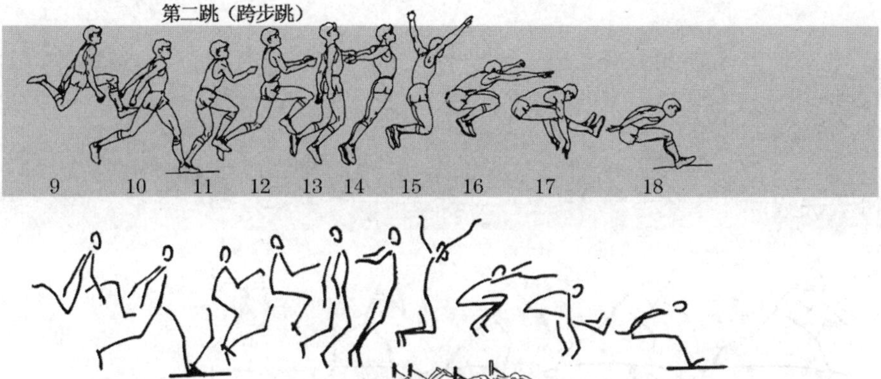

撑杆跳

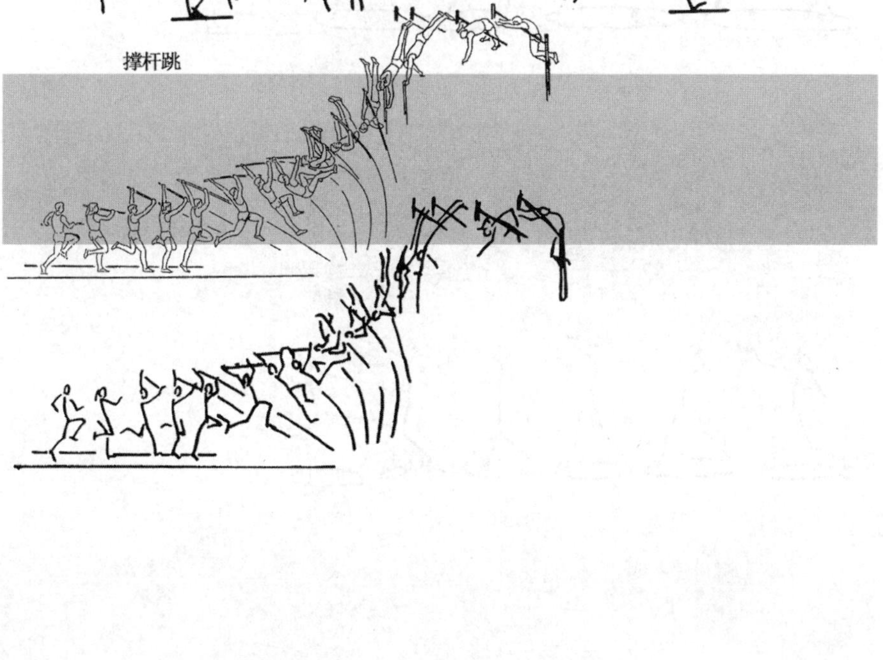

田　径（推铅球）

滑步

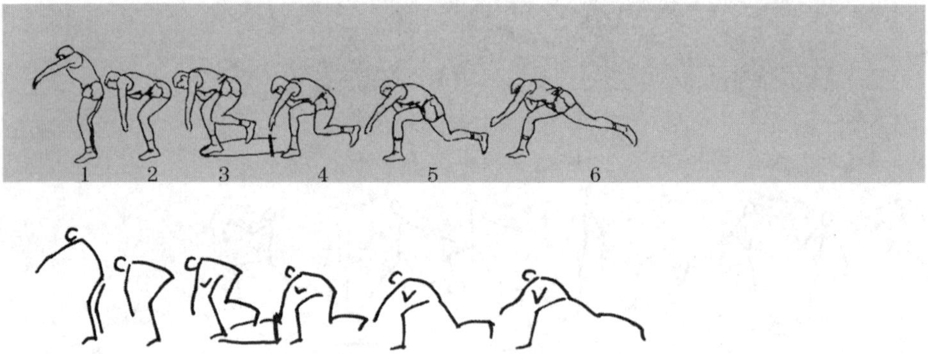

田 径（障碍跑）

跨越障碍架的技术

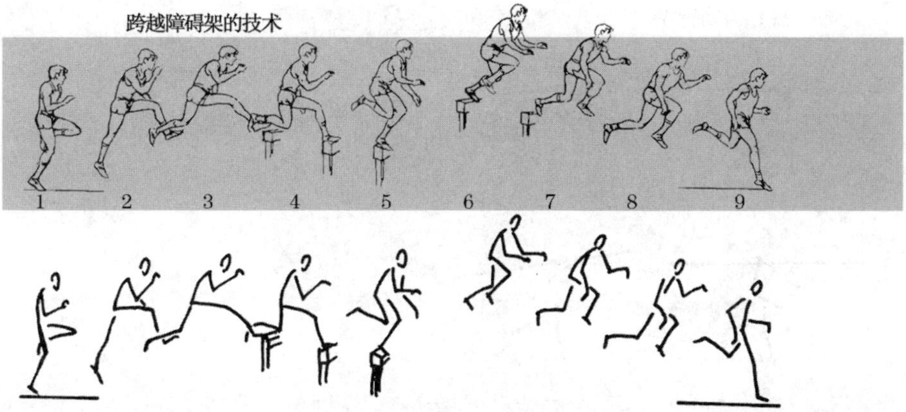

过水池技术

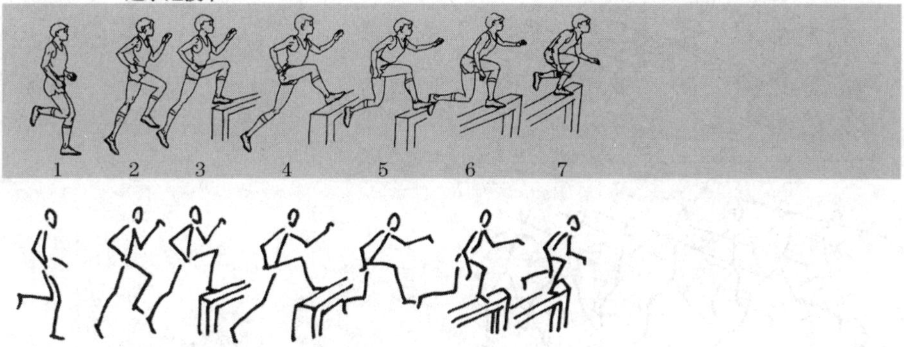

田　径(掷标枪)

肩上持枪的姿势

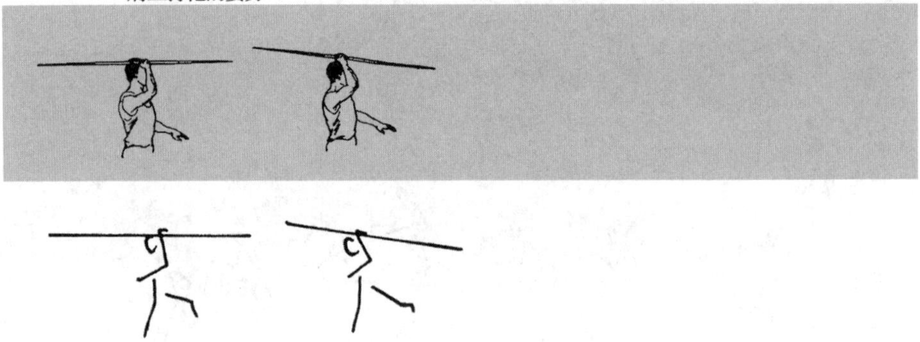

助跑

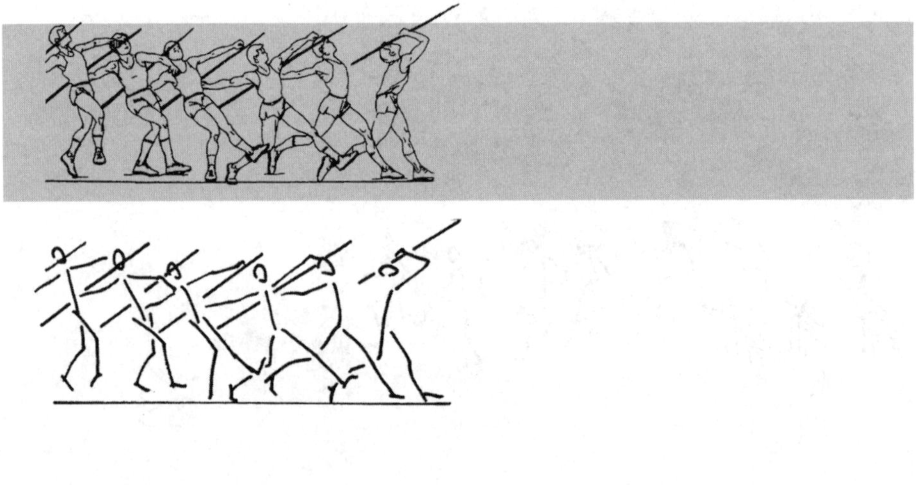

田　径（掷链条）

田　径(掷铁饼)

旋转　　　　　　进入旋转

田　径（中长跑）

起跑和起跑后的加速

途中跑

足 球

脚内侧踢定位球

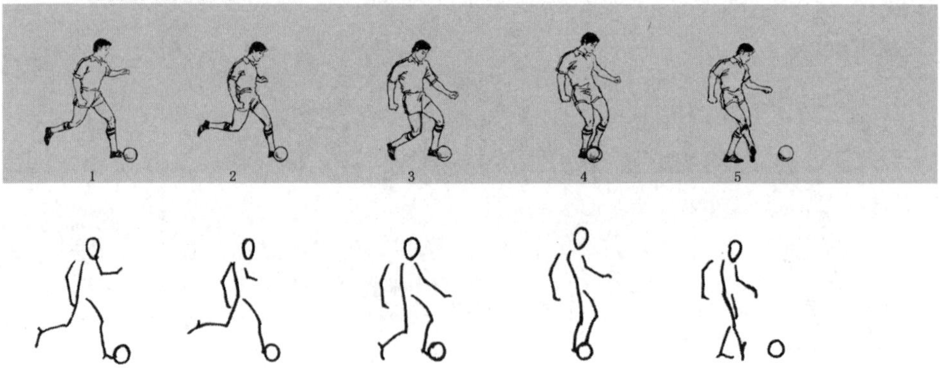

脚内侧踢空中球

脚背正面踢定位球

足 球

脚背正面踢侧面半高球

脚背正面踢倒勾球

凌空踢倒勾球

足　　球

搓击球

脚背内侧踢定位球

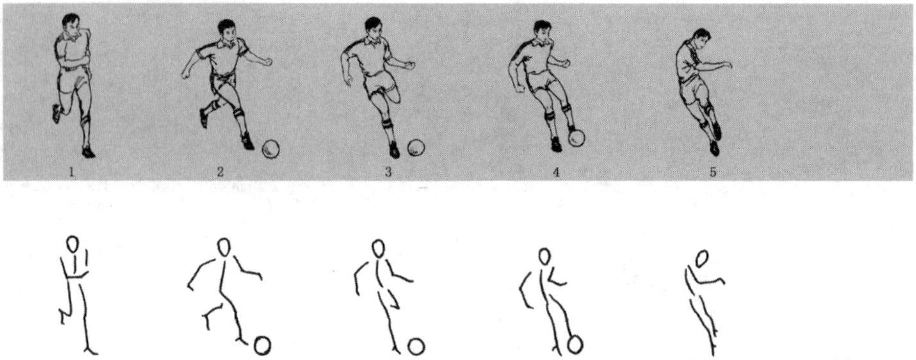

脚背内侧削踢定位球（又称“香蕉球”）

足　　球

脚背外侧弹踢球

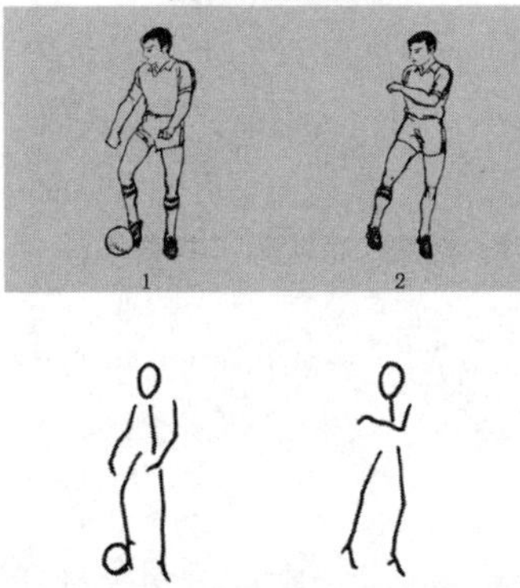

脚尖踢球

脚跟踢球

脚内侧接地滚球

足　　球

脚内侧接反弹球

脚内侧接空中球

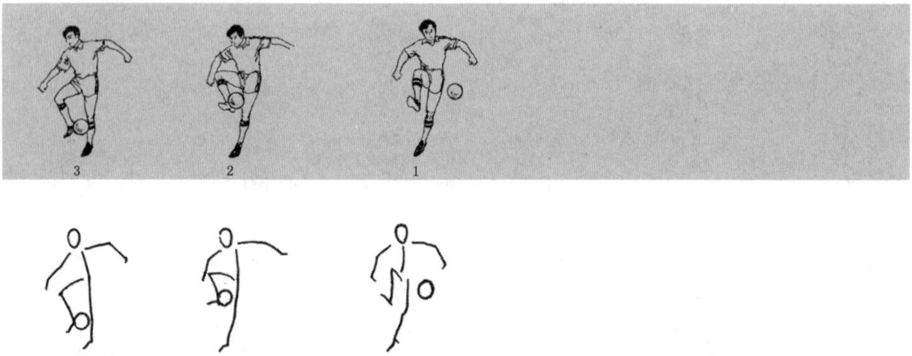

脚背外侧接地滚球

足　球

脚背正面接球

脚底接球

大腿接球

足　球

腹部接球　　　　挺胸式接球

收胸式接球

脚内侧运球　　　　脚背外侧运球

足　　球

拨球

拉球

扣球

挑球

足　　球

颠球

正面跨步堵抢　　合理冲撞抢球

异侧脚铲球

足　　球

原地头顶球

原地跳起头顶球

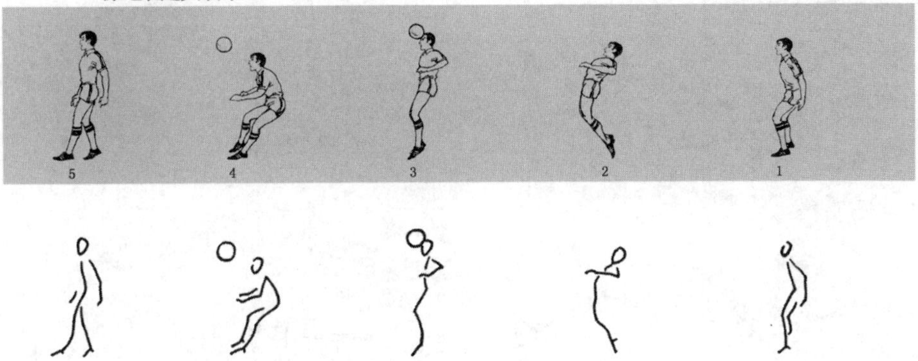

跑动跳起头顶球

足 球

鱼跃头顶球

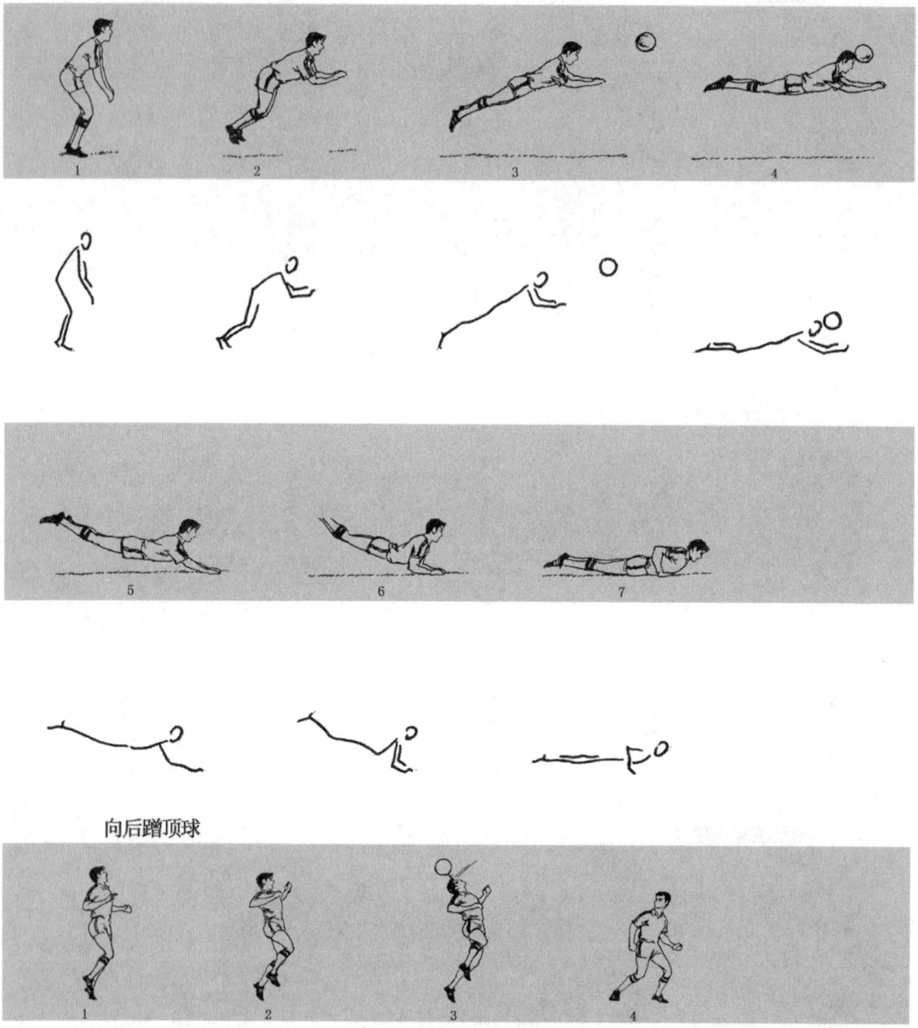

向后蹭顶球

足　　球

跳起头顶球

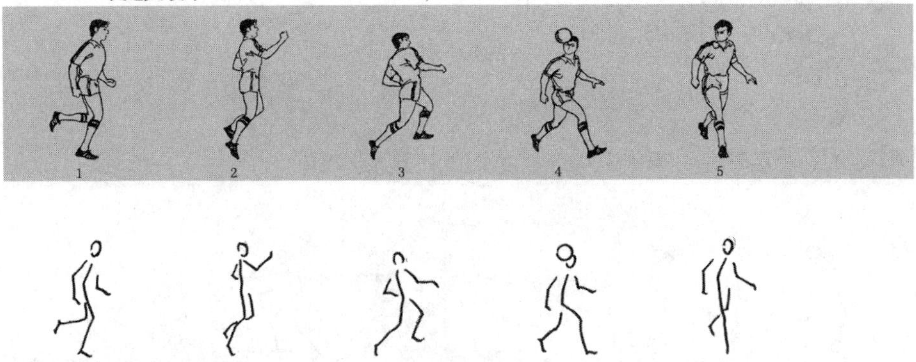

传球前的假踢

运球过人假动作

足　　球

原地掷界外球　　守门员:准备姿势

地面球　　平空球

高空球

足 球

扑侧面球

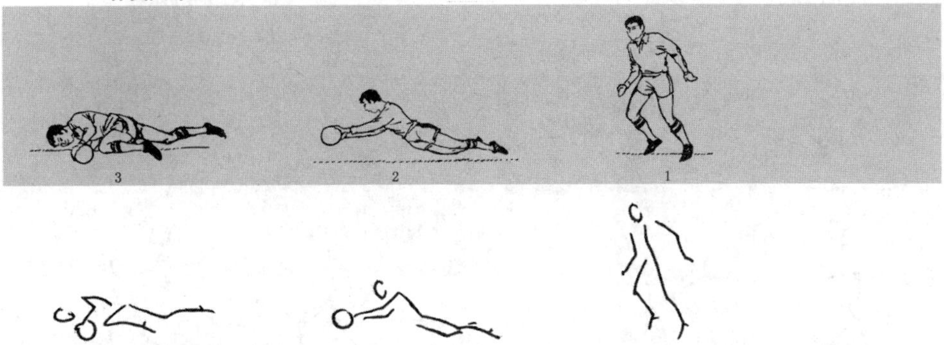

扑平空球

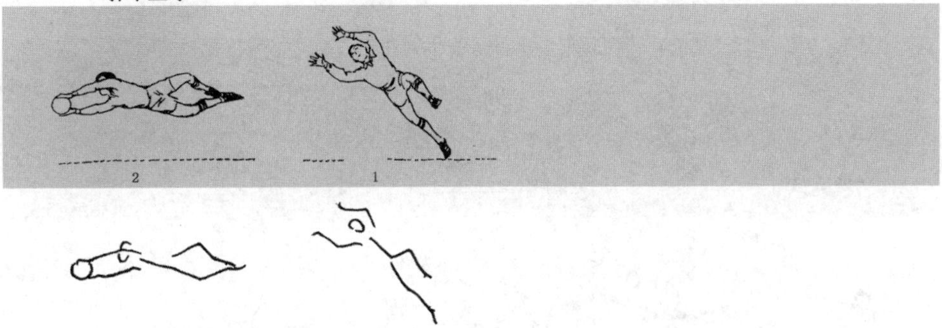

托球

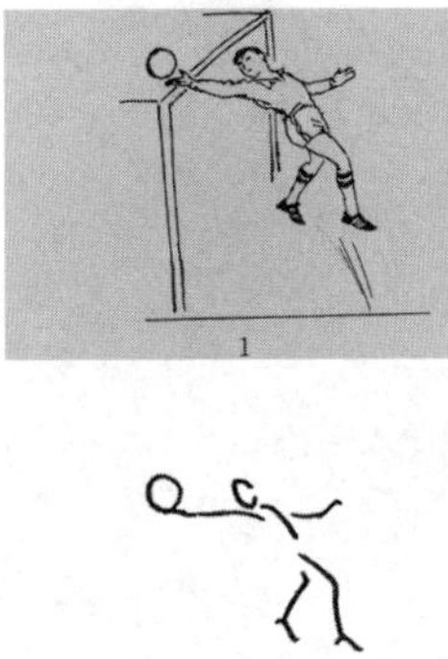

拳击球

足　　球

手掷球

侧身勾手掷球

吊球练习

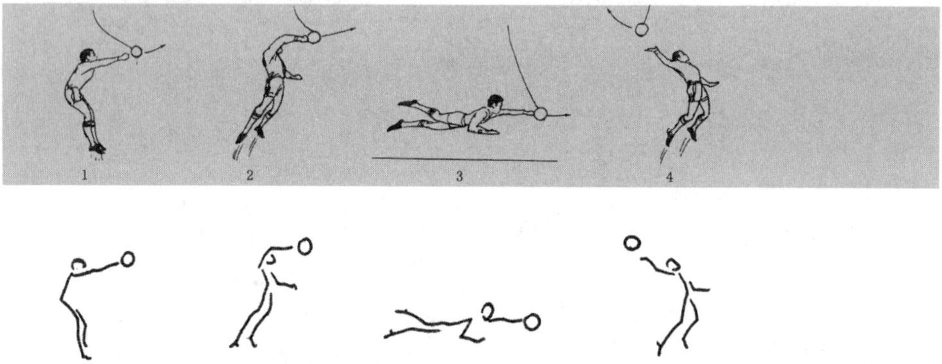

篮　　球

跨步急停

跳步急停

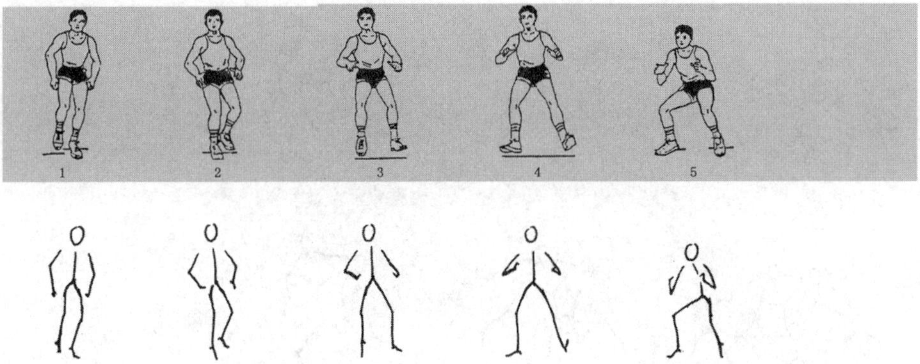

前转身

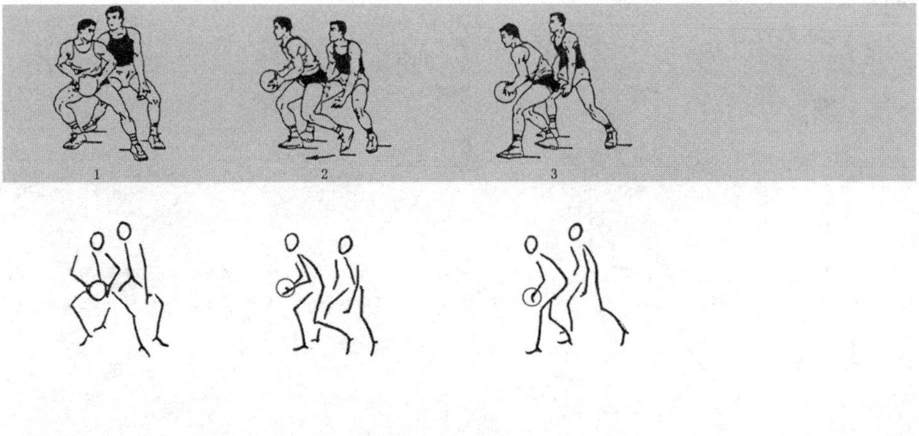

篮　　球

后转身

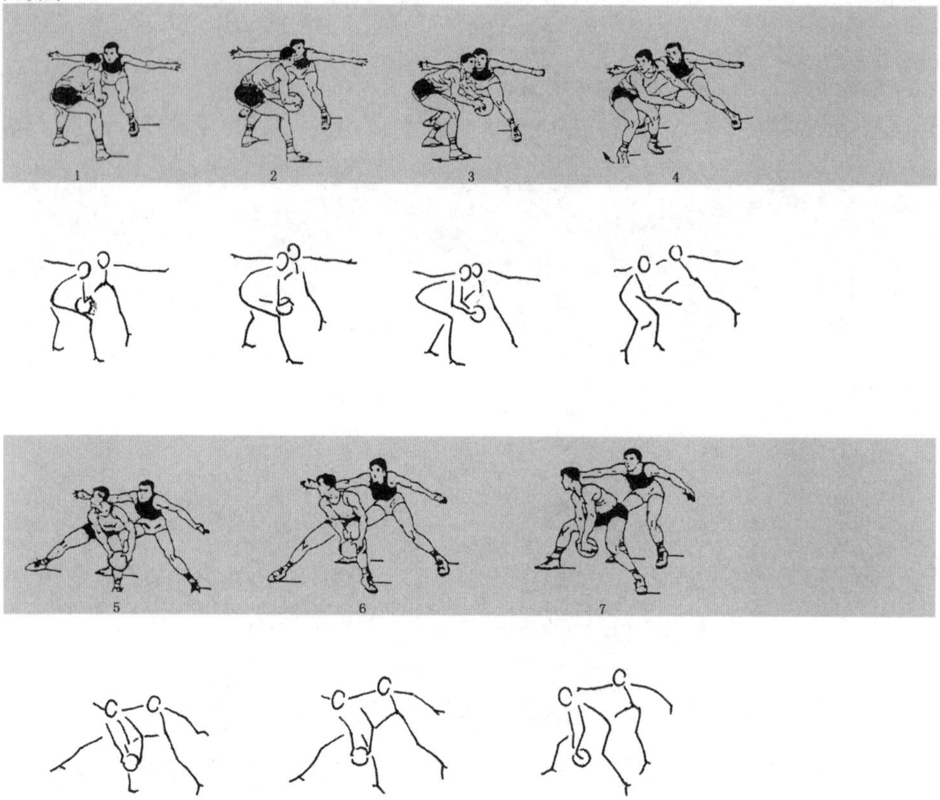

侧滑步

篮　球

后撤步

双手胸前传球

单手肩上传球

蓝　　球

单手体侧传球

双手接中部位的球

双手接高部位的球

篮　　球

双手接低部位的反弹球

单手接球

原地单手肩上投篮

篮　球

〇

原地双手胸前投篮

行进间单手肩上高手投篮

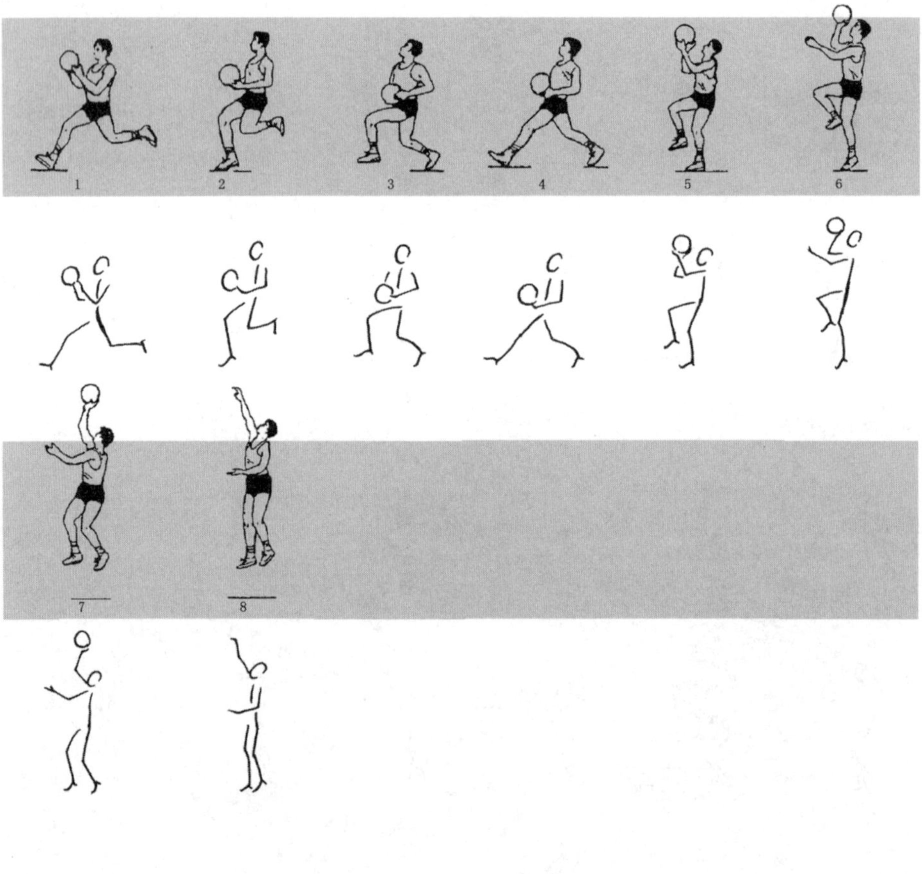

篮 球

行进间单手肩上低手投篮

跳起投篮

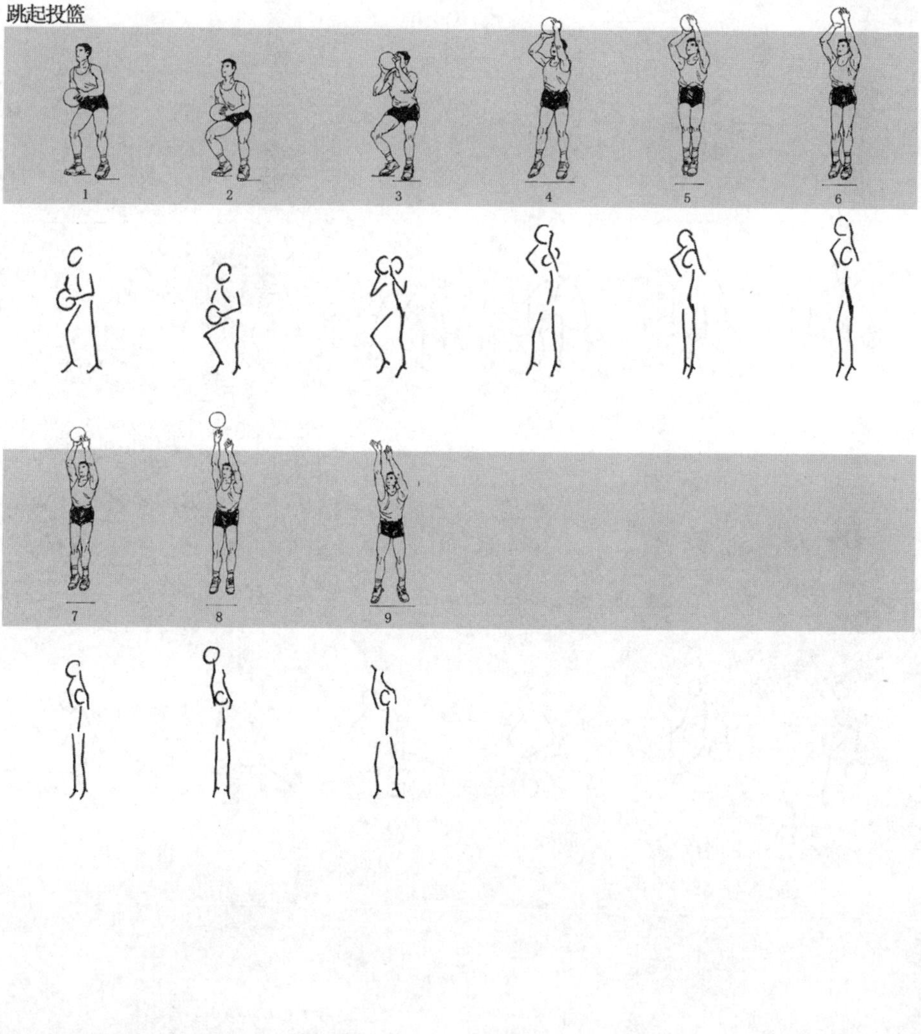

篮　　球

高运球

低运球

运球急停、急起

篮　　球

体前变向不换手运球

体前变向换手运球

运球转身

篮　球

运球转身

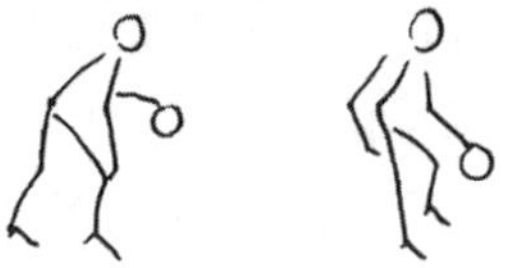

背后运球

交叉步持球突破

篮 球

同侧步持球突破

打原地持球队员手中的球

打运动员手中的球

篮　球

打行进间投篮队员手中的球

盖帽

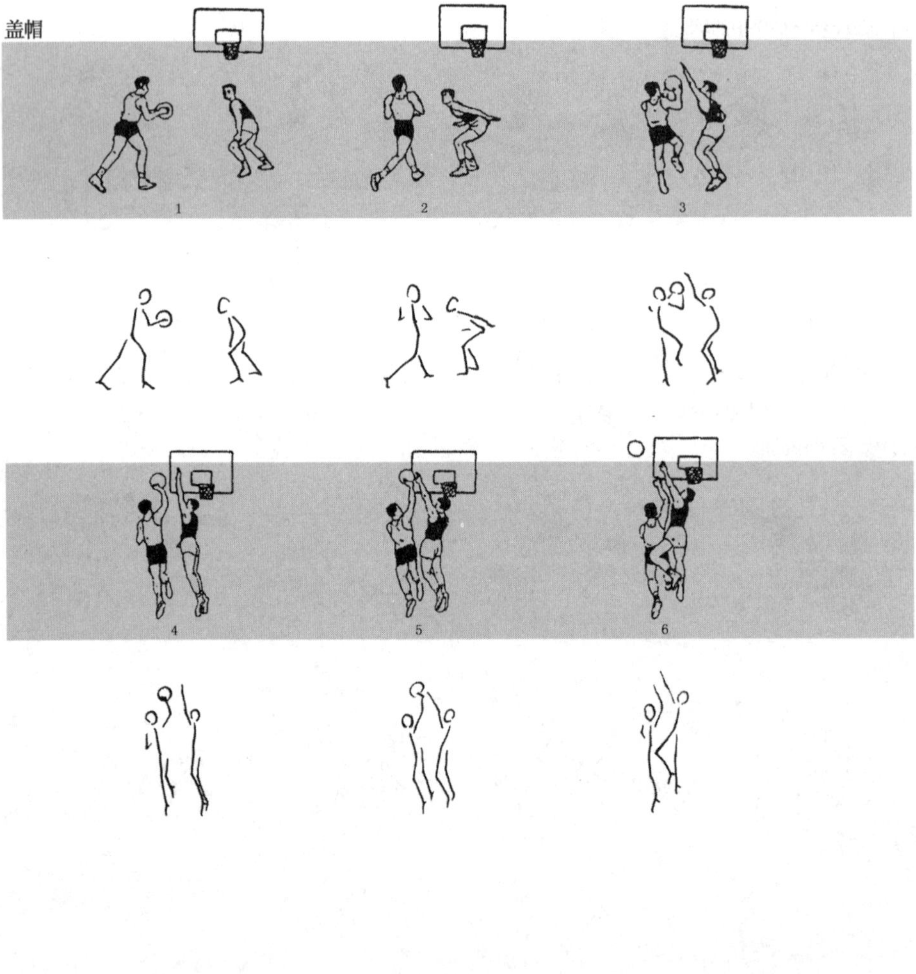

篮　球

横断球

纵断球

排　　球

移动　准备姿势

跨步移动

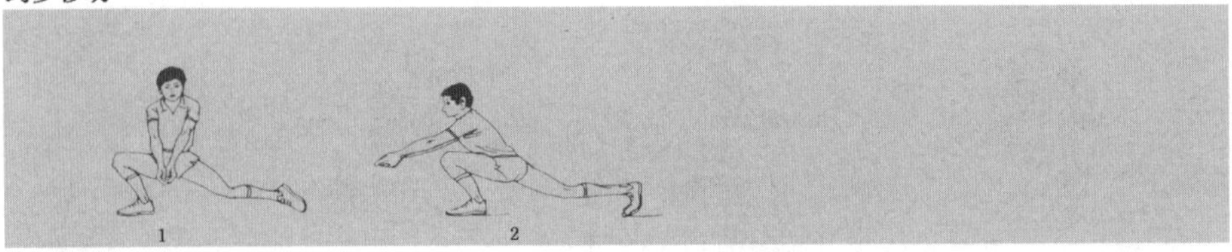

交叉步

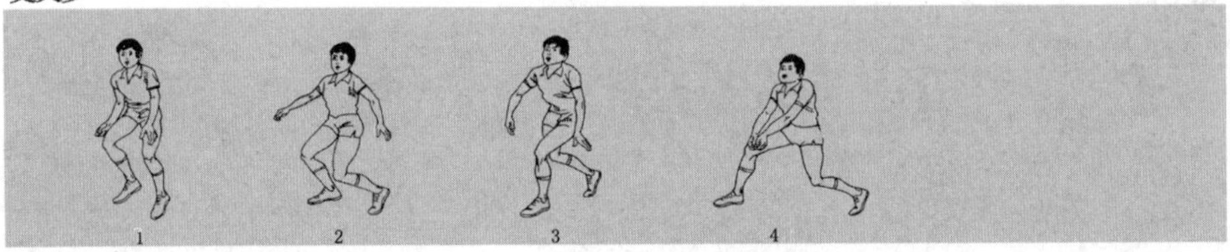

排 球

正面上手发球

正面上手发球

正面上手发飘球

排　　球

勾手发飘球

跳发球

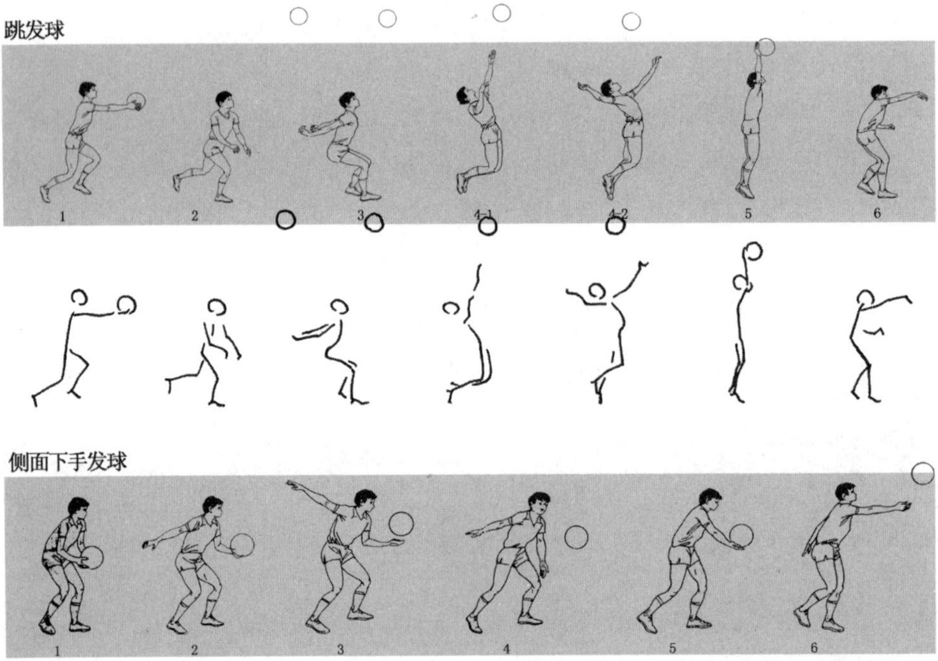

侧面下手发球

排　球

侧面下手发球

勾手大力发球

助跑勾手大力发球

排　　球

高吊球

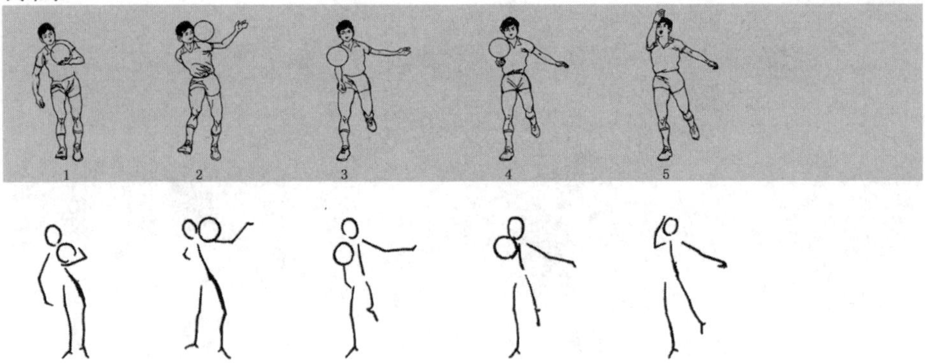

正面双手垫球

体侧垫球

排　　球

背垫　　跨步垫球

跪垫球

滚翻垫球

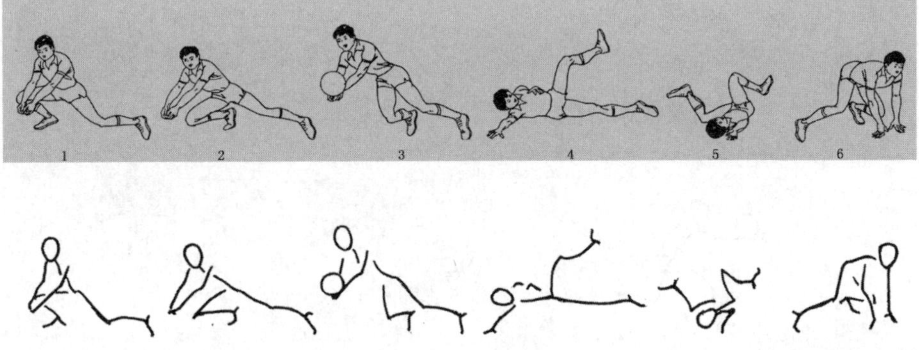

排　　球

前扑垫球

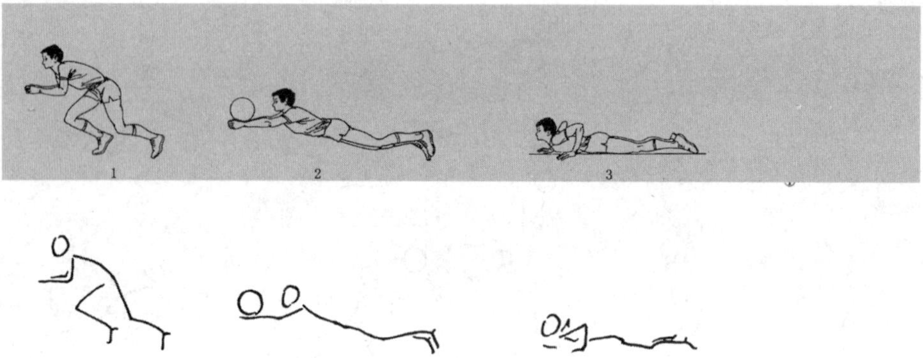

前扑垫球

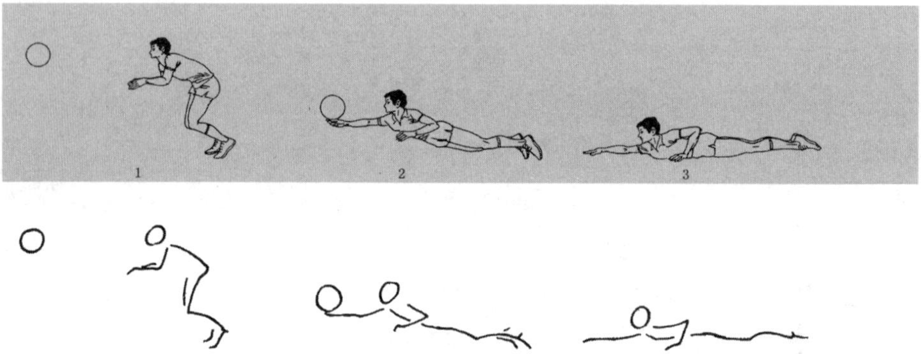

单手垫球

排　　球

鱼跃垫球

原地鱼跃垫球

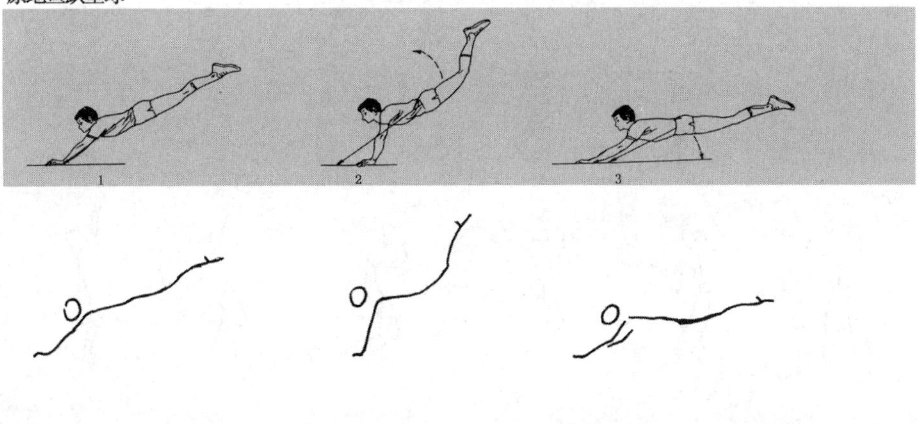

排　　球

正面传球　　　　　　　　背传

侧传

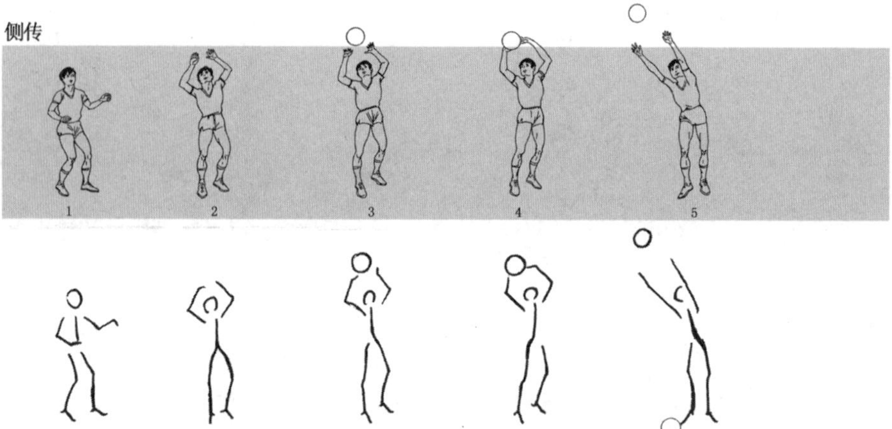

跳传

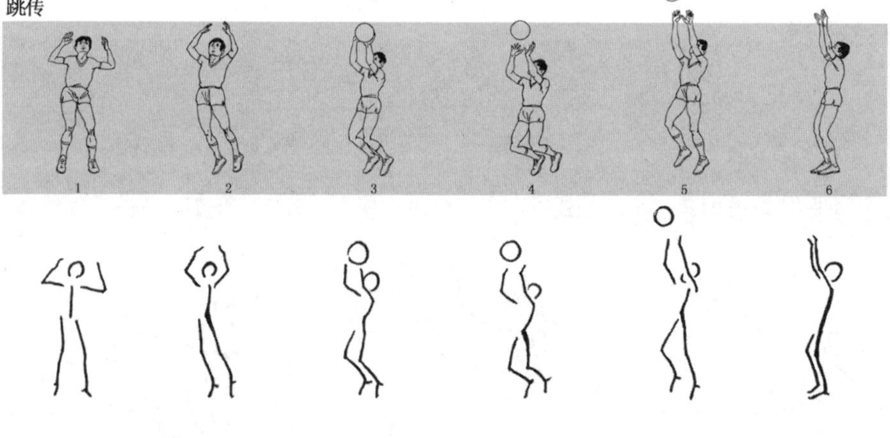

排　　球

跳起单手二传

侧倒传

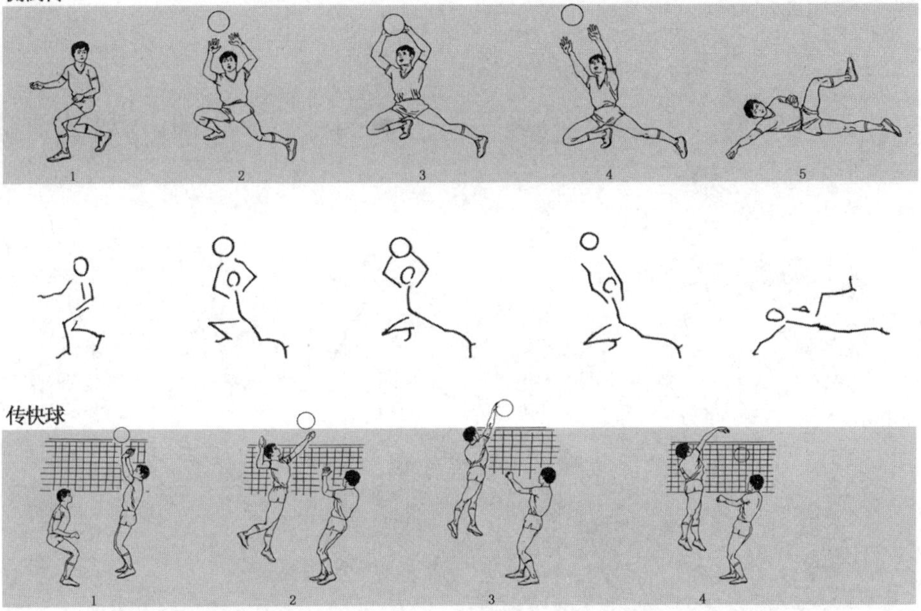

传快球

排　　球

二传和扣球的配合

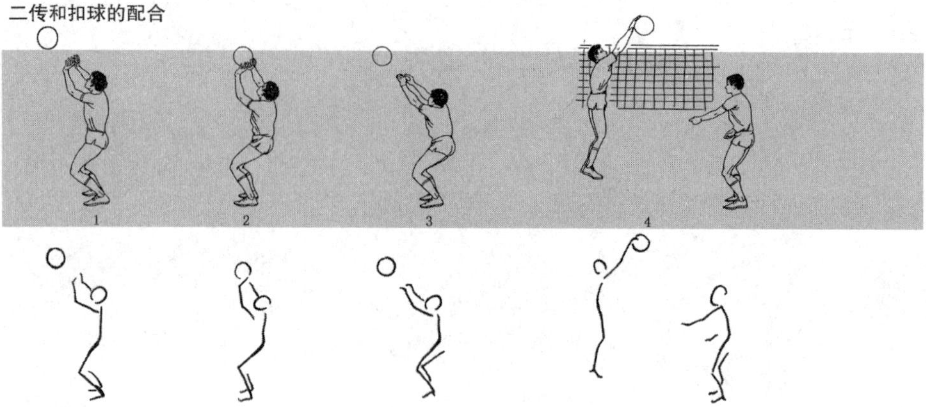

正面扣球

空中击球

排　球

扣球技术的运用

扣近体快球

自我掩护扣球

乒乓球

正手平击发球

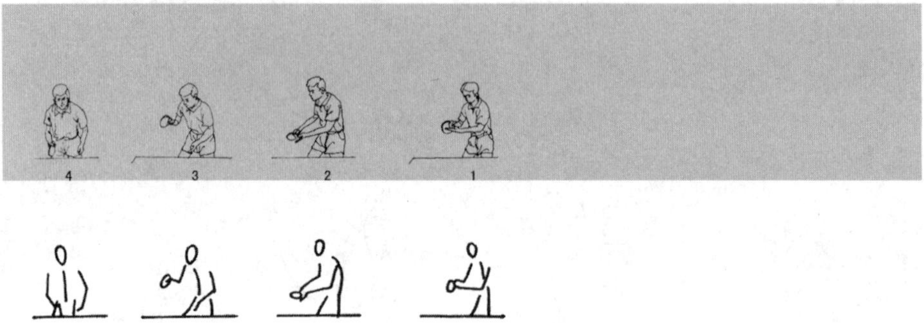

直拍正手奔球

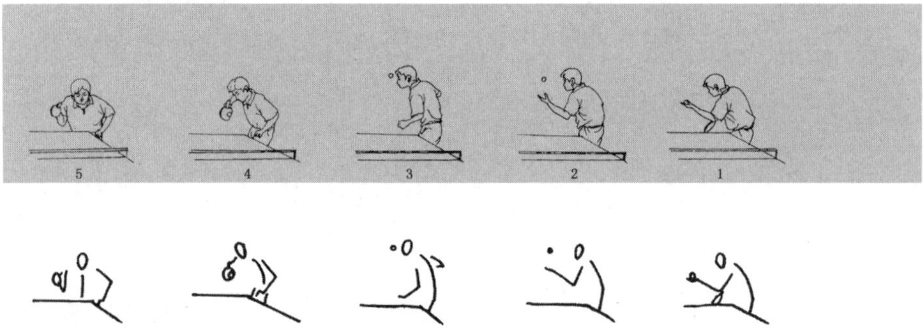

横拍正手奔球

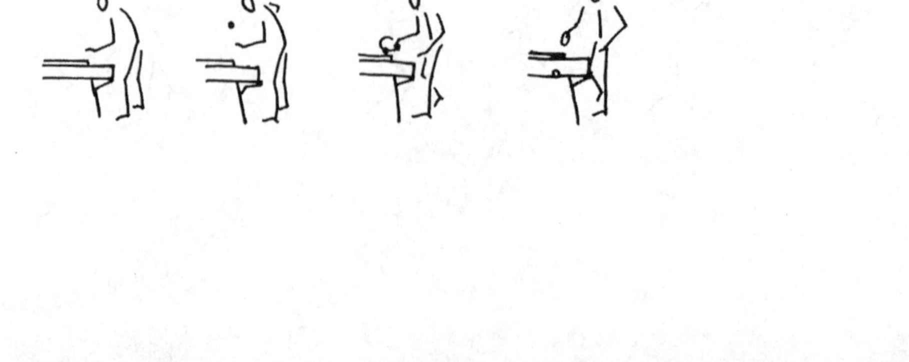

乒乓球

直拍反手奔球

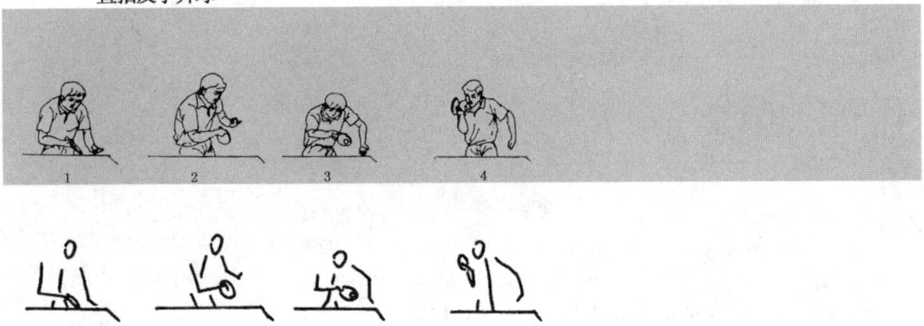

直拍正手转与不转发球

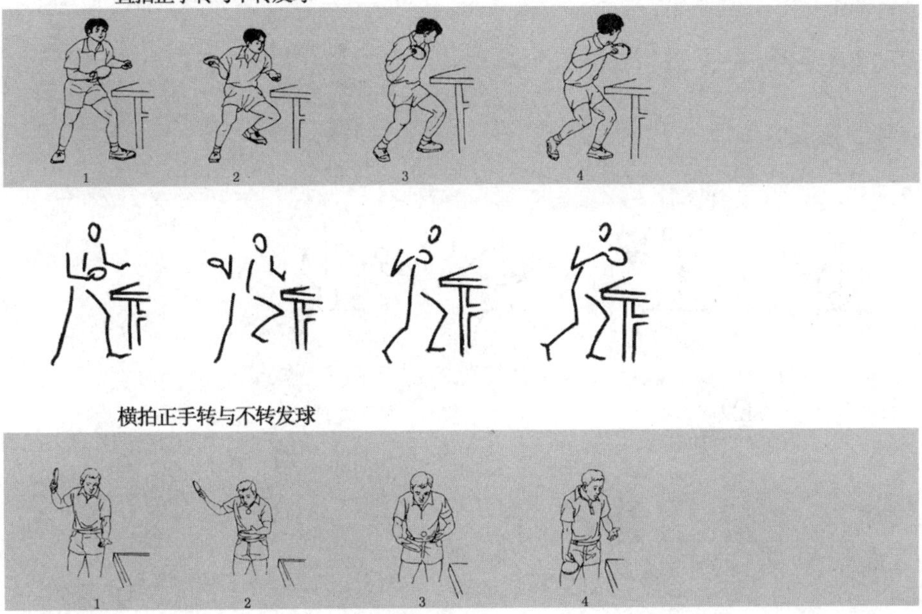

横拍正手转与不转发球

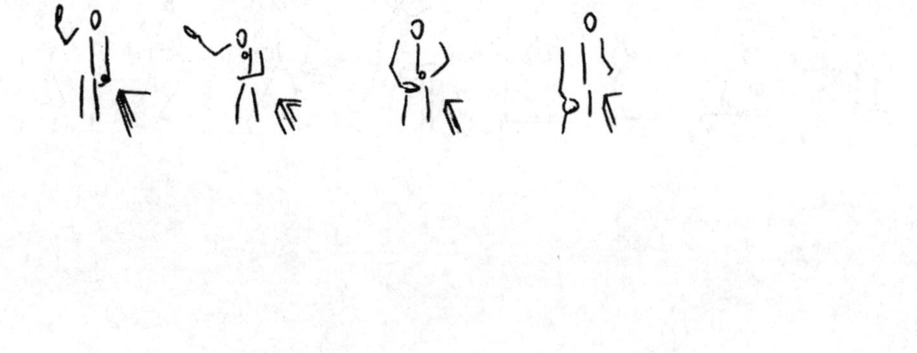

乒乓球

直拍反手转与不转发球

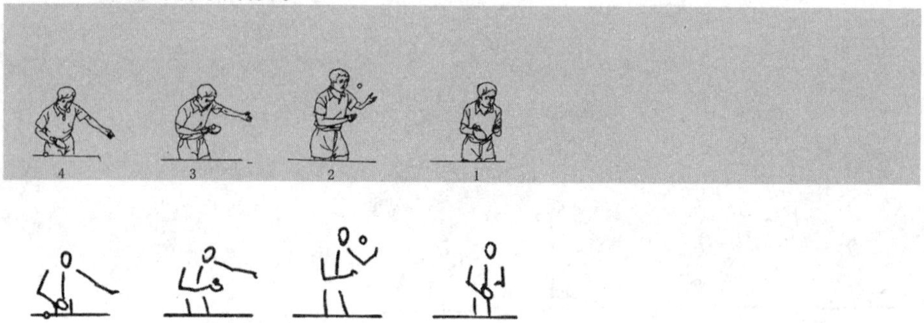

横拍反手转与不转发球

侧上发球　　侧下发球

乒乓球

逆向侧上旋发球　　逆向侧下旋发球

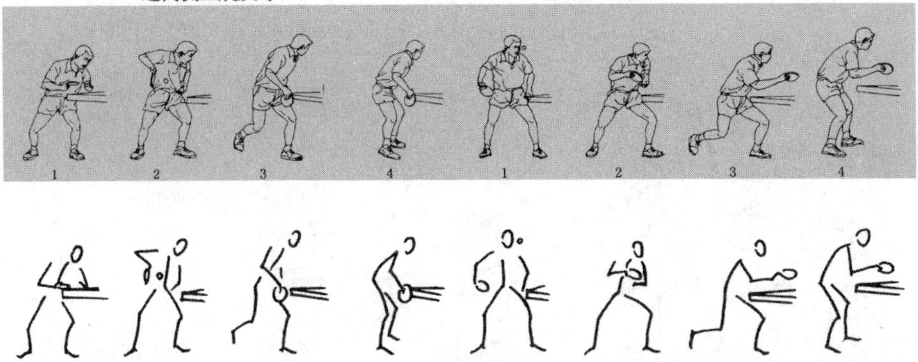

横拍正手侧上发球

横拍正手下旋发球

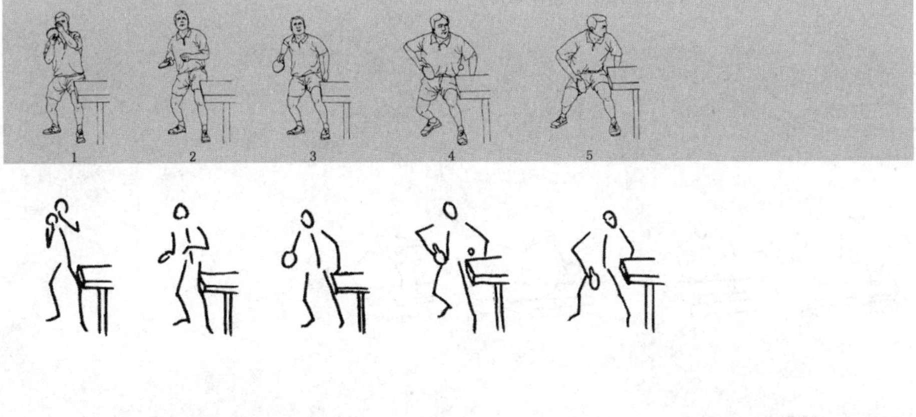

乒乓球

横拍正手逆向侧旋发球

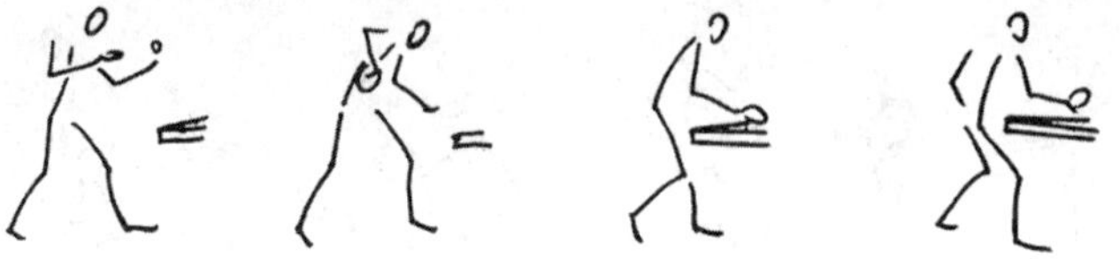

直拍反手侧上旋发球

横拍反手侧上旋发球

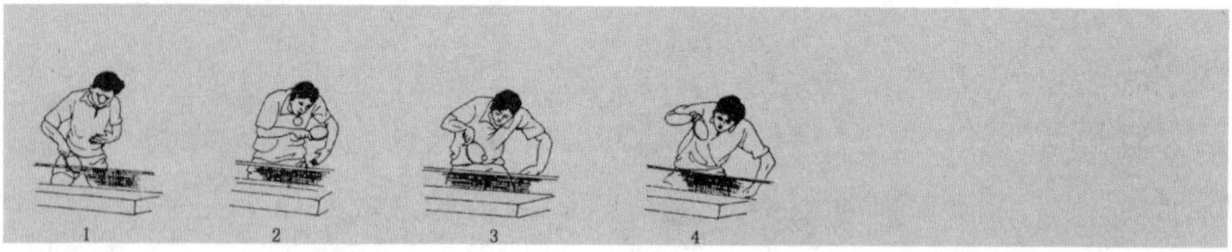

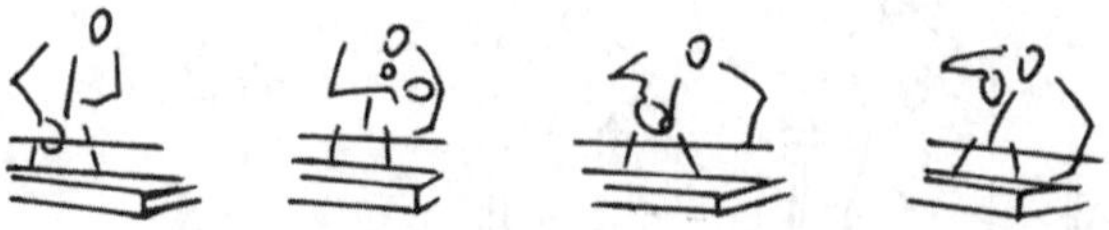

乒乓球

横拍下蹲发球

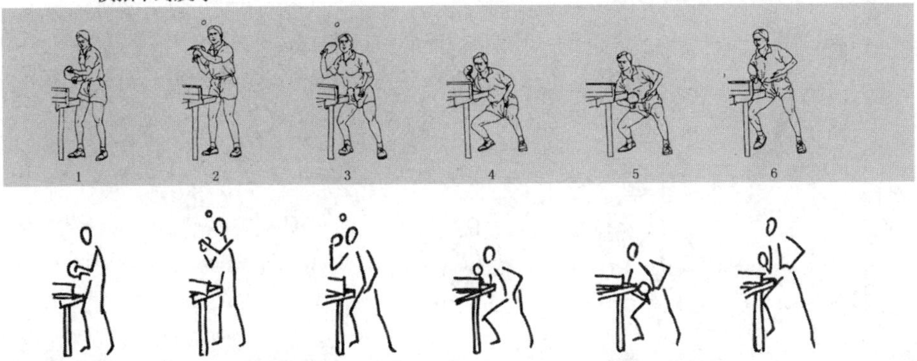

直拍正手搓球

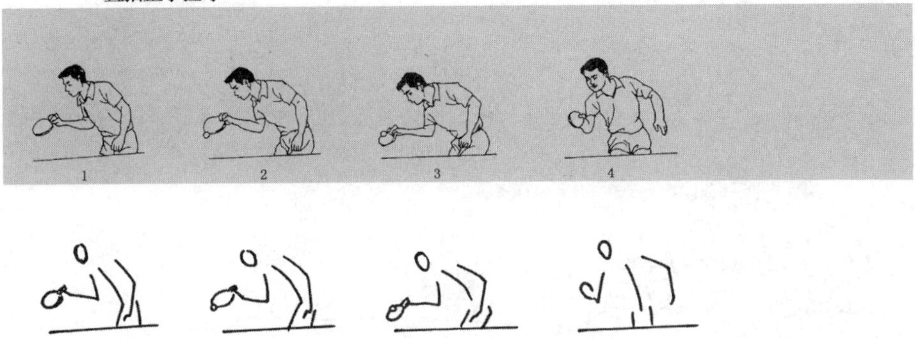

横拍正手搓球

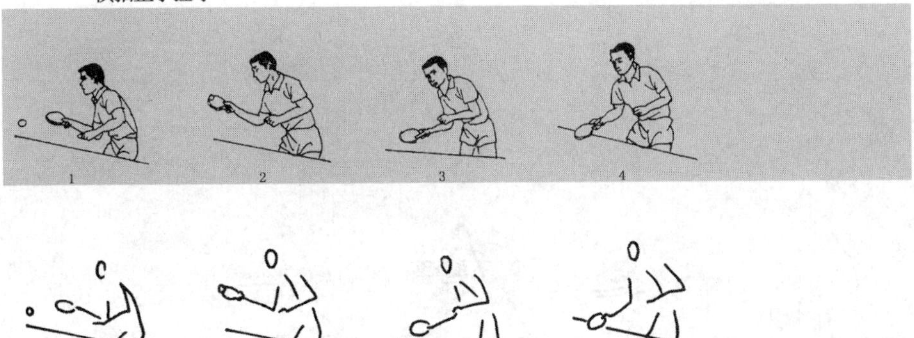

乒乓球

直拍反手搓球

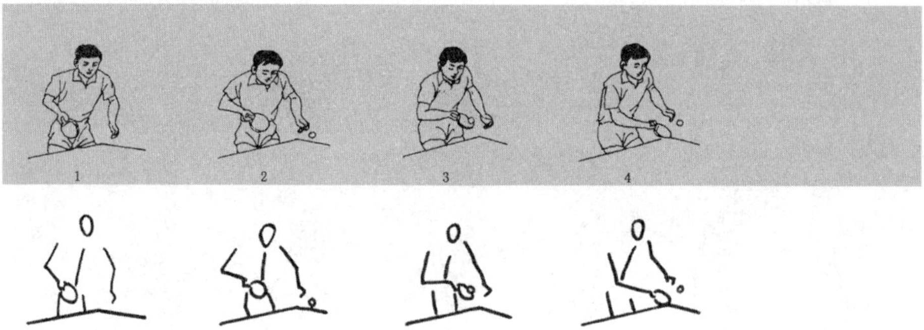

横拍反手搓球

直拍正手摆短

乒乓球

横拍正手摆短

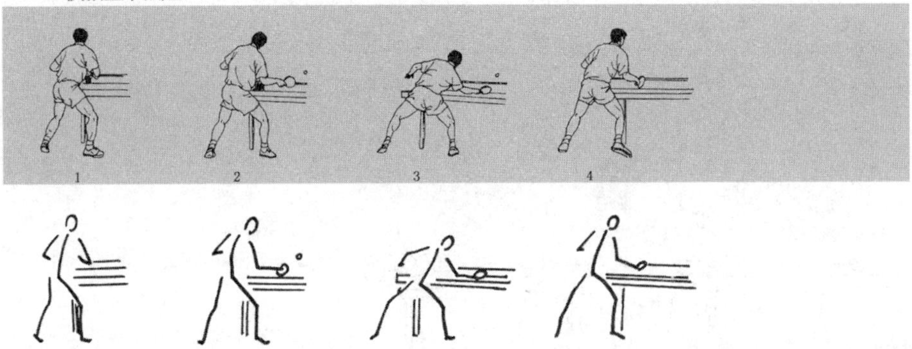

直拍正手侧身摆短

横拍正手侧身横短

乒乓球

直拍反手摆短

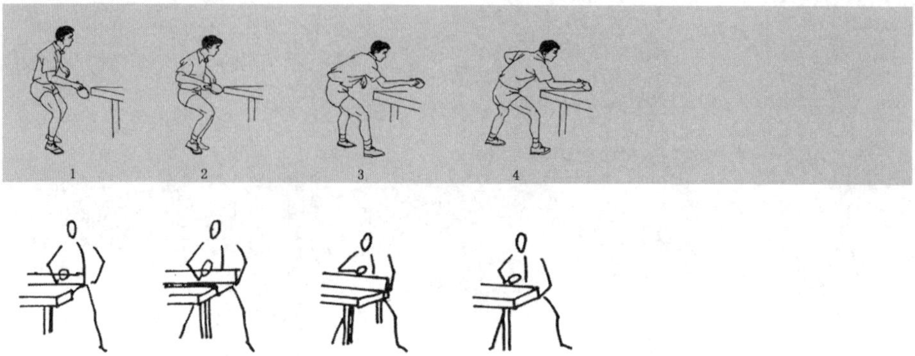

横拍反手摆短

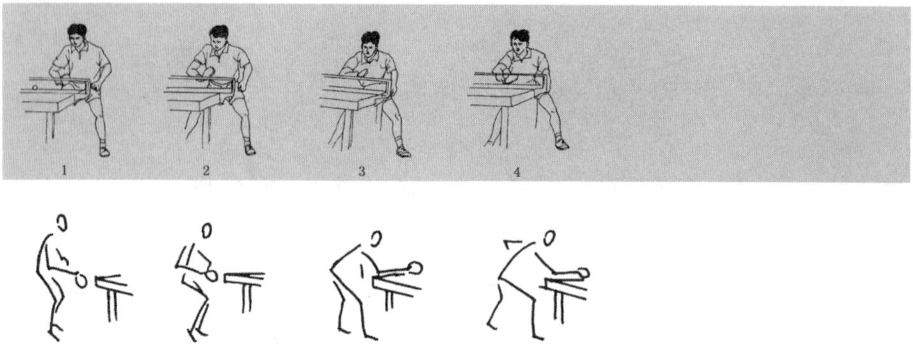

正手假动作搓球　　　　反手假动作搓球

乒乓球

横拍正手侧身位晃搓

平挡

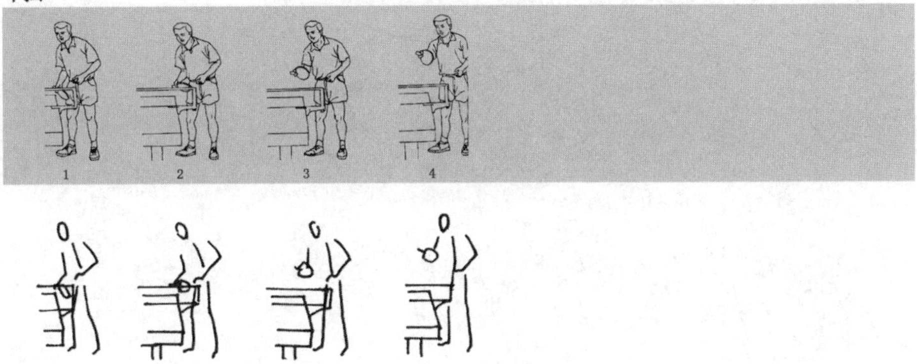

直拍快推

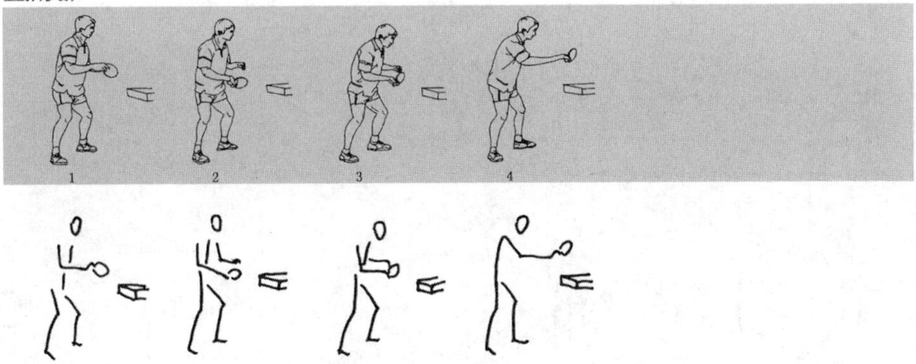

乒乓球

直拍侧推

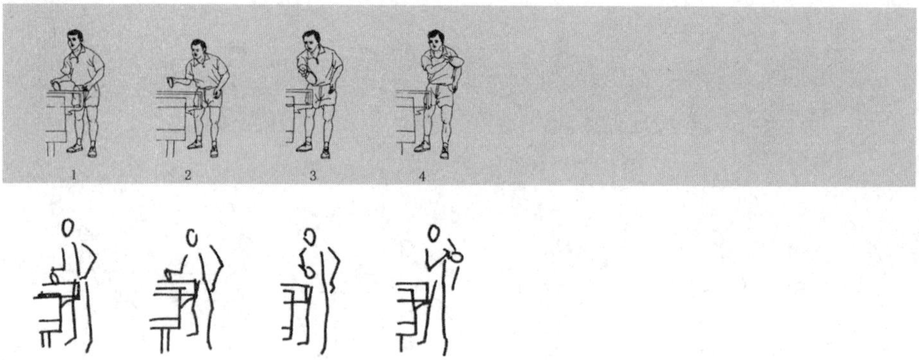

直拍加力推

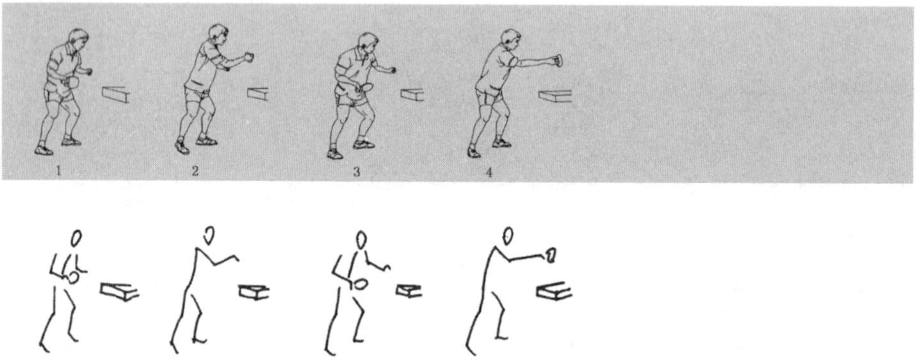

直拍减力挡

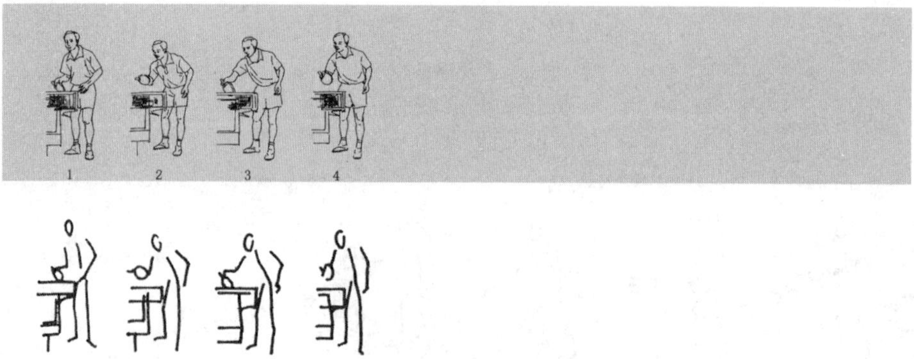

乒乓球

直拍长胶反面磕球

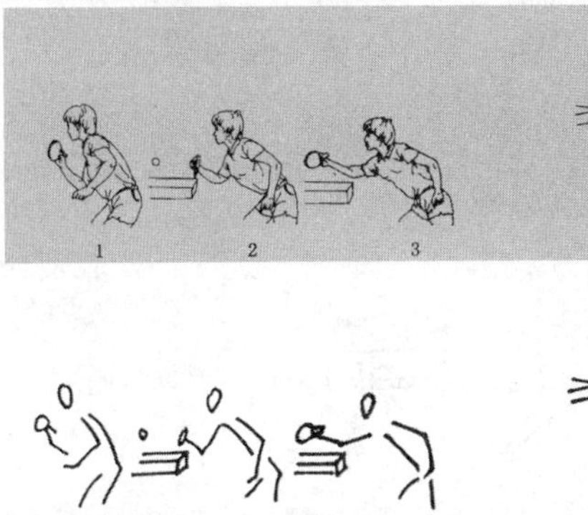

横拍拨球

横拍长胶反手拱

直拍正手攻球

直拍正手侧身

乒乓球

直拍正手交叉攻球

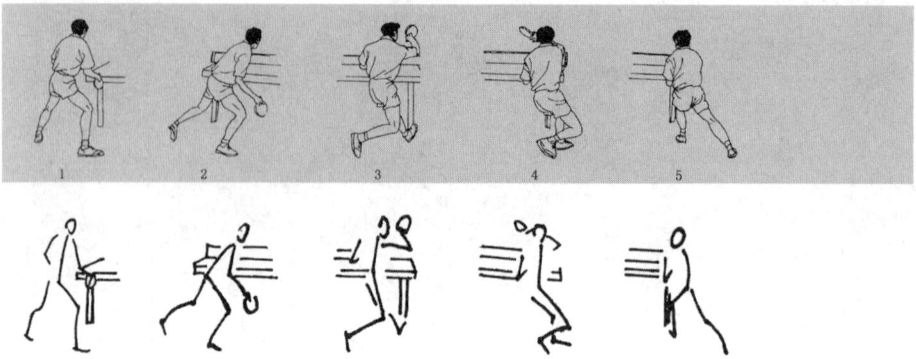

直拍正手跨步攻球

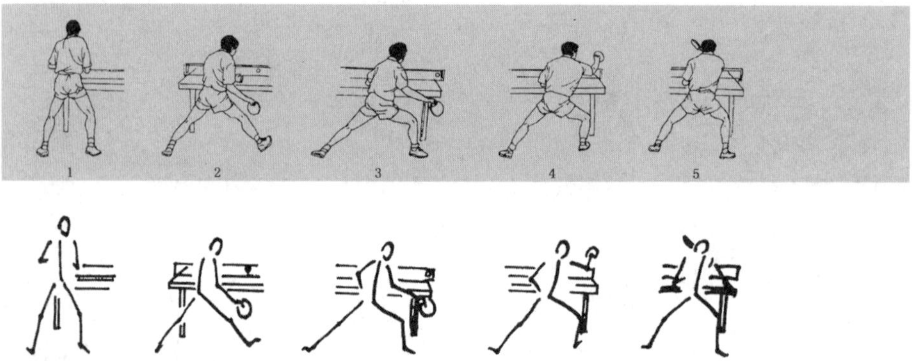

横拍正手攻球

乒乓球

横拍正手侧身攻

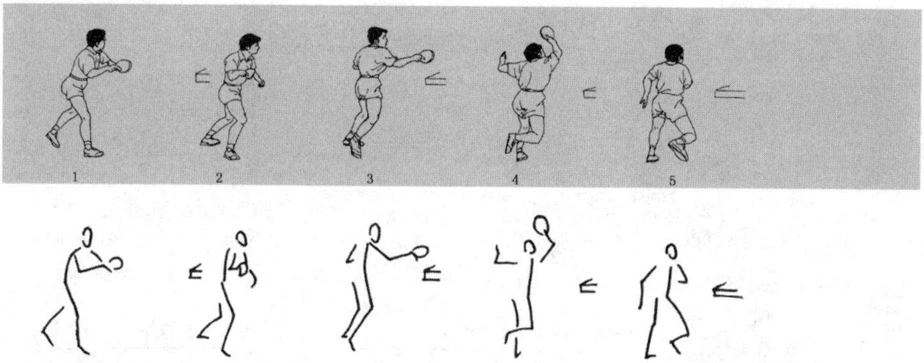

直拍反手攻球

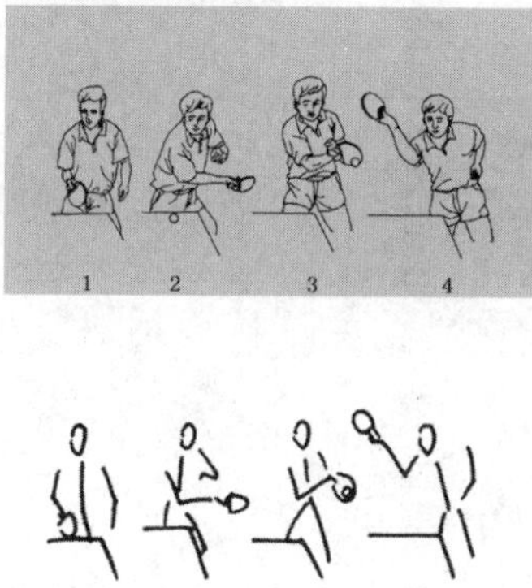

直拍反手交叉步攻球

直拍反面攻球

横拍反手攻球

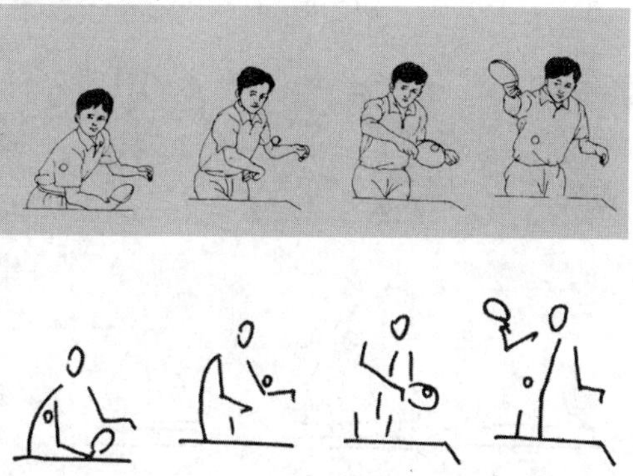

乒乓球

横拍反手交叉步攻球　　　　直拍正手正手拉位挑打

直拍正手侧身位挑拉

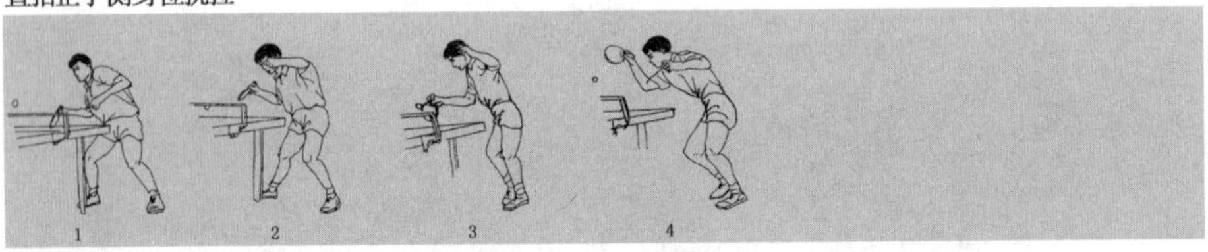

横拍正手正手位挑打

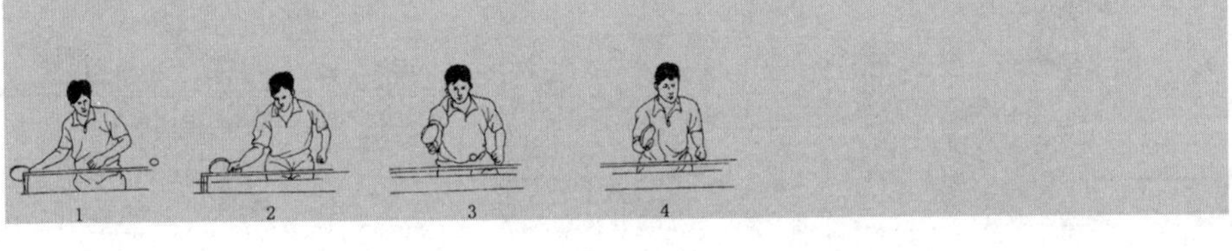

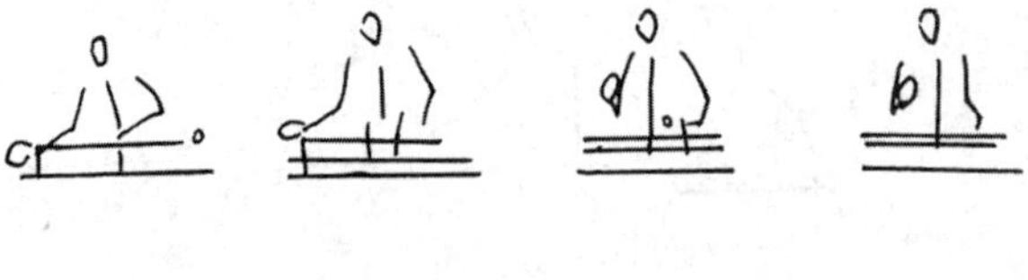

羽毛球

内旋击球

外旋击球

摆臂挥拍（在下手范围内）

羽毛球

预先准备－起跳和出脚

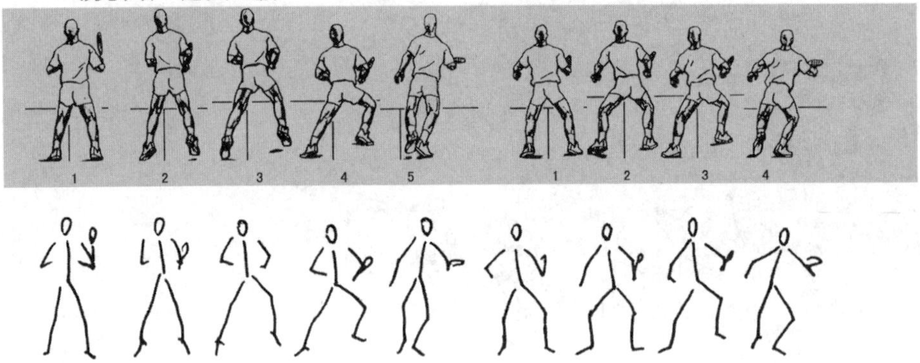

发高球

发高球

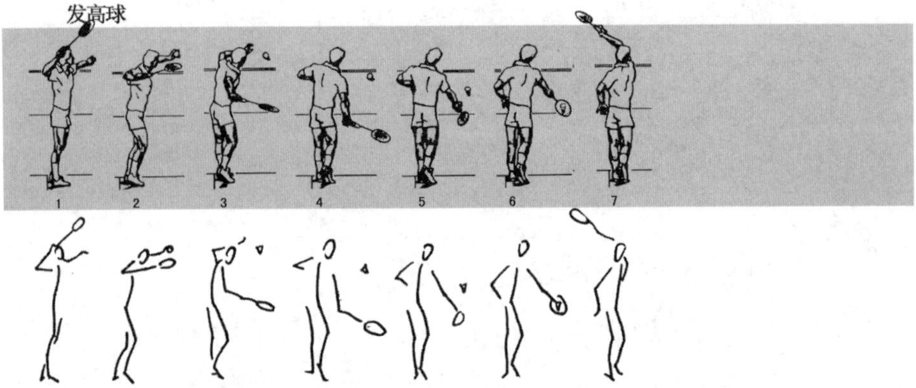

羽毛球

摆臂挥拍（过顶/高手范围内）

正手发短球

正手发短球

反手发短球

发高球

正手放网前球

羽毛球

正手网前勾球

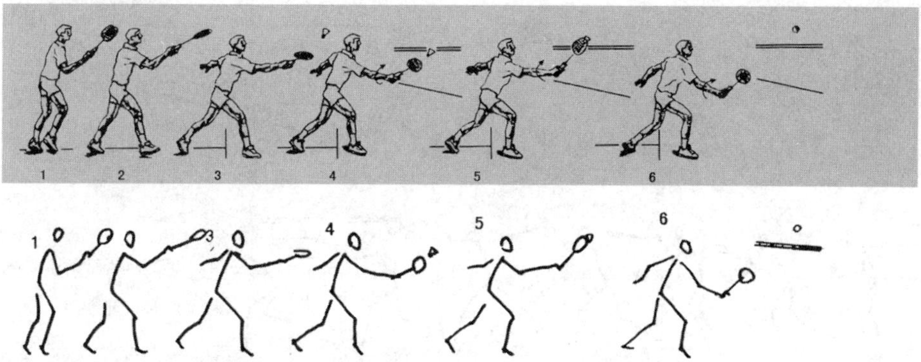

反手网前勾球

反手网前勾球

羽毛球

正手搓球

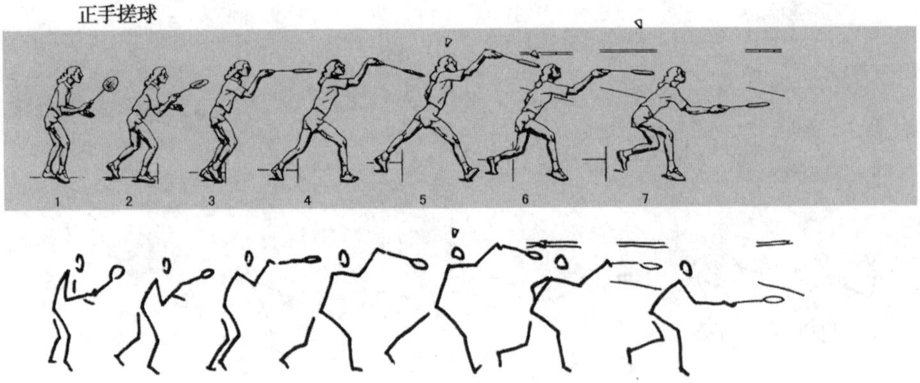

反手搓球

正手扑球

羽毛球

反手扑球

网前击球 - 综合

正手挑球（垂直）

羽毛球

反手挑球（垂直）

反手挑球（掌握情况）

正手推球

羽毛球

反手推球

正手接杀球（轻柔-短）

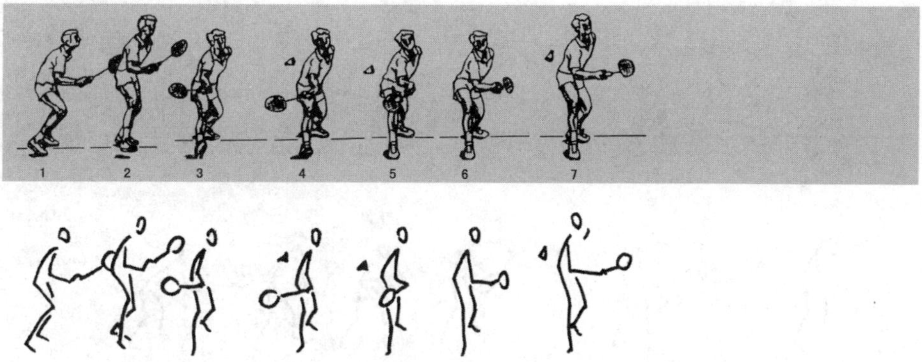

正手接杀球(轻柔一短)

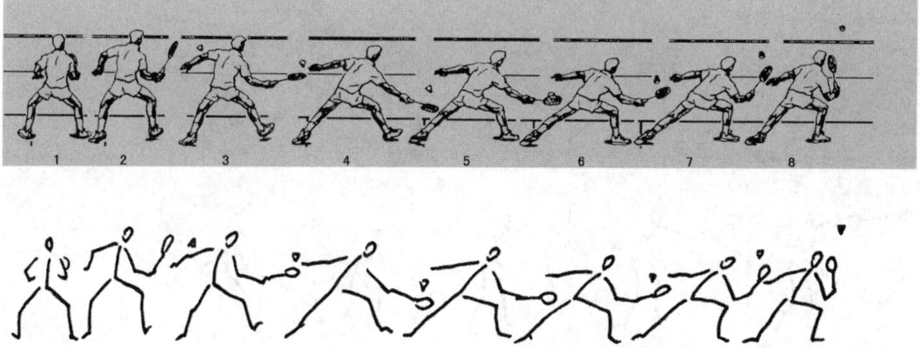

羽毛球

反手接杀球（轻柔-短）

反手接杀球（高-远，摆动）

反手接杀球（高-球，无摆动）

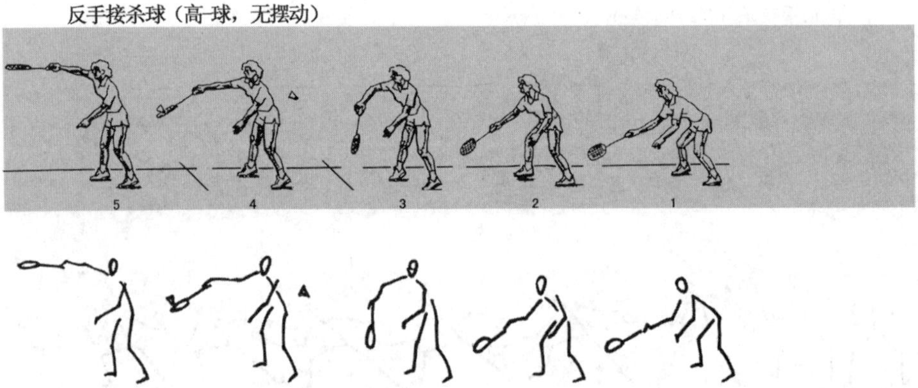

羽毛球

反手平抽球

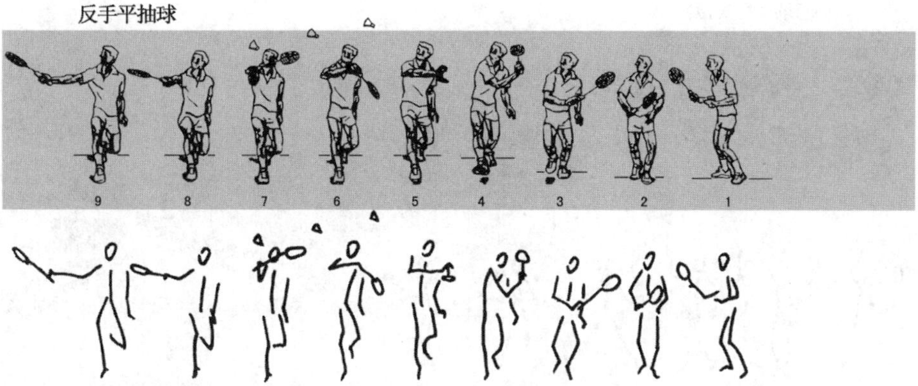

反手平抽球

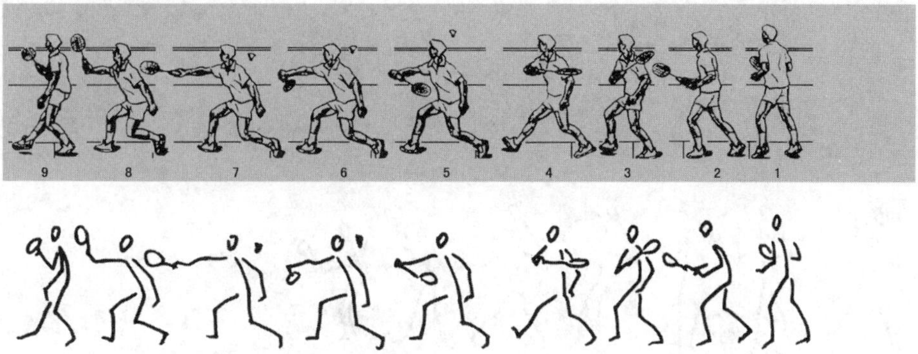

正手平抽球

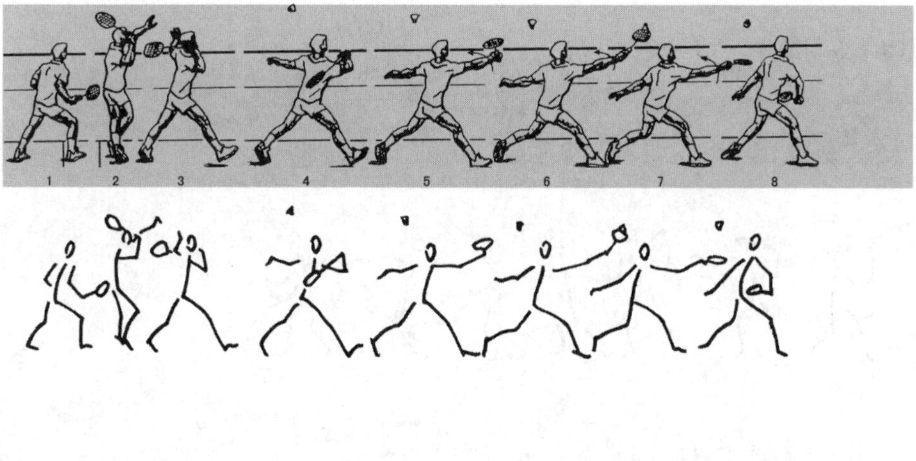

羽毛球

跑向后场（交叉步）

跑向后场（垫步）

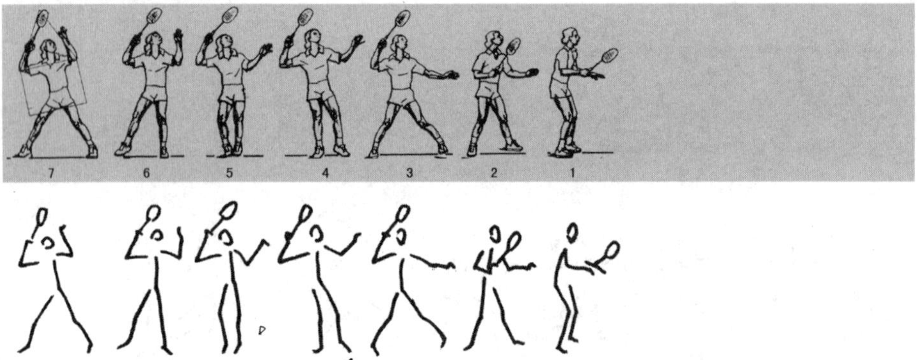

正手头顶高远球

羽毛球

正手头顶高远球

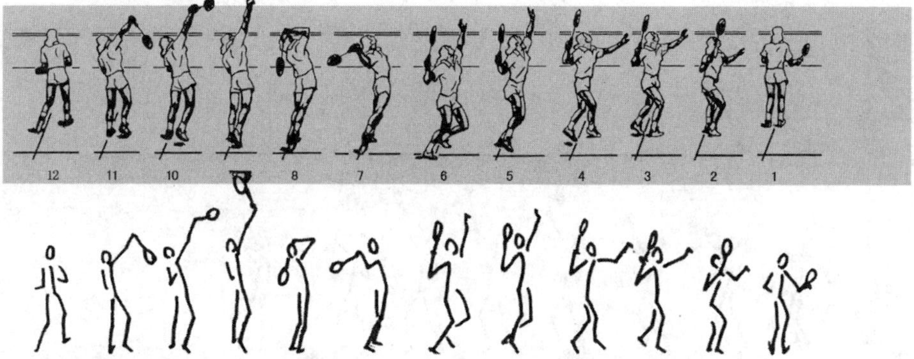

正手平抽球

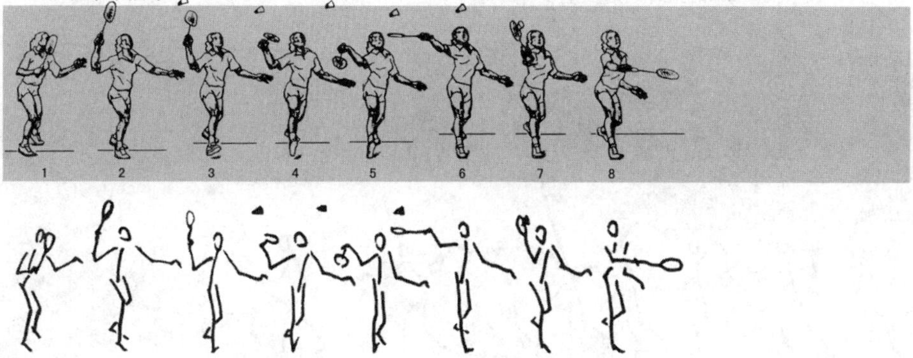

正手头顶吊球

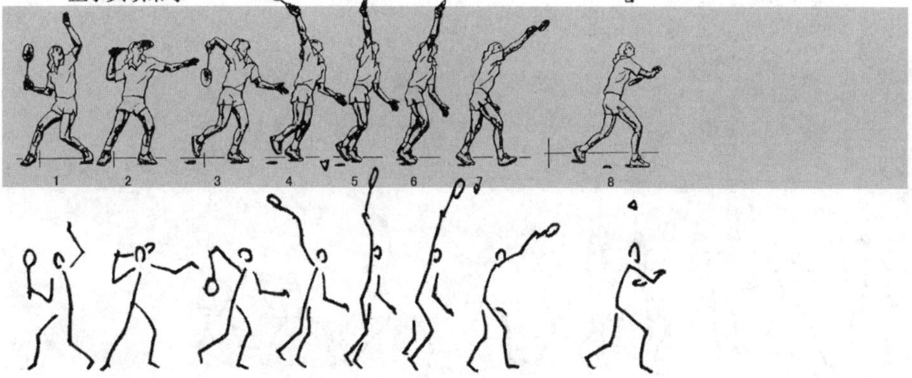

羽毛球

正手头顶点吊球(斜线)

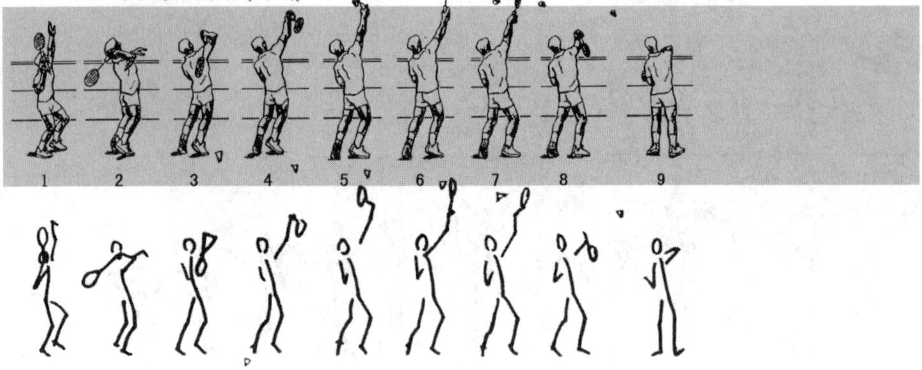

正手头顶杀球(急转之后)

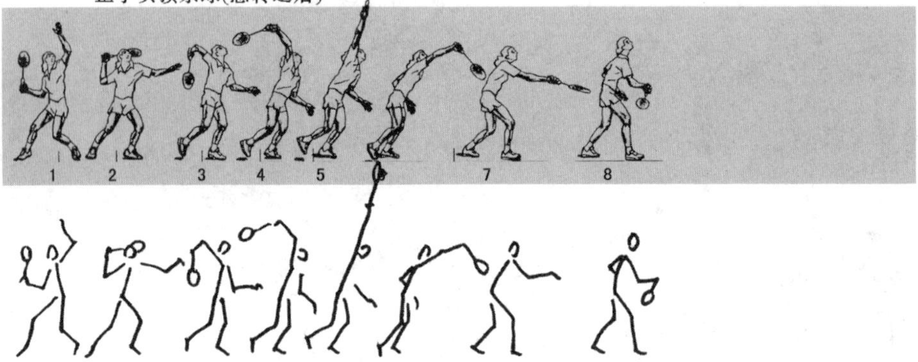

左侧头顶高远球

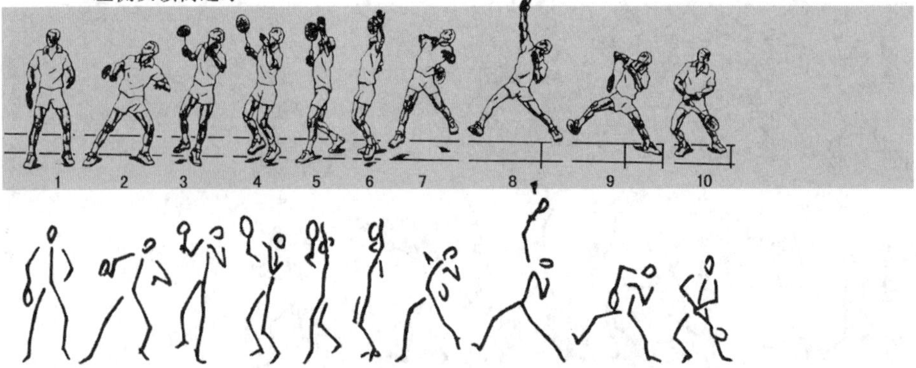

武 术（长拳）

武 术（长拳）

武 术（长拳）

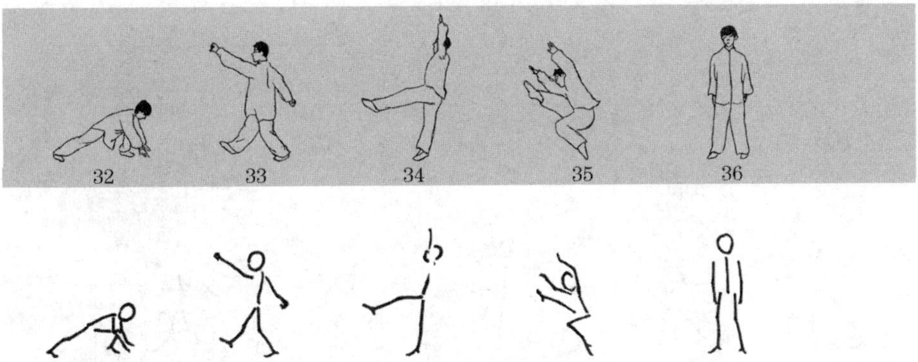

武 术（长拳）

武 术（长拳）

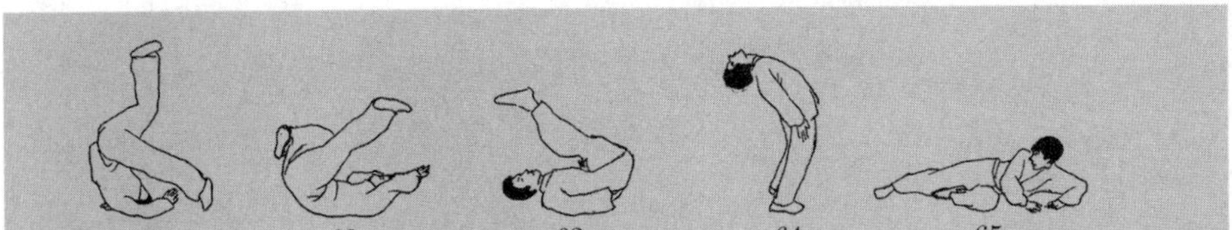
61 62 63 64 65

66 67 68 69 70

71 72 73 74

武 术（长拳）

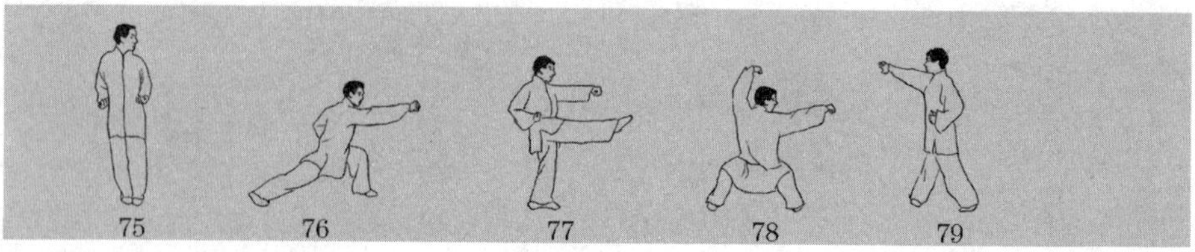

武 术（刀术）

武 术（刀术）

武 术（刀术）

武 术（刀术）

46 47 48 49 50

51 52 53 54 55

56 57 58 59

武 术（刀术）

武 术（剑术）

武 术（剑术）

武 术（剑术）

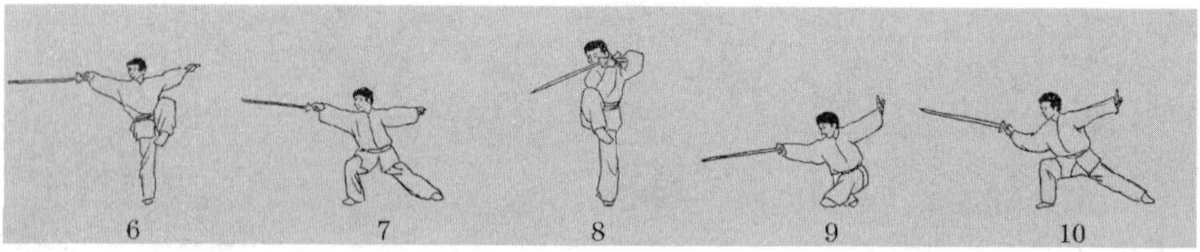

游 泳 运 动

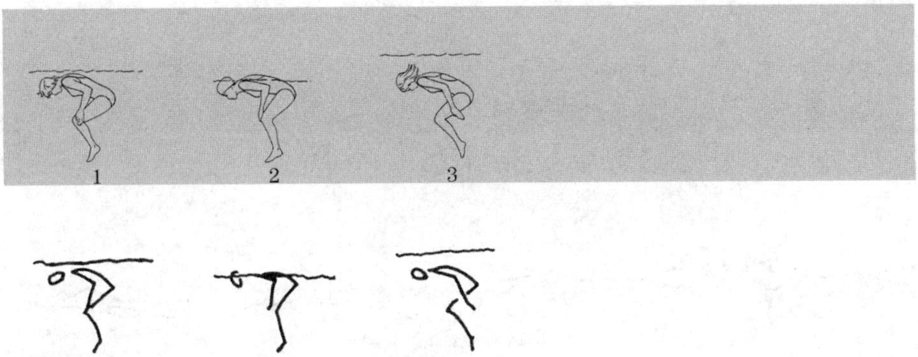

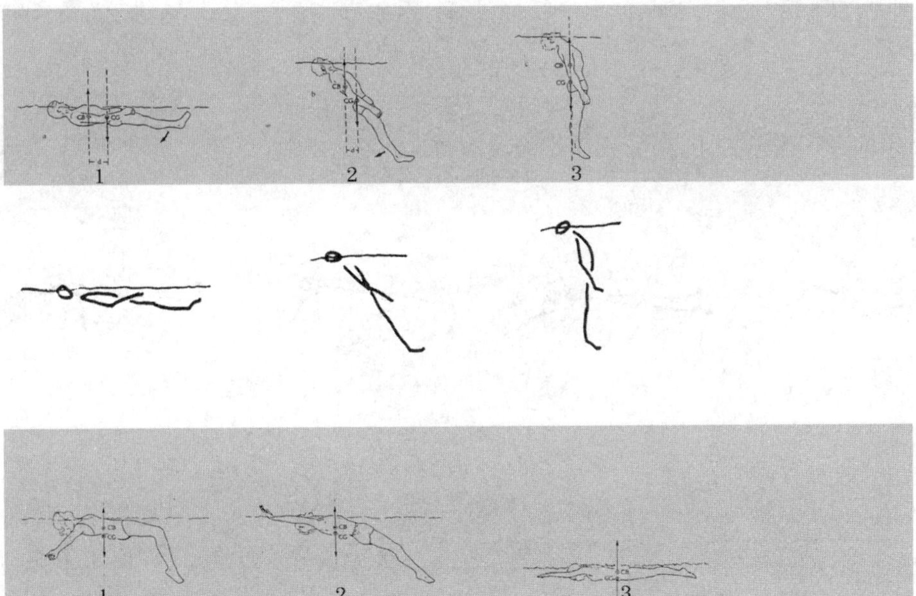

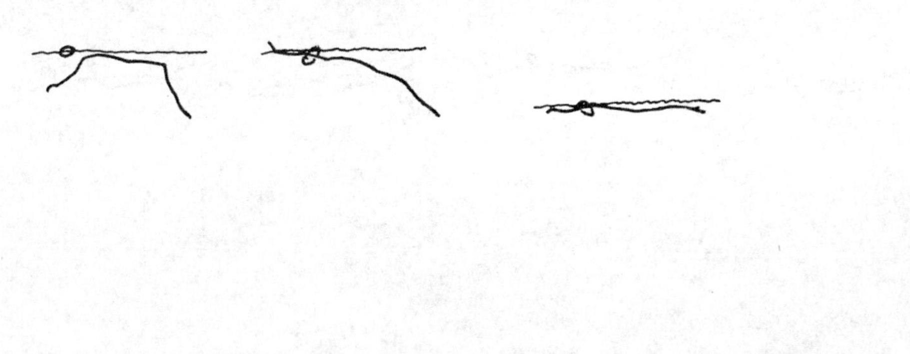

游 泳 运 动

爬游(两臂中前交叉)

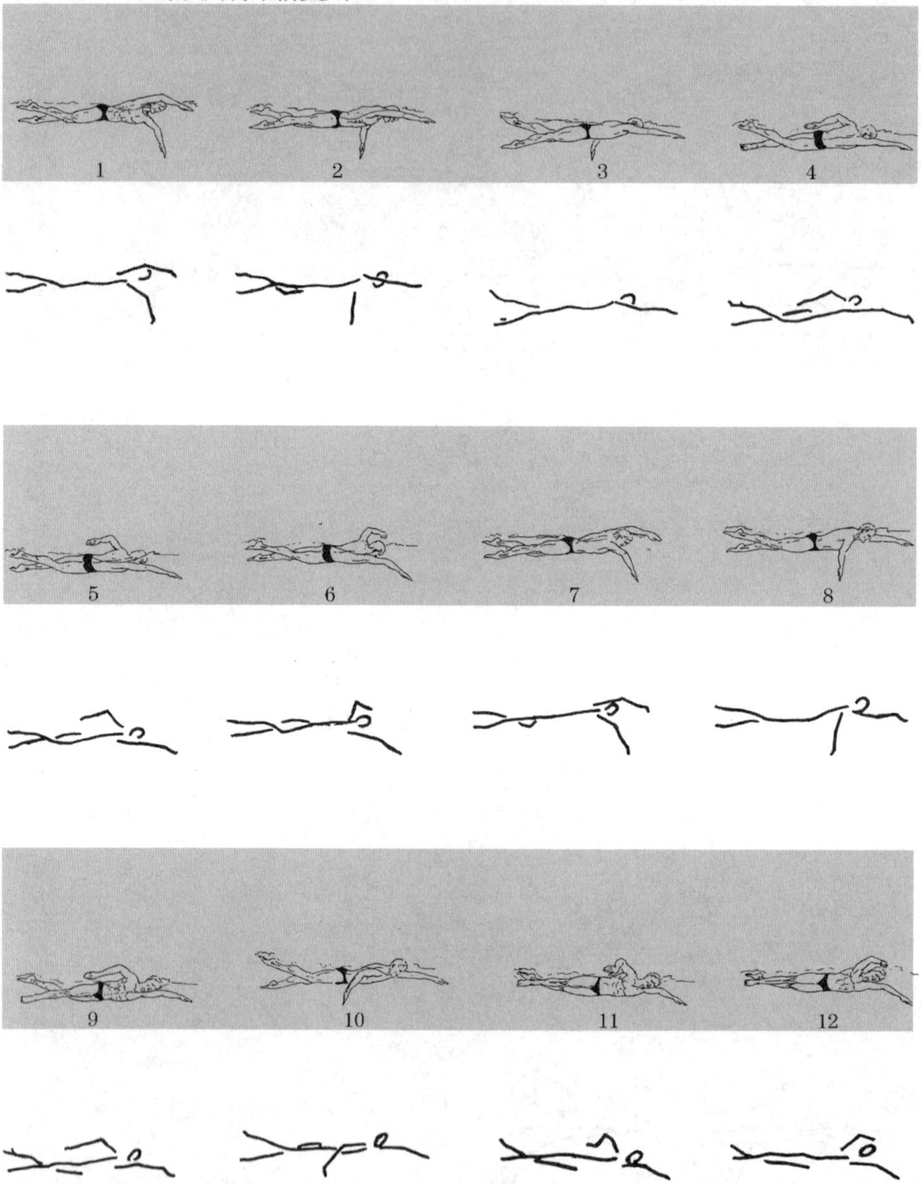

游 泳 运 动

平式蛙游与波浪式蛙游身体姿势的区别（引自马格利索）

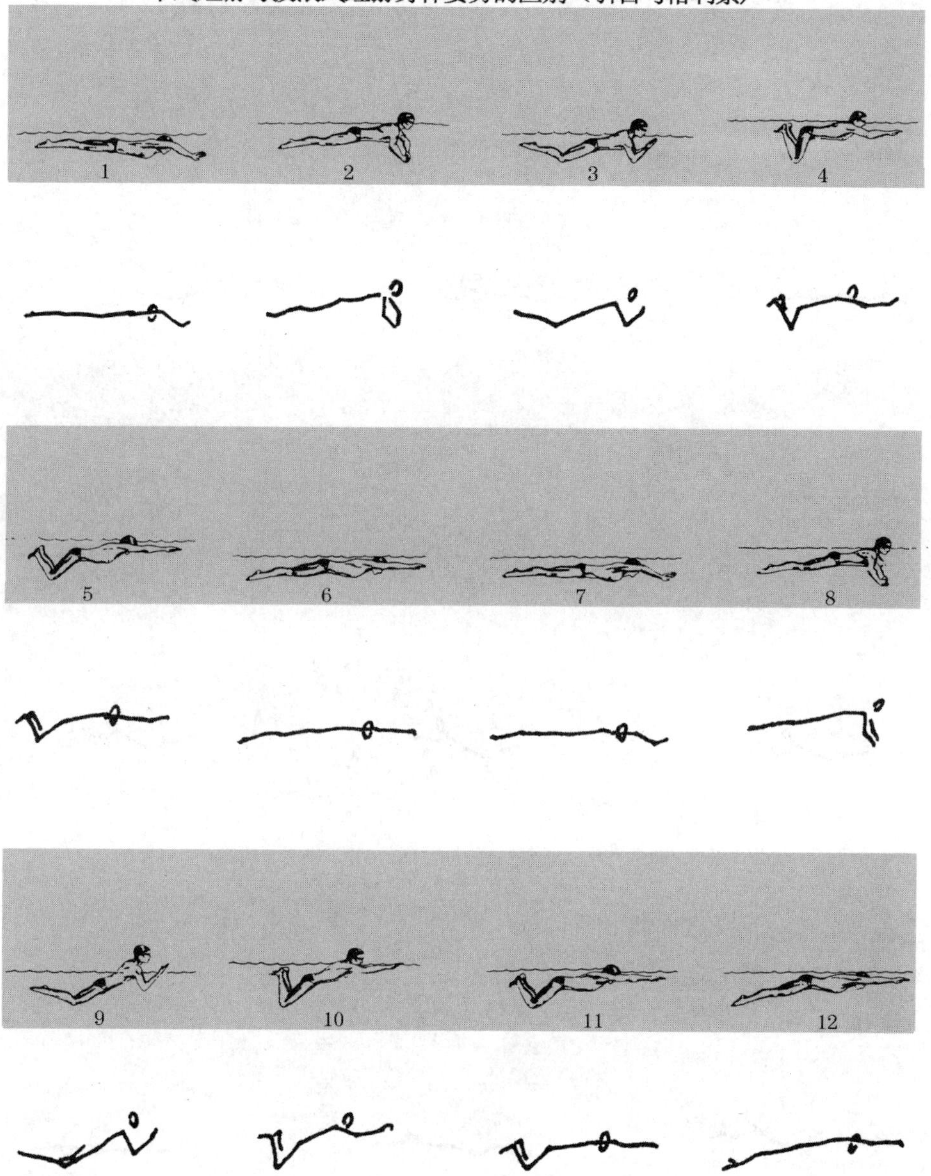

游 泳 运 动

波浪式蛙泳肩部的运动轨迹

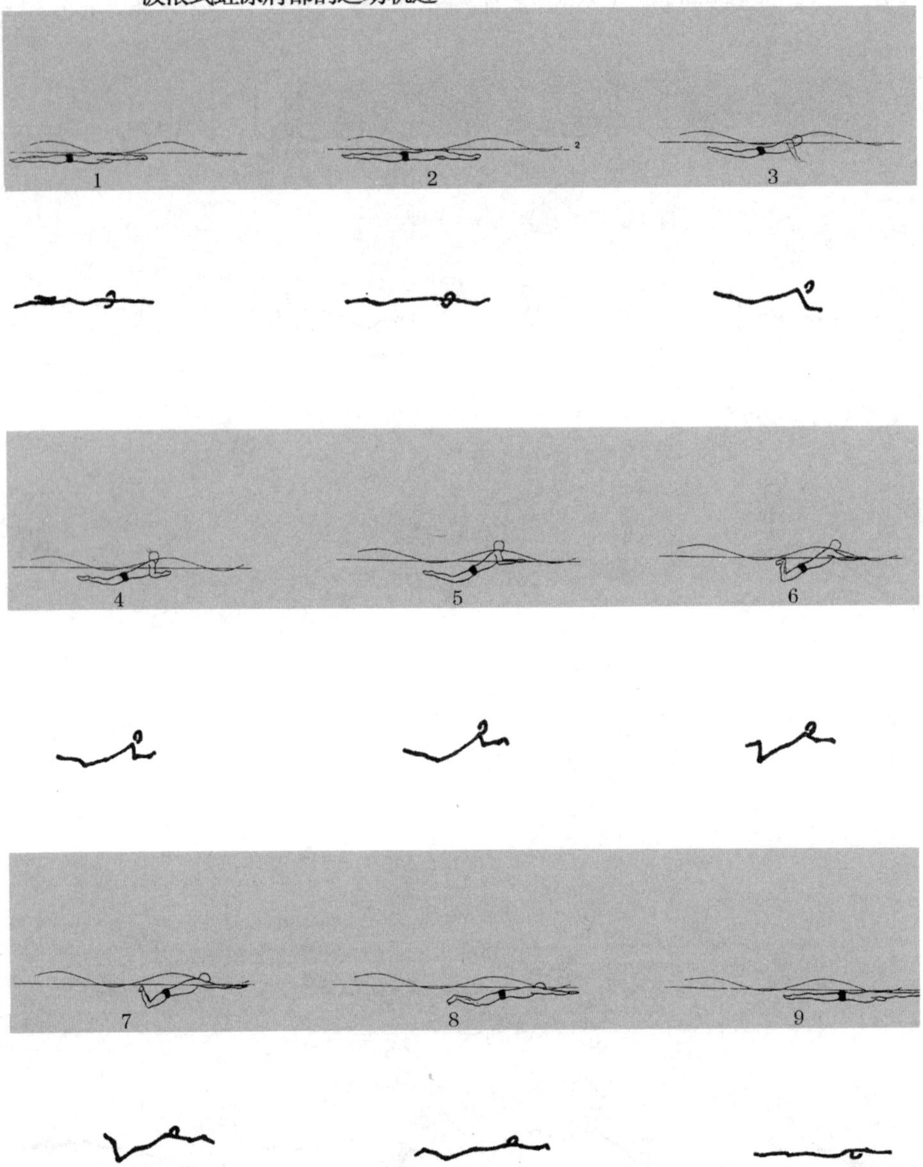

游 泳 运 动

波浪式蛙泳的蹬夹动作

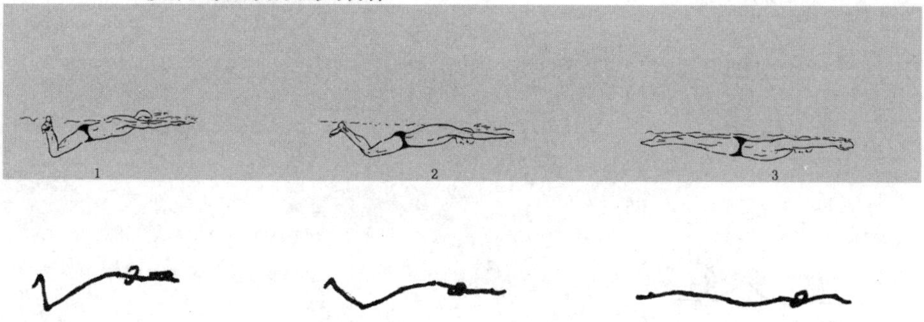

波浪式蛙泳的蹬夹动作

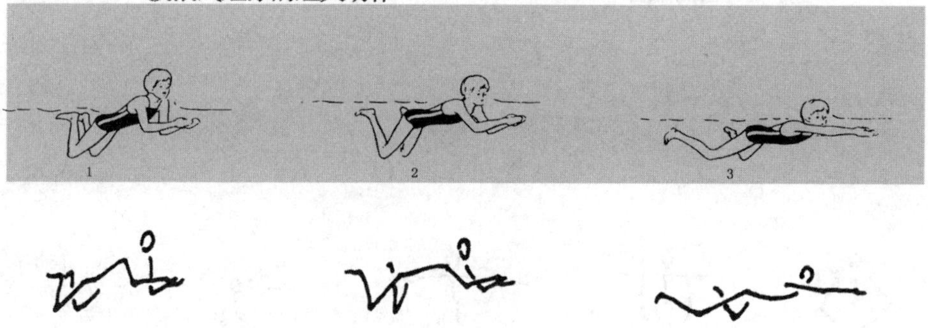

平式蛙泳吸气

游 泳 运 动

出水

呼吸与臂的配合

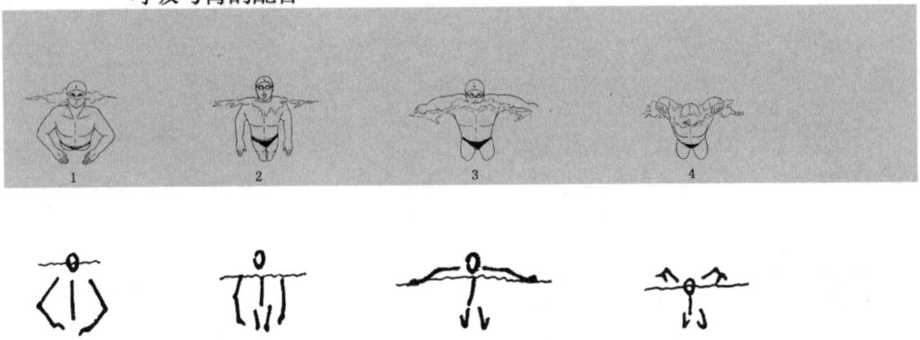

完整配合技术

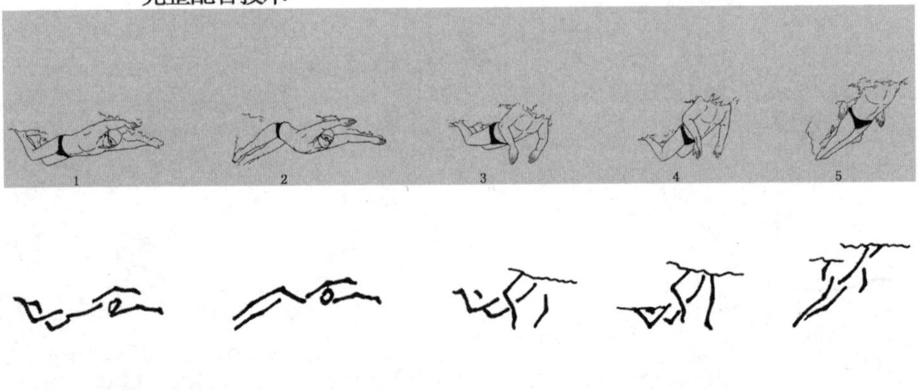

游 泳 运 动

抓台式出发技术动作连续图

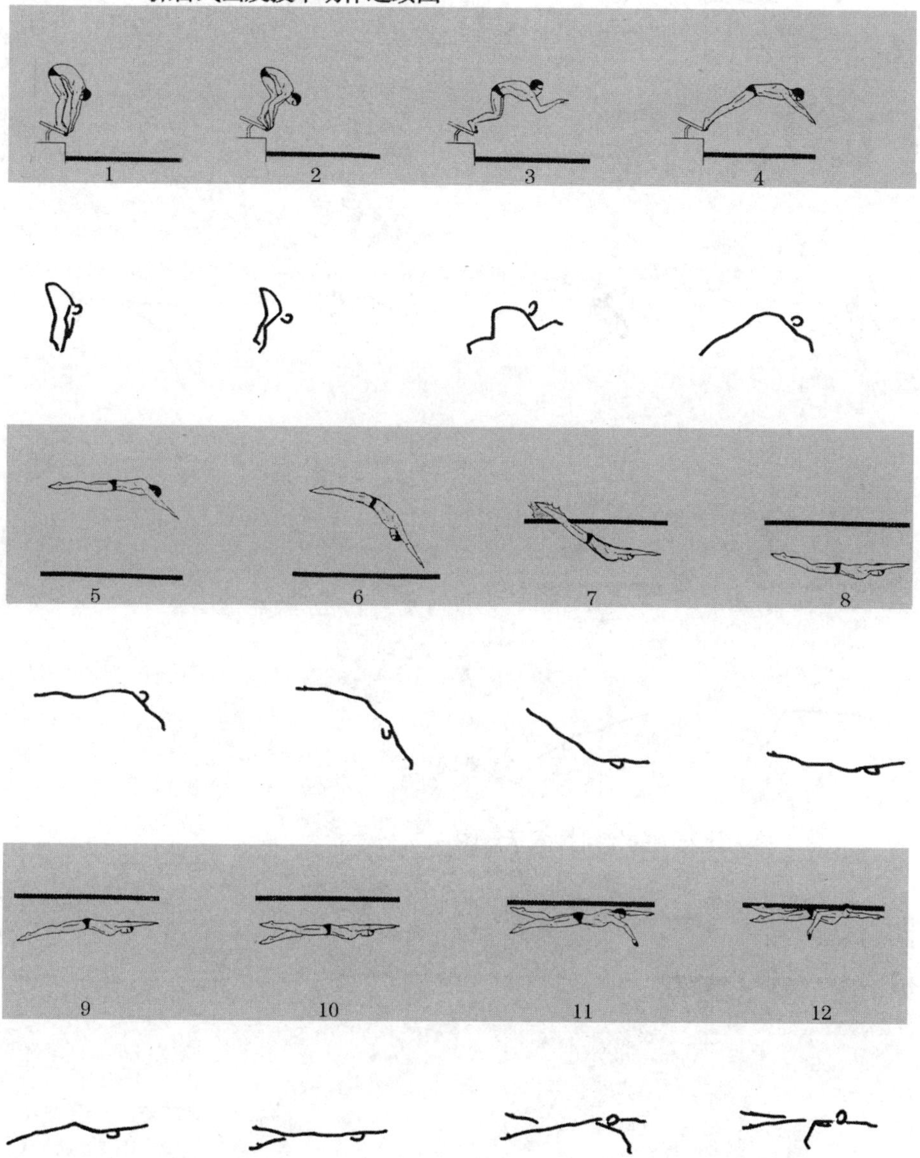

游 泳 运 动

蹲踞式出发

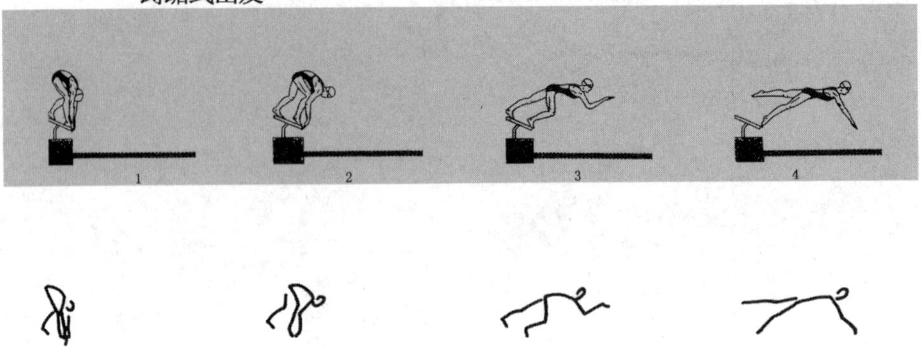

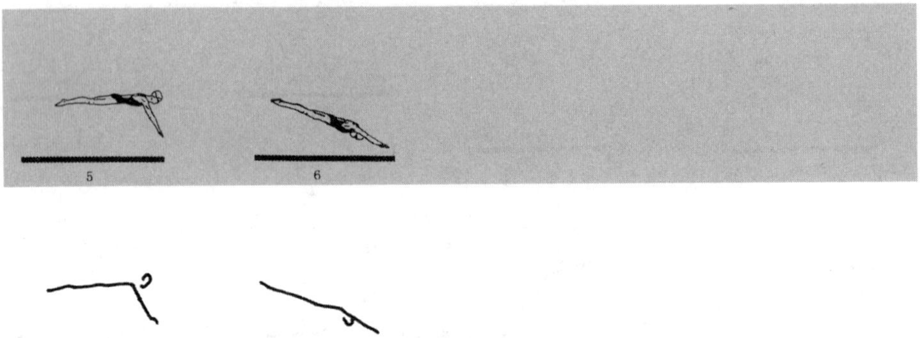

接力比赛中的接跳技术示意图

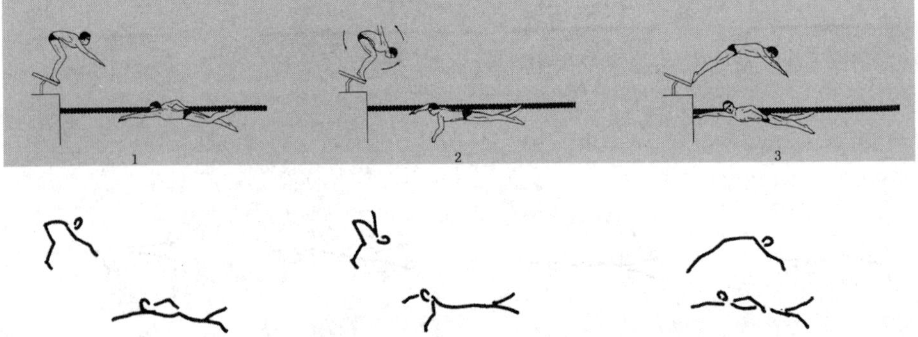

游 泳 运 动

仰泳出发技术

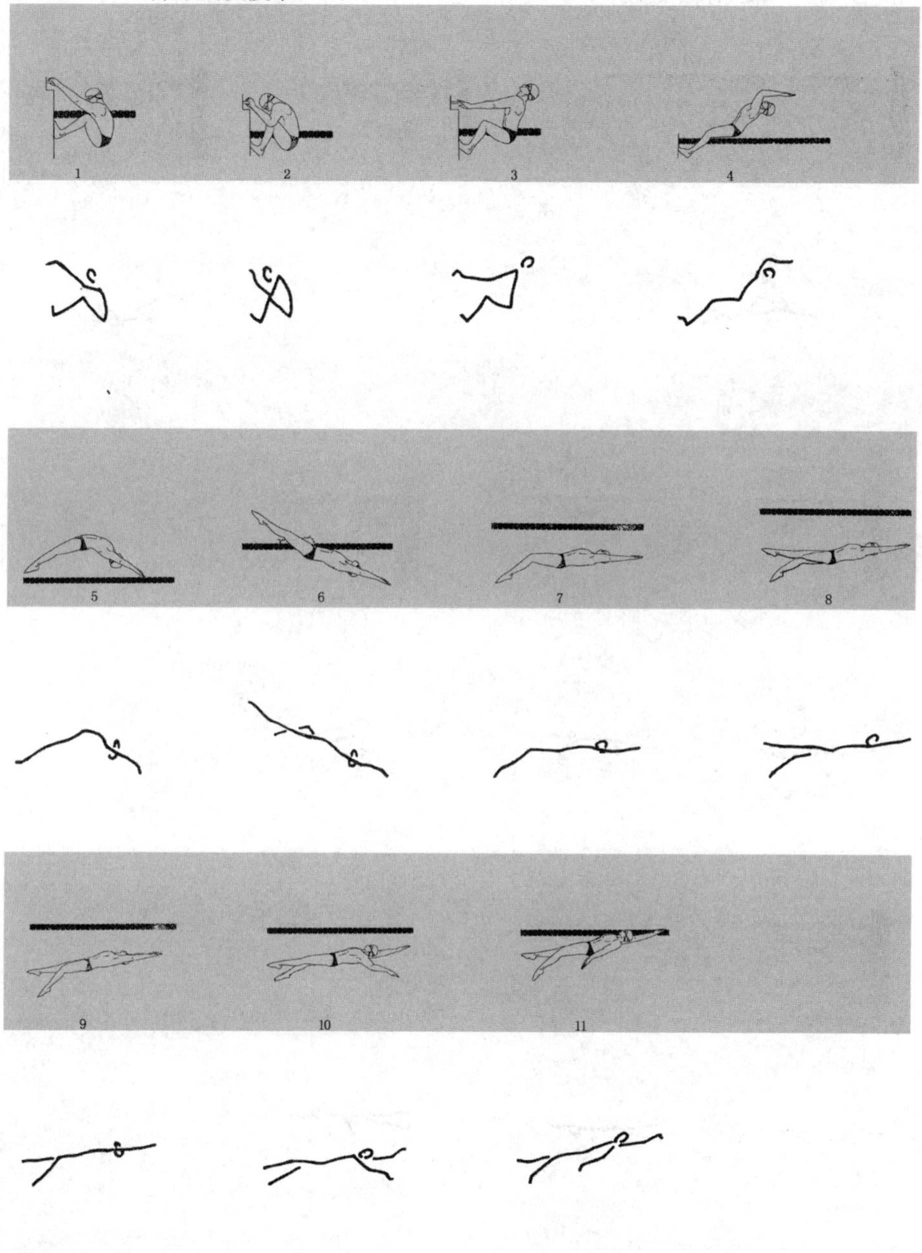

游 泳 运 动

爬泳转身运动

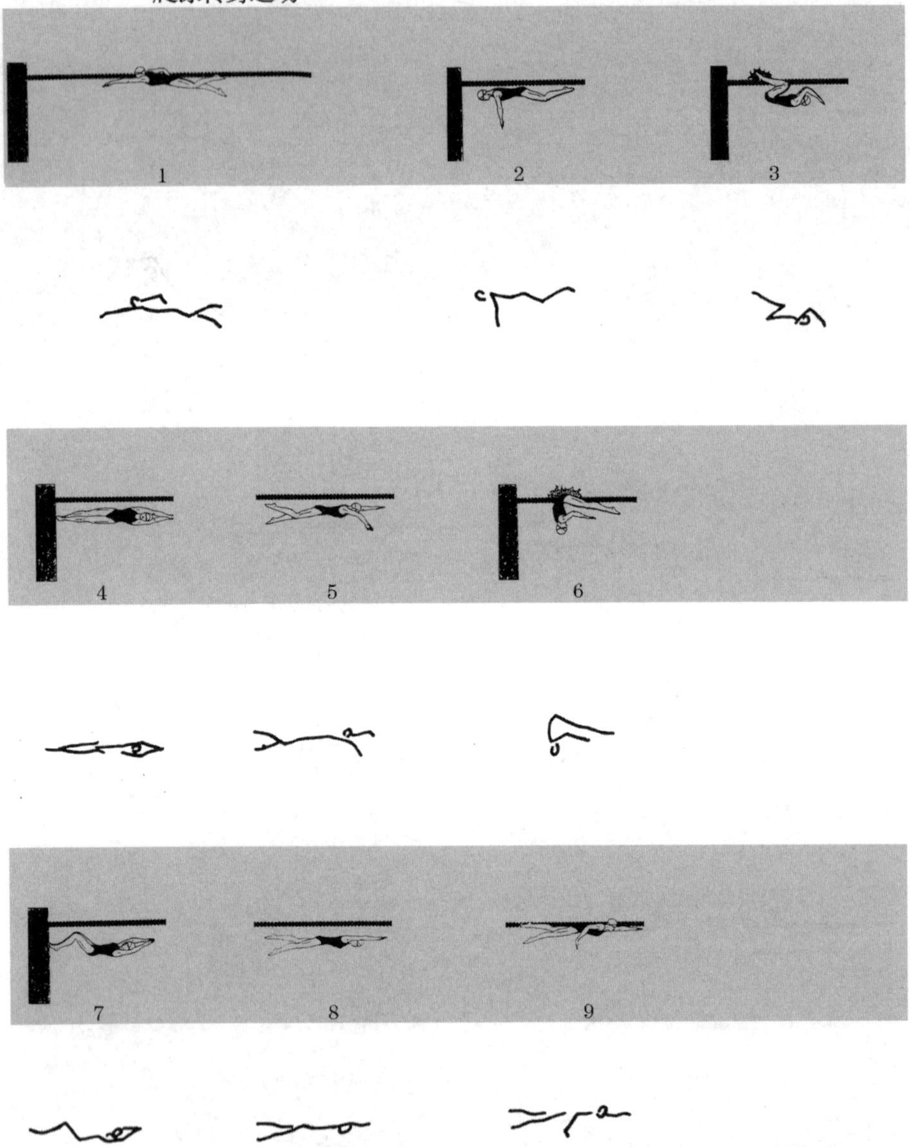

游　泳　运　动

仰泳转身技术

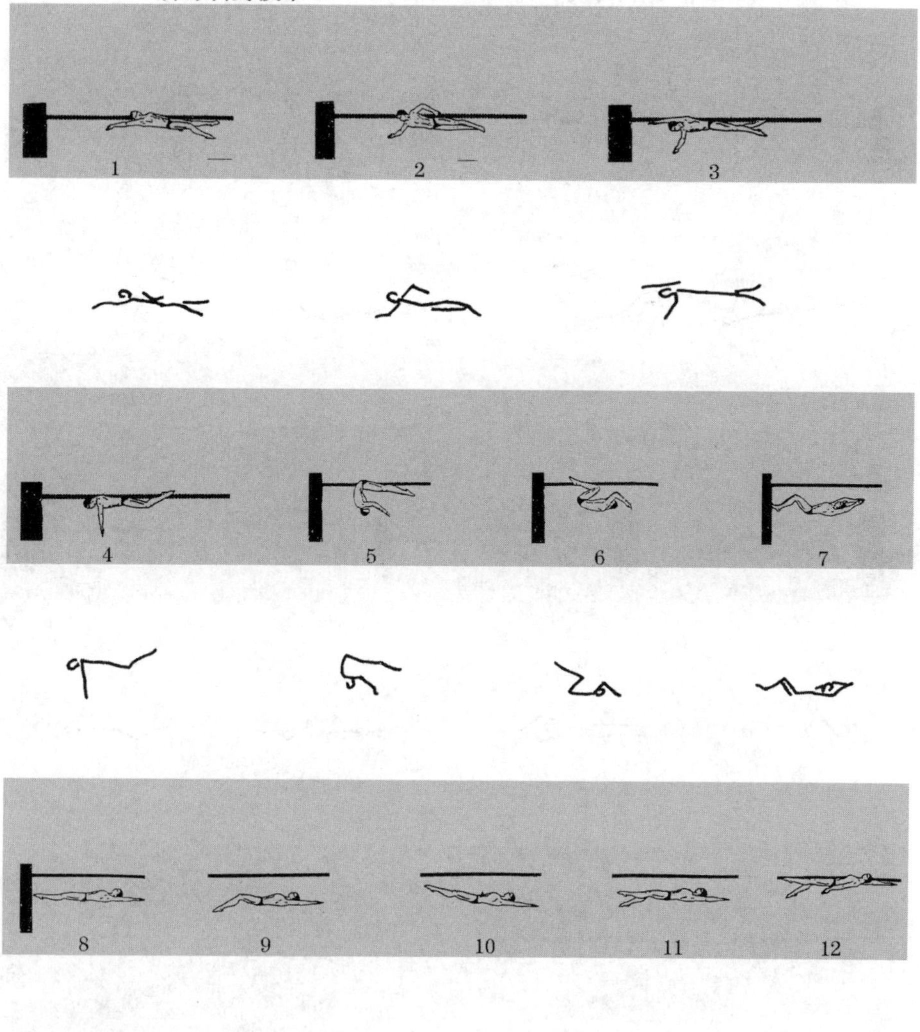

游 泳 运 动

蝶（蛙）泳转身技术

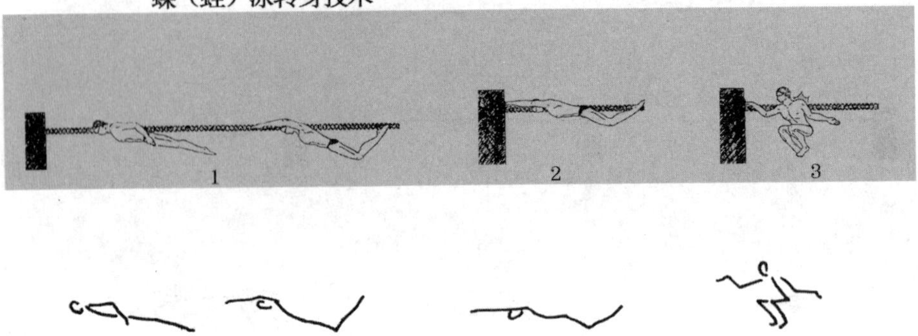

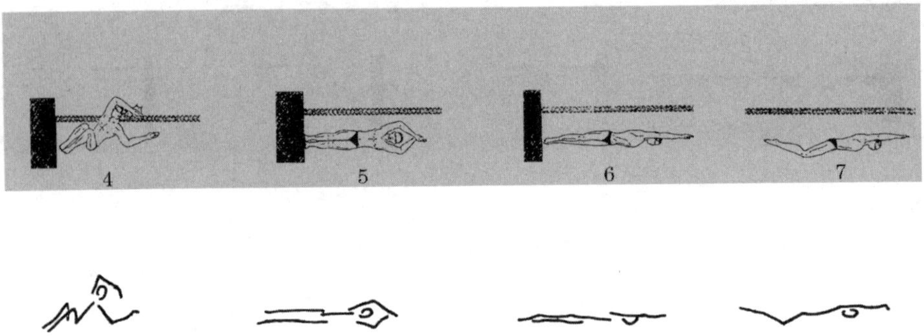

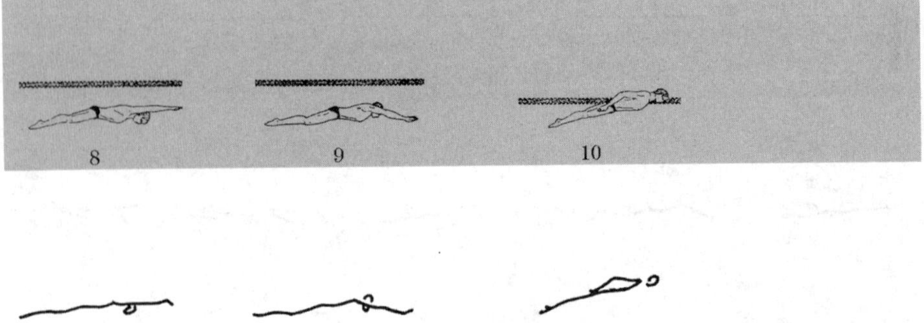

艺术体操(基本动作)

图示法

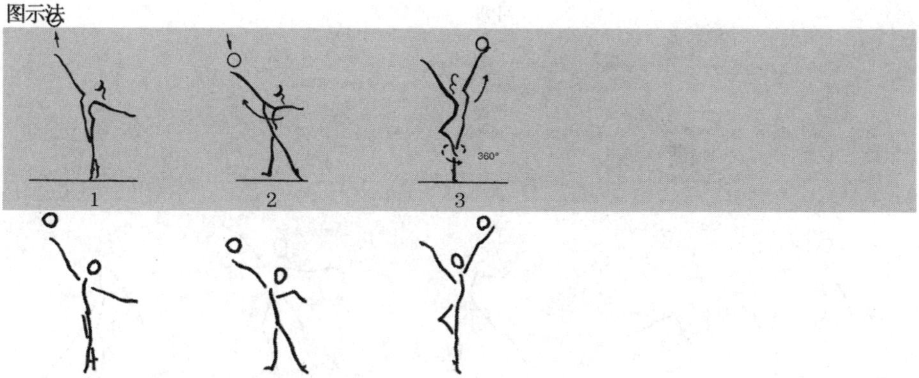

翻身旋转

直立　　起踵立　　点地立

艺术体操

蹲立

弓步

两臂正方向的举

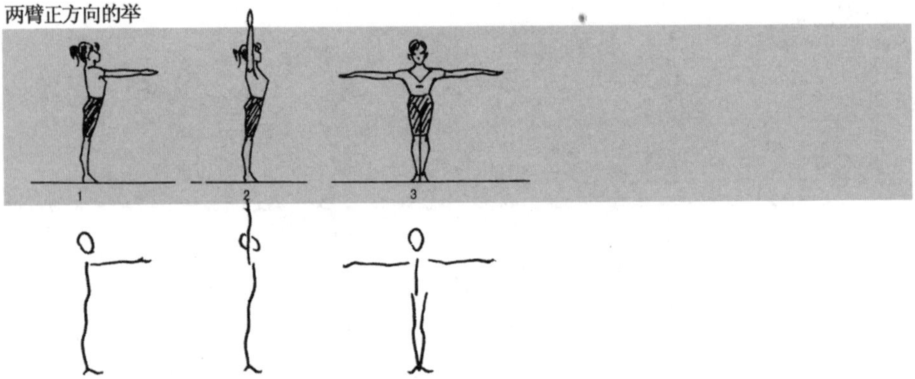

两臂中间方向和斜方向的举

艺术体操

两臂不同方向的举

两臂在不同的中间方向

芭蕾舞手的七个基本位置

艺术体操

基本步法与舞步

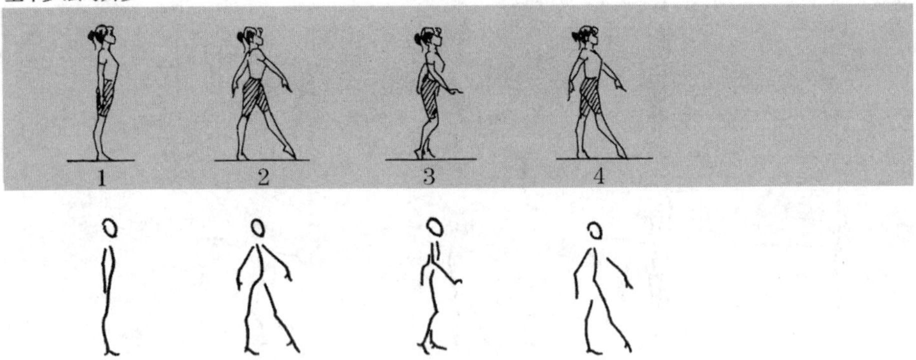

足尖步

弹簧步

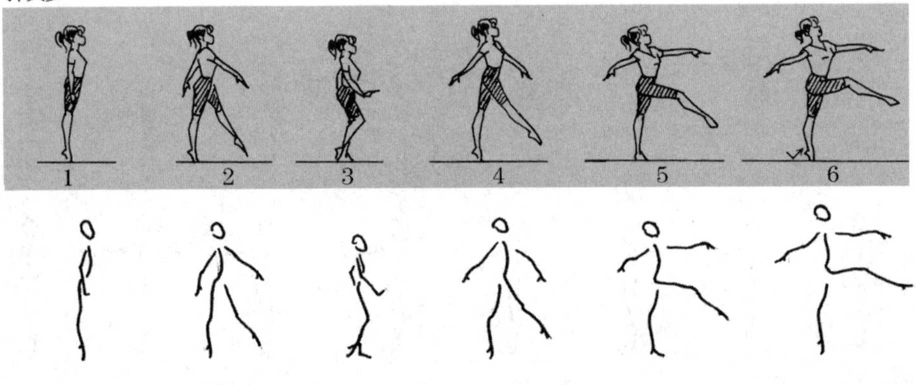

艺术体操

滚动步

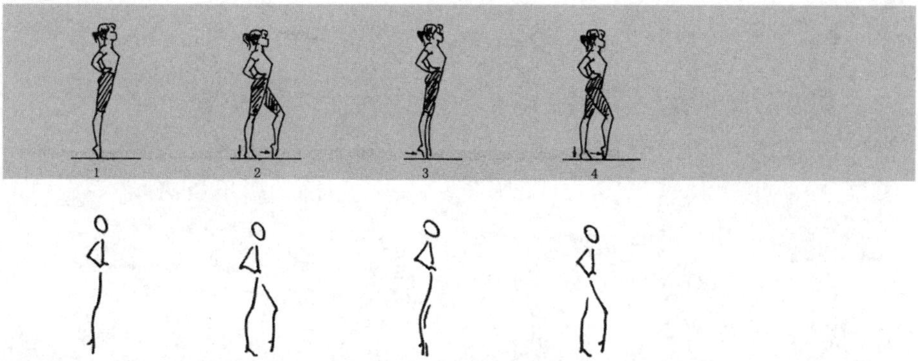

突进步

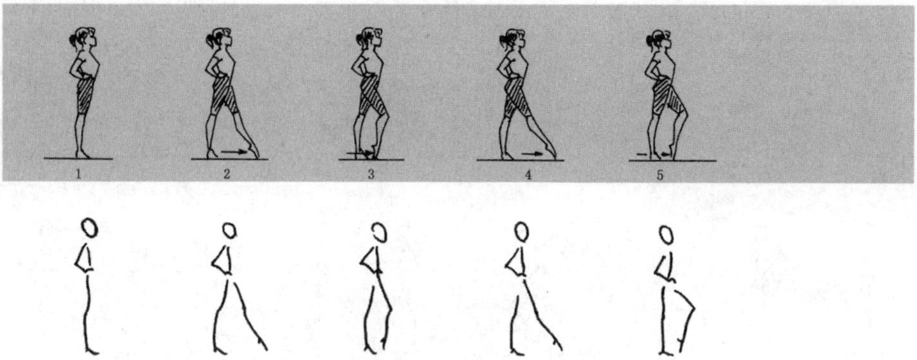

跑跳步

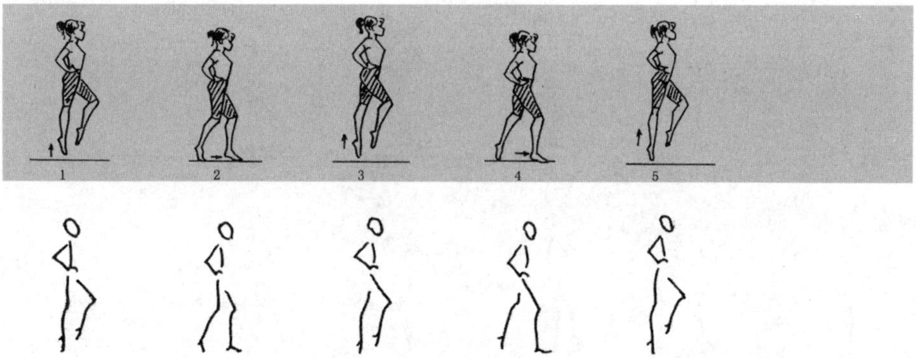

艺术体操

交换步

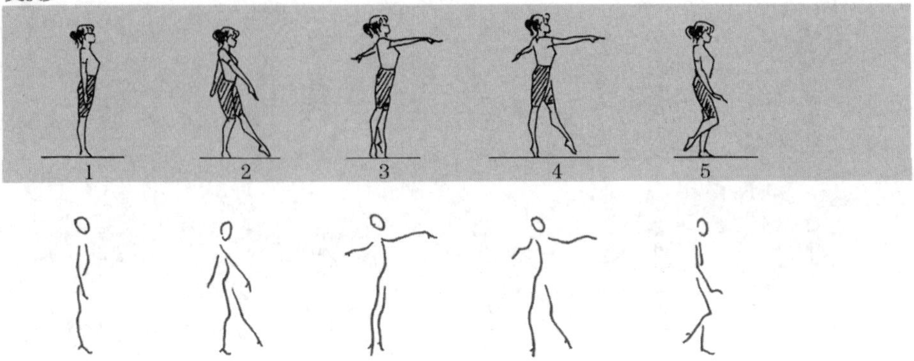

预备姿势

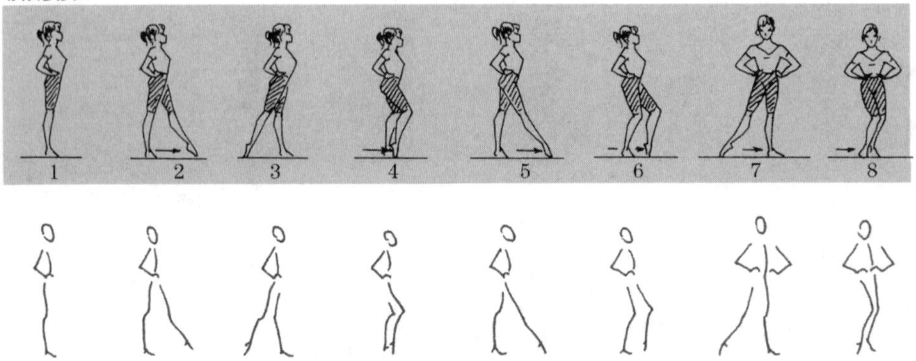

弹动步

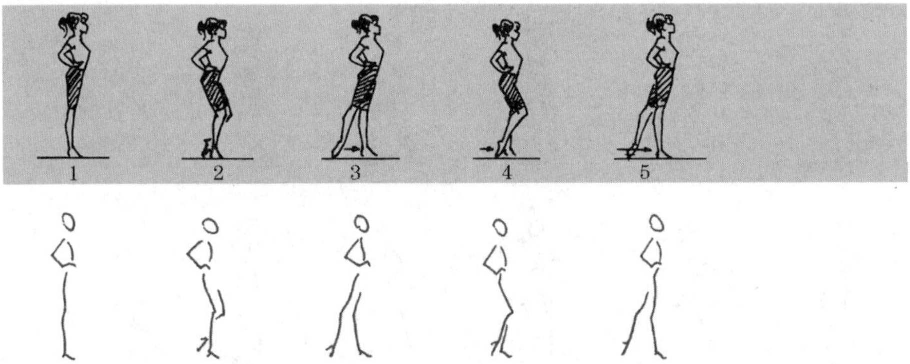

艺术体操

侧交叉步

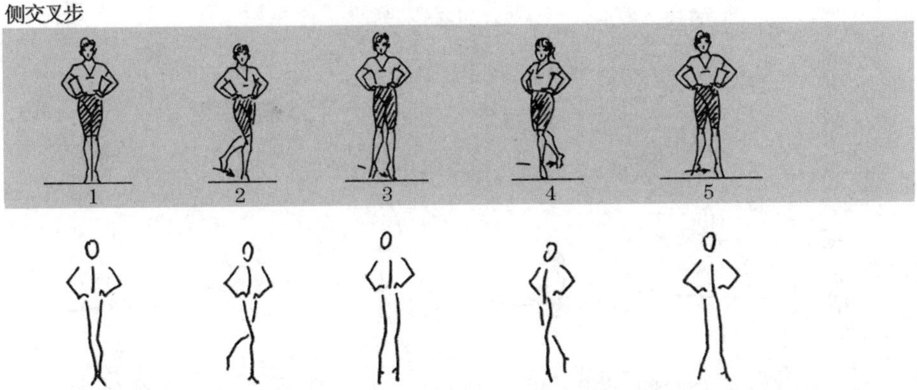

普通变换步

举腿变换步

艺术体操

转体变换步

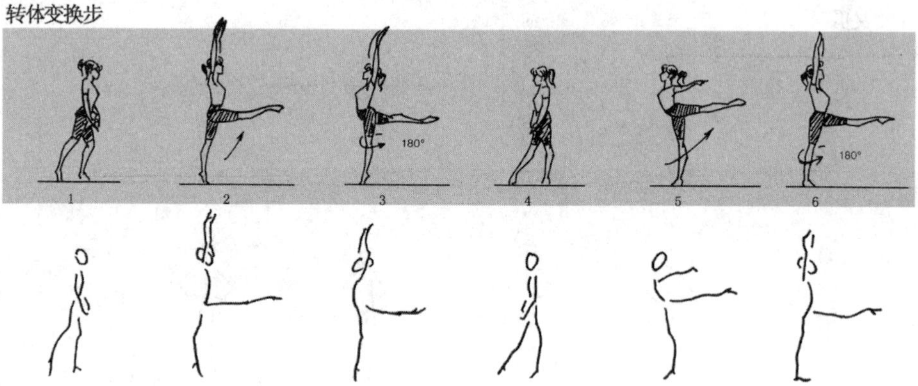

华尔兹

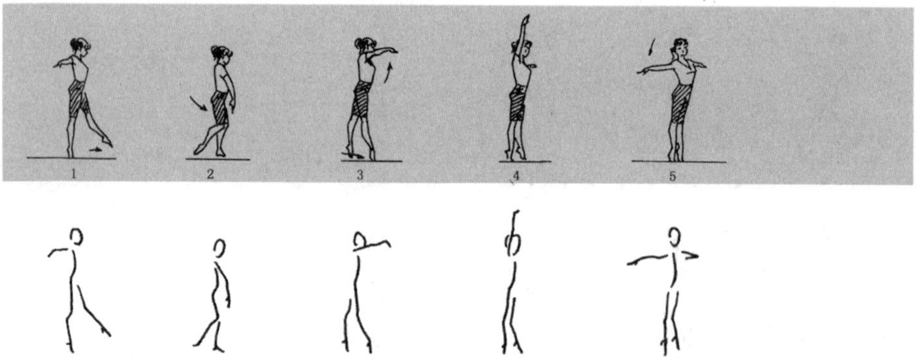

向侧华尔兹

艺术体操

华尔兹转体180°

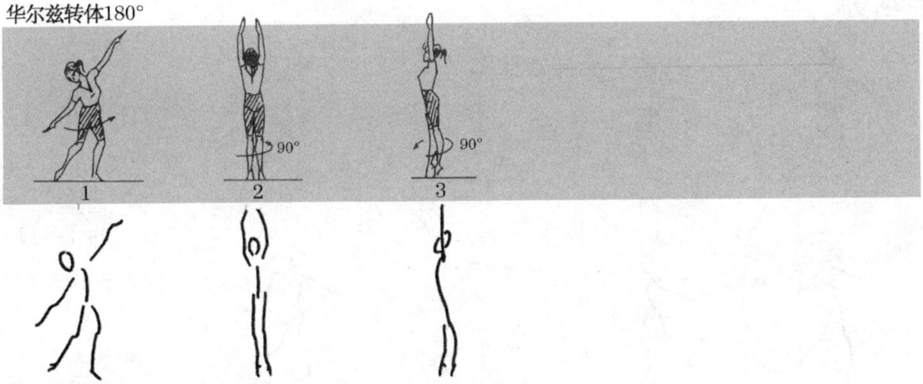

华尔兹转身360

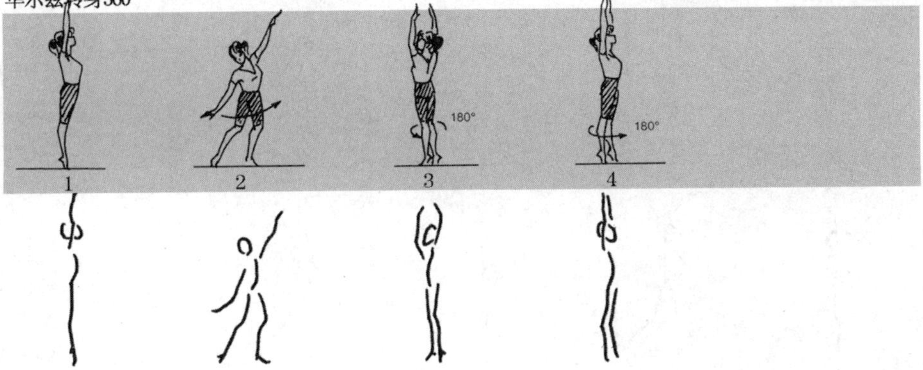

波尔卡

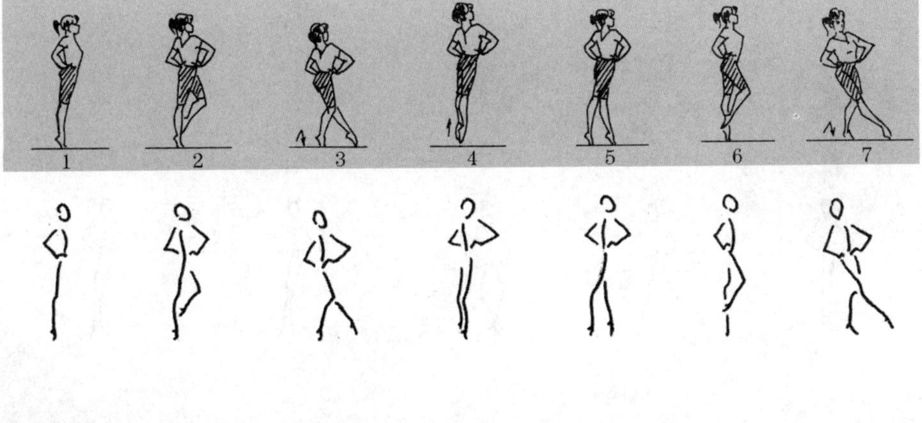

艺术体操

卡洛泼步

踏垫步

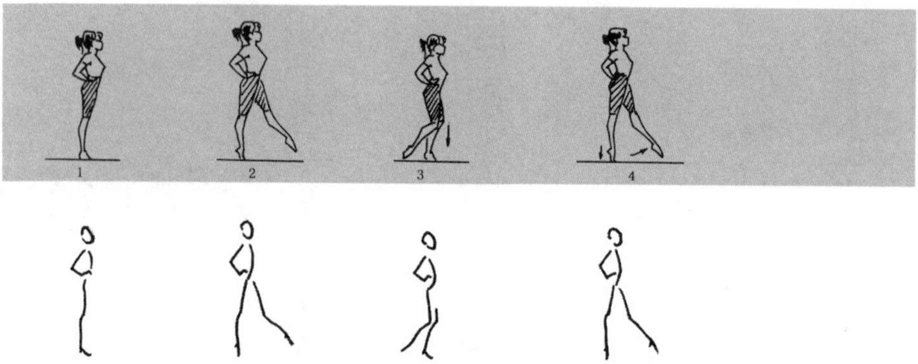

跳点步

艺术体操

跳踏步

十字秧歌步

柔软跑

艺术体操

动作要领

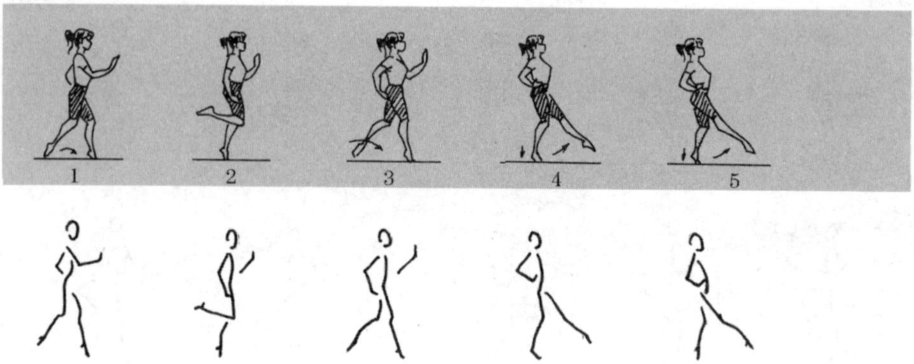

足尖步

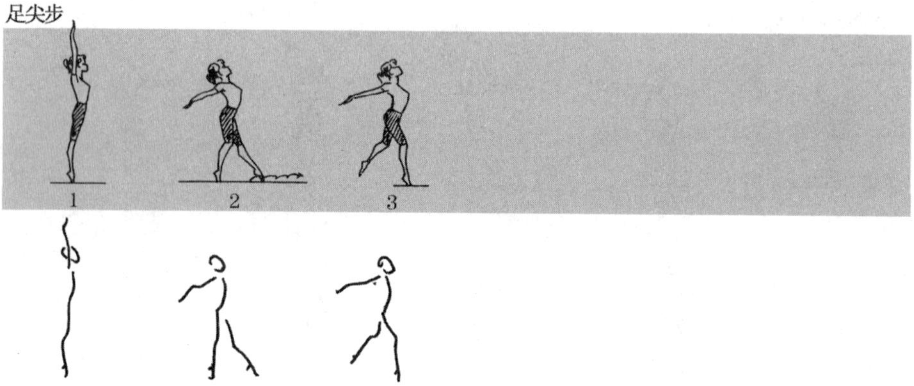

颈步屈伸

艺术体操

移重心

躯干弯曲

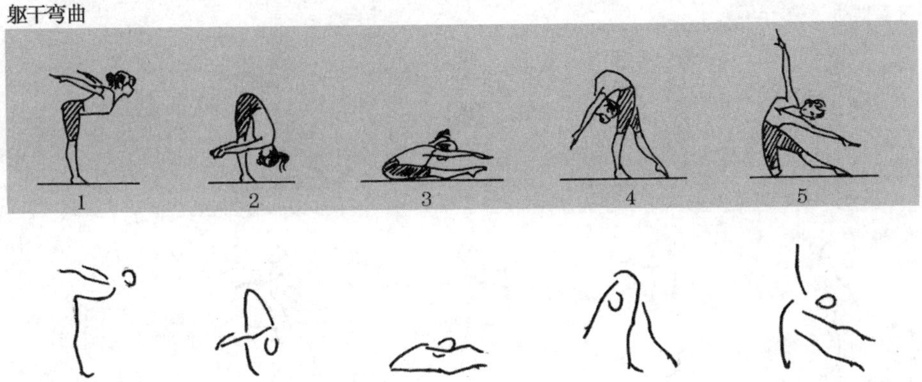

腿的弹动

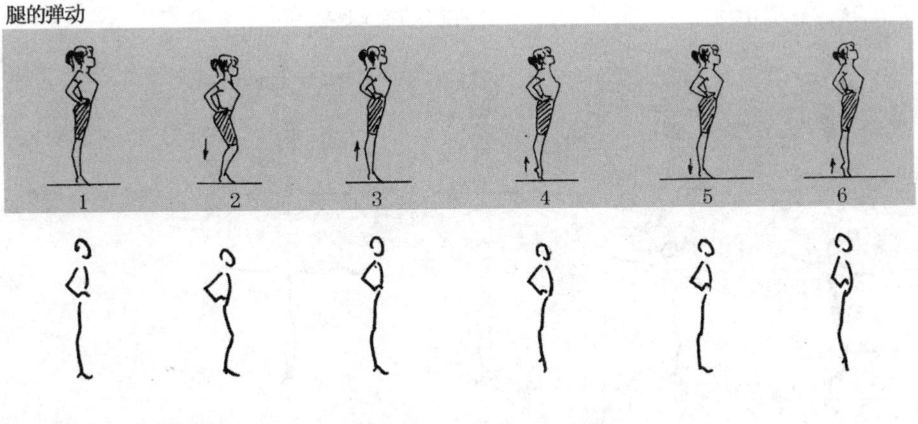

艺术体操

弹腿

手臂摆动

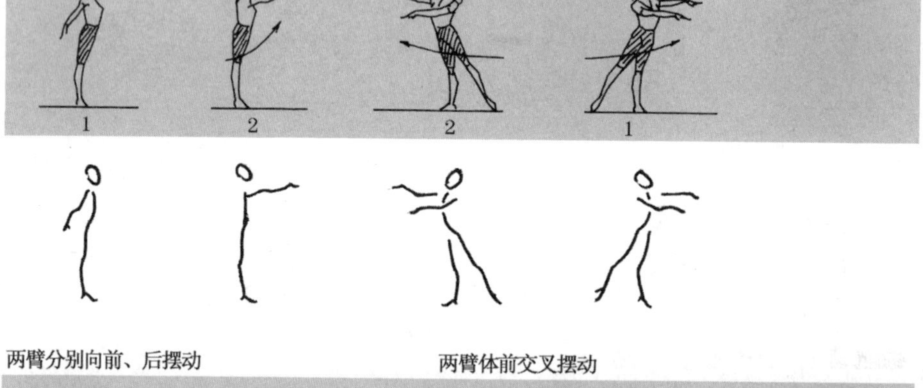

两臂分别向前、后摆动

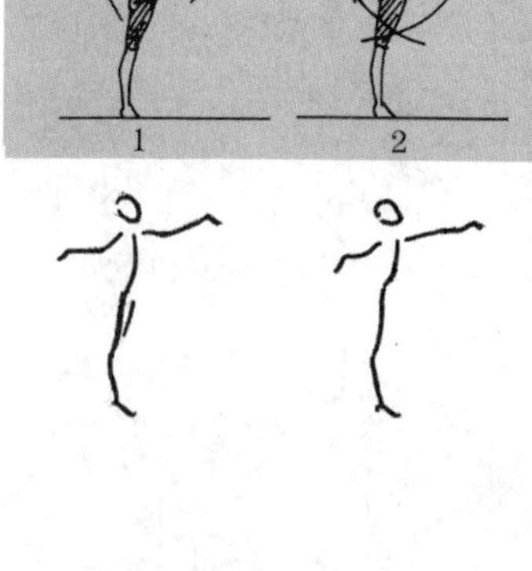

两臂体前交叉摆动

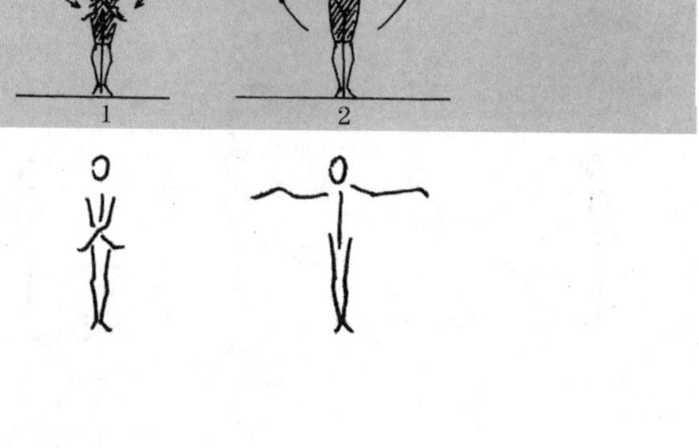

艺术体操

腿的摆动

腿伸直或屈膝向左、右摆动

躯干前、后摆动

艺术体操

躯干左右摆动

手臂绕环

手臂绕环

艺术体操

腿部绕环

躯干绕环

艺术体操

躯干绕环

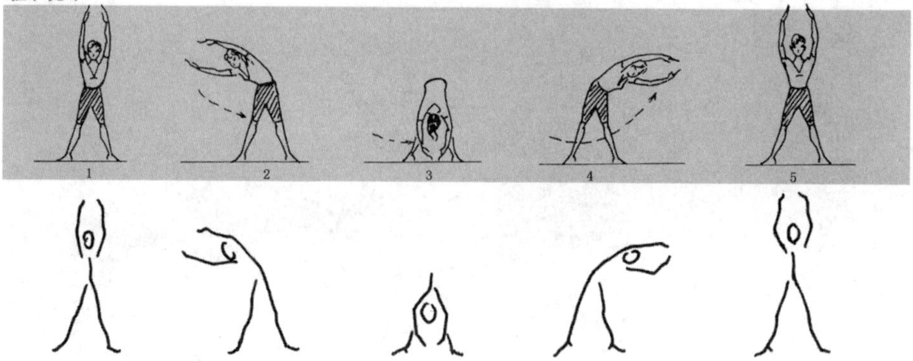

手臂波浪

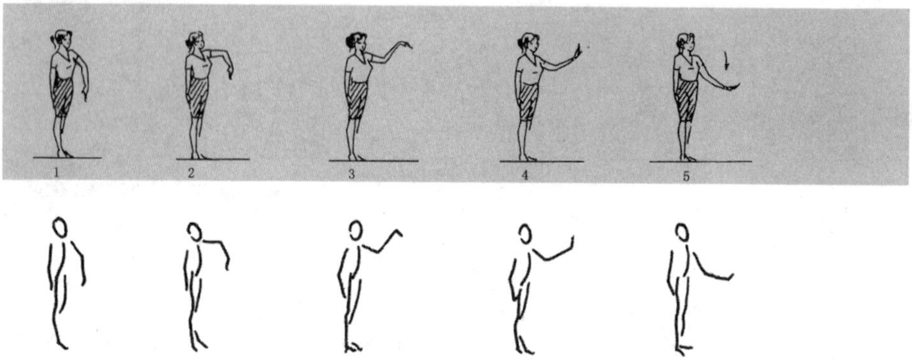

躯干波浪

参考文献

［1］全国体育院校教材委员会．田径运动［M］．北京：人民体育出版社，1999.6：211－377.

［2］练碧贞、唐文慧、黄坚毅．体育场地［M］．北京：人民体育出版社，2000.1：178－240.

［3］全国体育院校教材委员会．排球运动［M］．北京：人民体育出版社，1999.11：47－124.

［4］《体育场地管理》编写组．体育场地管理［M］．北京：人民体育出版社，1997.10：169－224.

［5］王家宏．球类运动、篮球［M］．北京：高等教育出版社，2005.7：75－157.

［6］于振峰．篮球［M］．广西：广西师范大学出版社，2006.8：23－91.

［7］扬国平、邹正洪．构图学［M］．湖南：湖南美术出版社，2004.3：1－74.

［8］体育院校成人教育协作组《体育绘图》编写组．体育绘图［M］．北京：人民体育出版社：1997.11：100－146.

［9］全国体育院校教材委员会．现代足球［M］．北京：人民体育出版社，2000.4：46－321.

［10］全图体育院校教材委员会．大众艺术体操［M］．北京：人民体育出版社，1999.6：45－570.

［11］全国体育教材委员会．游泳运动［M］．北京：人民体育出版社，2001.1：18－271.

［12］沃尔特·里德．人体素描［M］．湖北：湖北美术出版社，2003.7：1－114.